VOLKSLAUFBUCH
Gesünder, schlanker, besser drauf

Prof. Dr. Ingo Froböse
Ulrike Schöber

FÜR
EINSTEIGER
& FREIZEIT-
LÄUFER

südwest

Besser laufen mit Übungen

Richtig essen und trinken

Anhang

Vorwort: Warum noch ein Laufbuch?

Als mich der Südwest-Verlag fragte, ob ich als Sportwissenschaftler und ehemaliger Spitzenschnellläufer ein Laufbuch für ihn schreiben würde, war ich zunächst nicht sehr begeistert. Es gibt schon so viele Laufbücher, dachte ich. Nach einigen Gesprächen jedoch fand ich die Idee spannend, denn es sollte ein »Volkslaufbuch« werden, also ein Buch für alle, die einfach laufen oder joggen möchten, weil sie etwas für ihr Wohlbefinden tun wollen. Ein Buch, das aus dem Laufen keine Wissenschaft macht, sondern eines für jedermann, das Laufen so darstellt, wie es ist: einfach!

Seit in den letzten Jahren jeder dritte Läufer für einen Marathon oder zumindest Halbmarathon zu trainieren scheint, sind viele komplizierte Trainingspläne veröffentlicht worden, und sehr spezielles Equipment ist auf den Markt gekommen. Ein regelrechter Hype um leistungs- und wettbewerbsorientiertes Laufen ist entstanden. Mir scheint, dieser schreckt viele ab, die »nur« mit dem »ganz normalen« Joggen liebäugeln, weil sie einfach etwas fitter werden oder abnehmen wollen. Gerade diese Menschen liegen mir als Leiter des Zentrums für Gesundheit durch Sport und Bewegung und des Instituts für Bewegungstherapie der Deutschen Sporthochschule Köln besonders am Herzen:

Laufen bringt Körper, Geist und Seele auf sehr einfache Weise sehr großen Nutzen. Auf den Punkt gebracht: Es macht gesund, es entspannt und hebt die Stimmung. Deshalb möchte ich die Lust am Laufen durch ein interessantes, abwechslungsreiches und bodenständiges Buch wecken, fördern und erhalten. Es soll Ihnen, egal ob Sie Anfänger oder Fortgeschrittener sind, Hintergrundwissen und interessante Infos zum Laufen genauso nahebringen wie die Basics des Trainings.

Da ich hauptberuflich Hochschulprofessor bin, außerdem die Krankenkassen und die Bundesregierung in puncto Gesundheitsvorsorge berate, ist meine Zeit zum Schreiben knapp bemessen. Deshalb habe ich mir Ulrike Schöber als Koautorin gesucht, die von sich selbst sagt, dass sie nie laufen wollte – und es jetzt regelmäßig und gern tut.

Das ist genau das, was ich möchte: bei Ihnen, liebe Leserin und lieber Leser, Spaß und Lust am Laufen wecken. Ohne viel Schnickschnack, aber mit den richtigen Tipps und Tricks.

Daher ist dieses Laufbuch ein wenig anders als die Bücher meiner Kollegen übers Laufen. Wir wollten kein Buch für Wettkampfläufer, die ihre Leistung optimieren wollen, sondern eins für Genussläufer und Menschen, die es werden

Bianca und Ingo Froböse.

wollen. Deshalb gibt es hier keine seitenlangen Laufprogramme, sondern einfache, praktische Tipps. Außerdem haben wir uns für einen sehr direkten Zugang entschieden. Ulrike Schöber nimmt Ihre Position als Leserin oder Leser ein und fragt mich, was Nichtläufer, Laufeinsteiger und fortgeschrittene Läufer wissen wollen. Ich antworte aus der Sicht des Wissenschaftlers, des Sportlers und des Menschen.

Je nachdem, ob Sie eher zum gründlichen oder zum eiligen Typ gehören, ob Sie sich erst einmal umfassend informieren oder lieber mit ein paar praktischen Tipps versorgt sofort loslaufen wollen, können Sie mit dem Buch nach Belieben umgehen. Sie können es von Anfang bis Ende lesen oder auch mittendrin starten, bei dem Thema, dass Sie gerade besonders interessiert, bei der Frage zum Laufen, auf die Sie schon längst eine Antwort wollten. Denn vor allem wünschen wir uns, dass Sie Lust bekommen zu laufen, dass Sie es locker und mit Freude angehen und dass es Ihnen dann genauso viel Spaß macht wie uns – möglichst ein Leben lang.

Ingo Froböse: vom Sprinter zum Dauerläufer – gar nicht leicht

Kann ich ein Buch, mit dem ich das Laufen jedem ans Herz lege, mit einem Geständnis anfangen? Ja, ich kann, und ja: Ich habe das Dauerlaufen gehasst – sogar aus tiefstem Herzen! Aber das ist längst vorbei, und heute liebe ich es. Wie das kam, erzähle ich Ihnen nun. Vielleicht hilft es dem einen oder anderen, dem Laufen eine Chance zu geben.

Ich bin mit einem »Bewegungsvirus« geboren, gegen das kein Kraut gewachsen ist. Mein Vater war Leichtathlet, meine Mutter Handballerin. Sport lag also in der Familie, und für meine Eltern war es klar, dass ich zum Sport mitkam und in den Sportverein meines Heimatdorfs eintrat. Damals boten die Dorfvereine im Frühjahr und Sommer Leichtathletik und im Herbst und Winter Turnen für die Kinder und Jugendlichen an. Darüber bin ich heute sehr froh, denn so habe ich früh eine umfassende physische Ausbildung erhalten, von der ich noch heute profitiere. Die beiden Sportarten bieten fast alles an Bewegung, was man als Basis für andere Sportarten braucht.

Dass ich schnell laufen konnte, zeigte sich früh, denn beim Fangenspielen hatten es die anderen nicht leicht mit mir. Der Sprint zur Eiche im Schulhof war mein erster Wettbewerb – gegen harte Konkurrenz von einigen Jungs aus meiner Klasse. Dieses kleine Pausenritual war ein tägliches Training meiner Sprintfähigkeit.

Meine Laufkarriere startete richtig, als ich etwa zehn Jahre alt war. Meine Eltern schenkten mir ein paar Spikeschuhe der Marke Adidas, Modell Rom: weiß mit drei blauen Streifen. Das war für mich der Himmel auf Erden. Von da an hatte ich nur noch wenig Lust auf Turnen, dafür umso mehr im Sommer auf meine ersten Wettkämpfe: Fünfzigmeterlauf, Weitsprung und Schlagball-Weitwurf! Werfen konnte ich nicht wirklich gut, aber Laufen und Springen waren mein Ding, und so erkämpfte ich meine ersten Erfolge und Urkunden.

Dauerlauf? Nie wieder!

In dieser Zeit machte ich meine erste Erfahrung mit einem längeren Lauf. Ich wurde bei einem Wettkampf in Bergkamen zu einem Lauf über 600 Meter angemeldet. Es war furchtbar! Ich kannte so etwas gar nicht. Ich war danach völlig kaputt und trotzdem unter den letzten in meiner Altersgruppe! Da habe ich sofort beschlossen, dass ich so etwas nie mehr mache. Längere Distanzen – und die begannen für mich bei 400 Metern – waren ab diesem Zeitpunkt für mich ein No-Go! Und noch länger zu laufen, das war unvorstellbar!

Als ich später nach der Schule meine Sprinterlaufbahn intensivierte und national wie inter-
national erfolgreich war, änderte sich an dieser
Abneigung nichts. Wenn Langläufer unter der
Dusche von ihren Laufzeiten und Kilometern
redeten, verdrehten wir Sprinter nur die Augen.
Für Sprinter waren und sind Langläufer Irre
von einem anderen Planeten. Langlauf war für
mich das Langweiligste überhaupt, und ich
habe es gehasst! Auch als Sprinter habe ich im
Winter immer wieder längere Laufeinheiten
von etwa drei Kilometern absolvieren müssen.
Und auch der Fünfkilometerlauf für das Deutsche Sportabzeichen, das ich aus Tradition jähr-
lich bis zu meinem 30. Lebensjahr erworben
habe, war für mich die Hölle! Lange Strecken
waren nichts für mich!

Nach der Sprinterlaufbahn spielte ich Tennis
und Basketball, merkte aber bald, dass ich kein
Teamsportler bin. Auch von meinem Studium
mit dem Schwerpunkt Gesundheit geprägt,
wusste ich, dass ich nicht mehr in den Wett-
kampfsport wollte. Meine Sprinterkarriere
hatte unglaublich tolle Momente: die Stille vor
dem Start in großen Stadien, Anerkennung
und Lob als Belohnung für die schmerzenden
Füße … Dass es kein Leben neben dem Sport
gab, war nicht schlimm, denn das Miteinander
im Spitzensport ließ nichts missen! Aber es
ist nicht alles Gold, was glänzt, und Profisport
hat natürlich üble Seiten: Stress, Verletzungen,
Frust, Feindschaften, Ungerechtigkeiten …
Dass ich dahin nicht zurückwollte, wusste ich
direkt beim Karriereende. Nie mehr ein Lauf
gegen die Uhr! Was also tun?

Während meiner Sprinterzeit hatte ich eine
süße und schnelle Kölner Sprinterin kennen-
und lieben gelernt, die jetzt seit mehr als
30 Jahren an meiner Seite ist (sicher meine
größte »sportliche« Leistung). Bianca und ich
hoffen, dass es noch lange so bleibt!
Nach ihrer aktiven Wettkampfzeit lief Bianca
zusammen mit ihrem Vater drei- bis viermal
pro Woche etwa eine Stunde im Kölner Stadtwald. Ich konnte das gar nicht verstehen, weil
ich darin nur Ausdauertraining sah. Das war
mir zu langweilig, nicht trendy genug, nur was
für Gesundheitsfans. Heute weiß ich, dass ich
falschlag. Was war ich engstirnig!

Bianca weckt meinen Ehrgeiz

Um meinen Bewegungsdrang zu stillen, fing
ich mit dem Mountainbiking an. Das war
hip, dynamisch und anstrengend! Gerade im
Urlaub am Gardasee, im Eldorado der Biker,
wollte ich natürlich meinem Hobby nachge-
hen. Bianca machte mit – und dann wurde es
furchtbar für mich. Diese zierliche Frau ließ
mir gar keine Chance am Berg! 20 Kilo leichter und vom Joggen topfit, bekam ich keine
Schnitte! Manchmal verabschiedete sie sich
auf der Mitte des Bergs von mir und zog davon
mit den Worten: »Wir sehen uns oben.« War
das ein Frust! Da wusste ich, dass ich dringend
etwas ändern musste. Im nächsten Winter
würde ich meine Form aufbauen.
Aber im Winter geht man bei uns nicht zum
Biken. Ich musste es also wohl versuchen mit
den verhassten Dauerläufen. Ich hatte Zweifel
und wusste, dass ich es allein nicht schaffen

würde, denn Jogging war nichts für mich. Da war ich damals sicher. Hilfsbereit, wie meine Frau nun mal ist, bot sie mir ihre Unterstützung an. Ein- bis zweimal pro Woche mit mir und ein- bis zweimal mit dem Papa laufen – das war ihr und damit unser Plan.

So sah ich mich also eines Tages Anfang der 90er-Jahre auf einer Fünfkilometerrunde und kämpfte mich durch, während meine Frau locker neben mir herlief. Ich schaffte die Runde in etwa 30 Minuten und war sogar ein wenig stolz darauf, sie geschafft zu haben. Erstaunlicherweise fühlte ich mich nach dem Lauf gar nicht so schlecht, wie ich erwartet hatte. Liebe auf den ersten Blick war es nicht, aber es fühlte sich ganz okay an.

Der Anfang war geschafft! Meine Frau machte es mir leicht, denn sie passte sich meinem Schneckentempo an, und vor allem erzählte sie mir beim Laufen die ganze Zeit Geschichten. Ich war abgelenkt und musste nichts zum Gespräch beitragen, außer mal ein Nicken oder ein leises Ja. Das ist noch heute fast genauso, und ich glaube, dass es zu den Geheimnissen unserer glücklichen Ehe gehört.

Aber in den ersten Monaten habe ich gelitten! Einen Sprinterkörper auf Langlauf zu trimmen, war physisch und mental eine Tortur. Aber ich habe es geschafft und bin heute glücklich, wenn ich laufen kann und darf!

Beim Laufen treffe ich Wettkämpfer und ambitionierte Jogger, die an mir vorbeihuschen, als wären sie auf der Flucht. Dass mich viele überholen, habe ich aber schnell akzeptiert. Ich werde nie ein echter Dauerläufer sein, weil mir die physiologischen Voraussetzungen dafür fehlen. Das hat mich zuerst etwas geärgert und zugleich angespornt, aber heute bin ich insofern völlig entspannt. Ich treffe in meinem Tempo eher die etwas dicklichen Typen, denen vielleicht der Arzt erst kürzlich gesagt hat, dass sie sich endlich mehr bewegen sollten.

Ich sehe mich irgendwo zwischen diesen beiden Typen. Ich laufe ohne Ambitionen und Leistungsgedanken, einfach weil es mir guttut. Im Sommer fünfmal und in den dunklen Monaten des Jahres meist viermal pro Woche schnüre ich die Laufschuhe und bin dann immer 50 bis 75 Minuten unterwegs.

Laufen – nicht mehr wegzudenken

Für mich ist Laufen seit jetzt 25 Jahren körperliche Aktivität und Kur zugleich! Ich bin glücklich, mit dem Laufen etwas zu haben, das Spaß macht, meditativ und regenerativ zugleich ist. Ich laufe, weil ich es will – nicht mehr und nicht weniger! Ich habe keine Ziele, außer dass es mir danach besser geht. Ohne Pulskontrolle, Stoppuhr oder Plan macht mir die Bewegung an der frischen Luft große Freude.

Jetzt laufe ich zu jeder Jahreszeit und bei jedem Wetter und achte sogar darauf, dass in meinem Terminkalender auch auf Reisen immer Zeit fürs Laufen bleibt! Wer hätte das vor 30 Jahren gedacht? Ich alter Sprinter sicher nicht! Der bin ich innerlich immer noch, aber ich habe ihn gezähmt. Das Laufen ist mir wichtiger als Wettkämpfe, Bestenlisten und all das.

Heute laufe ich schon fast aus Gewohnheit, weil es zu mir und meiner Frau gehört wie Essen,

Schlafen und Arbeiten. Wir denken gar nicht darüber nach, ob wir laufen sollen oder nicht. Wir tun es einfach: direkt zu Hause Schuhe an und los! Im Rückblick sehe ich heute, dass es ein Riesenglück ist, dass ich diesen aktiven Weg gehen konnte und einen Körper habe, der mir das erlaubt.

»Was denkst du beim Laufen?«, werde ich oft gefragt. Wenn mich jemand das fragt, weiß ich schon, dass er nicht läuft. Aber woran denke ich eigentlich beim Laufen? Ehrlich gesagt, fällt mir gar nichts dazu ein! Wenn ich loslaufe, denke ich vielleicht an die Hitze oder Kälte. Wenn ich genervt bin, denke ich (kurz) an den Grund dafür, und wenn ich Freude habe, dann denke ich eben daran! Selten erinnere ich mich an vergangene Dinge oder an einen bevorstehenden Termin. Das vergeht beim Laufen aber schnell, und meist bin ich schon nach etwa 20 Minuten »gedankenlos«! Ich laufe in einem Vakuum. Das Gehirn ist immer aktiv, aber ich denke nichts und verarbeite nichts bewusst. Meine Gedanken sind wie Wolken, die auftauchen und sich wieder verziehen. Sie sind auf der Durchreise. Ähnlich wird das Meditieren oft beschrieben. Vielleicht macht gerade das für mich die Faszination des Laufens aus. Laufe ich, weil ich diese Leere mag und suche? Könnte sein, denn sie ist im heutigen Leben eine rare Sache, die mir sehr gut gefällt!

Ulrike Schöber: von einer, die nie laufen wollte

Diese Überschrift ist keine Übertreibung oder gar Lüge. Wer mich lange genug kennt, weiß, dass ich Joggen immer doof fand, und zwar so richtig doof. Wer mit mir beim Spazierengehen oder Wandern war, hat meine mitleidigen Blicke gesehen, wenn uns Freizeitläufer gaaanz langsam überholten. »Na, da tut's unser zügiges Gehtempo doch auch«, kam vielleicht noch als abfälliger Kommentar von mir.

Tatsächlich wollte ich nie joggen oder laufen, obwohl es schon immer angesagt war und ich immer wieder gefragt wurde, ob ich nicht mal mitlaufen wollte. »Joggen? Nein danke!«, war meine Antwort. Ich bin lieber spazieren gegangen, Rad gefahren oder geritten.

Jedoch mindestens zweimal ließ ich mich zum Joggen überreden. Ich lebte damals in einem Studentenheim im Grünen, und das nächste

Institut der Uni war das für Sport. Deshalb lebten in dem Heim viele Sportstudenten – und die laufen nicht nur gern, die müssen sogar laufen, und zwar gegen die Uhr. Ums Haus herum gab es eine schöne Runde, die ich gerne entlangspaziert bin, um die Natur zu genießen und den Kopf frei zu bekommen. Dabei wurde ich von vielen Joggern überholt.

Ein erster Versuch

Irgendwann überredete mich eine Freundin zum Mitlaufen. Wir sind ganz langsam los, aber schon nach einer winzigen Strecke konnte ich nicht mehr. »Es ist doch gar nicht schwer«, bekam ich zu hören. »Sag dir einfach: Nur bis zum nächsten Busch da vorn. Jetzt komm weiter …« Bis zum nächsten Busch bin ich noch gekommen, aber dann wieder bis zum nächsten, bis zur Ecke, bis zur Kurve? Ich war kaputt, doch vor allem: Ich bin doch nicht blöd! Mein Kopf weiß ganz genau, dass es nicht nur bis zum nächsten Busch geht, sondern dass immer noch ein weiterer Strauch oder Baum kommt – und damit bis zum Ende der Runde immer nur Anstrengung und Erschöpfung. Von Spaß oder Lust keine Spur. Ich habe also meine Freundin weiterlaufen lassen und bin umgekehrt. Mein Fazit: Wenn ich die Natur oder die Landschaft genießen will und Zeit habe, gehe ich spazieren. Wenn ich es eiliger habe, nehme ich das Fahrrad. Aber Joggen? Never ever!

Meine Abneigung bestätigte sich bei einem oder zwei weiteren Laufversuchen, und dabei blieb es dann über 20 Jahre lang. Erst mit Mitte 40 wurde alles anders.

Mein Hund starb, und ich war ganz furchtbar traurig. Ich fiel in eine seelische Leere, aus der ich kaum noch herauskam. Da überlegte ich, was ich für mich tun könnte. Ich hatte inzwischen viele Bücher über Gesundheit, Fitness und Abnehmen bearbeitet. Dabei war mir das Thema Laufen immer wieder begegnet und mit ihm seine positive Wirkung auf die Psyche. Ich wusste: Beim Laufen werden Endorphine, Glückshormone, ausgeschüttet, und es kann zum Runner's High kommen, einem absoluten Glücksgefühl. Da mir ohne Hund auch die Bewegung an der frischen Luft fehlte, beschloss ich, es noch einmal mit dem Laufen zu probieren – aber ganz auf meine Art. Ich kaufte die absolute Minimalausrüstung: Laufsocken und ein gut passendes Paar Laufschuhe – reduziert, damit ich mich nicht zu sehr ärgern müsste, falls es mit dem Laufen wieder nicht klappen würde. Ansonsten mussten Gymnastikhose und T-Shirt reichen für den Anfang.

Ich suchte mir eine schöne und vor allem flache Runde, wo ich keine Bekannten treffen würde. Ich hatte weder Lust auf Kommentare wie »fleißig, fleißig« noch auf Zeugen meiner schnaufenden Anstrengung und meines puterroten Kopfs. Ich beschloss, morgens vor dem Frühstück zu laufen, damit der Plan nicht vom Tagesgeschehen verdrängt würde und ich die »lästige Pflicht« hinter mir hätte. Ich setzte mir die Latte ganz niedrig: eine Minute laufen, zwei Minuten gehen – ein Pensum, das deutlich unterhalb aller »Lauf-Lern-Tipps« in Büchern lag, die ich bis dahin lektoriert hatte. Für mich erwies sich diese »Minimalbelastung« als goldrichtig. Die eine Minute laufen zog sich immer wie Kaugummi, und die letzten Sekunden bis zum erlösenden Piepsen des Handys waren anfangs die Hölle. Der alte Spruch »Sport ist Mord« stimmt doch – ich wusste es schon immer. Auch erschienen mir die zwei Minuten Erholung tatsächlich oft noch zu kurz. Manchmal hab ich gemogelt und mir einfach noch mal zwei Minuten gegönnt. Meine Lieblingsrunde ist knapp fünf Kilometer lang, führt auf guten Wegen abwechslungsreich durch Feld und Wald – und sie hat keine Abzweigung, bei der ich abkürzen könnte. Damit hatte ich gut gewählt, denn sonst hätte ich vermutlich vorher aufgehört.

Das Eine-Minute-Laufen habe ich nicht wie in vielen Ratgebern empfohlen nur eine, sondern über mehrere Wochen beibehalten, auch weil ich den neuen Hund, der inzwischen bei mir lebte, unter Kontrolle haben und ihm Pausen fürs Schnüffeln gönnen wollte. Für lautes Hinterherrufen brauchte ich außerdem jederzeit genug Luft. Mir war auch immer wichtig, dass ich beim Laufen noch etwas von meiner Umgebung, der Schönheit der Natur und ihren Veränderungen mitbekomme.

Dann habe ich mich gaaanz langsam nur minutenweise gesteigert, bis ich nach gut einem Jahr bei 20 Minuten Laufen am Stück war – nicht viel, wenn man bedenkt, dass in vielen Laufkursen schon nach drei Monaten 35 bis 40 Minuten oder mehr am Stück versprochen werden. Ich dagegen kam lange nicht über diese 20 Minuten hinaus, etwa die halbe Runde. Als wäre das meine persönliche Schallmauer. Trotzdem bin

ich weitergelaufen. Ich musste sowieso mit dem Hund raus, und Hunde finden es toll, wenn sich die Menschen mal schneller bewegen. Vor allem aber hatte ich gemerkt, dass ich fitter war und mich auch danach immer gut fühlte.

Umweg übers Wandern

Mein Durchbruch kam nach einem sehr anstrengenden Wanderurlaub, bei dem ich mich auf mancher Etappe am liebsten ins Hotel gebeamt hätte. Aber mitten in der Pampa muss es eben weitergehen. Als ich danach zu Hause wieder meine Runde in Angriff nahm, da ging es plötzlich. Ich konnte am Stück durchlaufen! Ein großartiges Gefühl! Erst als ich das sicher konnte, nahm ich auch andere Strecken in Angriff – auch direkt in der Nachbarschaft, wo mir das »fleißig, fleißig« anderer Hundebesitzer heute überhaupt nichts mehr ausmacht. »Ja, man muss was tun«, antworte ich manchmal – und meine es auch so.

Ich habe mich in acht Jahren so ans Laufen gewöhnt, dass ich es vermisse, wenn ich es länger nicht mache und dass ich mich besser fühle, wenn ich es regelmäßig tue. Woran das liegt, werde ich Prof. Froböse in diesem Buch fragen. Und auch was ich im Winter bei Eis und Schnee tun kann, da mein Körper jetzt anscheinend nach Laufen lechzt. Im Winter habe ich nämlich bisher ausgesetzt, weil ich mir nicht die Haxen brechen will. Das kann ich mir als Selbstständige nicht leisten. Hauptsache, er schickt mich nicht aufs Laufband. Da würde ich aus heutiger Sicht sagen: Never ever! Aber wer weiß …

WARUM UNS LAUFEN SPASS MACHT

Ulrike Schöber: Vor wenigen Jahren habe ich über das Laufen noch ganz anders gedacht. Warum sollte ich laufen, wenn ich nach kürzester Zeit Durst, Seitenstechen und schmerzende, schwere Beine bekomme und ich mich deutlich besser fühle, wenn ich nicht laufe? Was soll daran Spaß machen? Warum nicht lieber schwimmen (dabei schwitzt man nicht), reiten (da lenkt die Beschäftigung mit dem Pferd von der Anstrengung ab), Rad fahren (man kommt schneller vorwärts ohne schwere Beine)? Was ist der Vorteil des Laufens verglichen mit anderen Bewegungsarten?

Ingo Froböse: So fragt jemand, der falsche Vorstellungen vom Laufen hat, vielleicht weil er in der Kindheit oder Jugend schlechte Erfahrungen damit gemacht hat. Vielleicht ist er bei ersten Laufversuchen zu schnell gestartet oder hat sich überfordert, was das Seitenstechen und die schweren Beine erklärt. Die angenehmen Seiten des Laufens hat er gar nicht erst kennengelernt. Laufen ist die natürlichste Form von Aktivsein und Sport. Man kann es ohne großen Aufwand direkt an der Haustür beginnen oder an fast jedem anderen Ort. Das geht weder beim Schwimmen noch beim Reiten. Und beim Radfahren schlage ich mich mit dem Autoverkehr herum und begebe mich nicht selten in große Gefahr. Insofern hat das Laufen eindeutig Vorteile gegenüber vielen anderen Sportarten. Erlernen muss man es (fast) nicht, nur ein wenig darauf achten, dass man nicht zu schnell läuft. Wenn man das beherzigt, kann Laufen ein intensives körperliches Erlebnis sein, das viel Freude schenkt. Ich kann nur jedem raten, dem Laufen eine Chance (vielleicht auch die zweite oder dritte) zu geben. Es lohnt sich bestimmt!

Ulrike Schöber: Wie kommt es, dass ich das Laufen inzwischen manchmal vermisse, obwohl ich es ganz früher gehasst habe?

Ingo Froböse: Der Organismus gewöhnt sich zum einen an dieses gute körperliche Gefühl, das aufkommt, wenn man regelmäßig läuft. Das ist wie beim Genuss von Schokolade. Davon wollen wir natürlich gerne mehr. Zum anderen bekommt der Körper durchs Laufen das, was er braucht, nämlich Bewegung. Inaktivität und Nichtstun sind unmerklicher Stress für uns. Und es tut wirklich gut, nach getaner Arbeit mit sich und seinen Gedanken einfach loszulaufen und den Alltag hinter sich zu lassen. Das Laufen ist ein Ventil für unseren Alltagsstress, und das ist sehr angenehm.

Das Laufen steckt in unseren Genen

Die Natur hat uns als Läufer konzipiert, was ganz im Gegensatz zu der Bewegungsarmut unseres heutigen Lebens steht. Wir Menschen sind auch heute noch als Hetzjäger gebaut. Wir haben überlebt, weil wir unsere Beute – obwohl sie schneller war – durch unsere größere Ausdauer bis in die Erschöpfung und den Zusammenbruch getrieben haben. Deshalb heißt die menschliche Hatz auch Ausdauerjagd. Nehmen wir etwa die Jagd auf eine Antilope, die ein sehr hohes Tempo erreichen kann: Sie sieht eine Gruppe von Menschen herankommen und sprintet weg. Doch schnell wird sie müde und bleibt stehen. Die Jäger laufen in ihrem Rhythmus weiter und machen Boden gut. Sind sie nah dran, läuft die Antilope wieder los, ist bald erschöpft, bleibt wieder stehen. Das geht so viele Male über Stunden hinweg. Dabei hält der menschliche Körper seine Temperatur durch Schwitzen niedrig, der Körper der Antilope jedoch heizt sich immer mehr auf, denn sie kann nicht schwitzen. Irgendwann ist sie so entkräftet, dass sie kollabiert und für die Jäger eine leichte Beute ist. Die Ausdauer des Menschen hat über die Schnelligkeit des Tiers gesiegt. Das lange andauernde, gleichförmige Laufen ist ein evolutionärer Vorteil des Menschen, der zum Überleben unserer Art beigetragen hat. Hinzu kommt der Vorteil des Schwitzens zur Regelung der Körpertemperatur. Beides können nur wenige Tiere wie Kamele und Pferde. Beides ist auch längst nicht überholt, denn es gibt nach wie vor ursprüngliche Völker wie die Aborigines in Australien oder die San in Afrika, die die Hetzjagd betreiben. Sie legen dabei rund 4000 Kilometer im Jahr zurück! Zu Fuß!

Vom Lauf- zum Sitzwesen

Wir alle kommen also als sehr ausdauernde Laufwesen zur Welt. Das können Sie bei kleinen Kindern gut beobachten. Die sind ständig in Bewegung und probieren ihren Körper nach Herzenslust aus. Doch spätestens im ersten Schuljahr müssen sie das Stillsitzen lernen. Wie schwierig das tatsächlich ist und wie gern die Erstklässler aufstehen und herumlaufen möchten, davon können Grundschullehrerinnen ein Lied singen. Irgendwann haben es alle Kinder gelernt, und die Phasen des Stillsitzens werden immer länger. Manche Kinder leben ihren Bewegungsdrang in der Freizeit beim Sport aus, aber bei vielen verkümmert das ursprüngliche Bewegungsbedürfnis mit

Beginnt in der Grundschule: Die Verwandlung vom Lauf- zum Sitzwesen.

zunehmendem Alter, erst recht wenn dann im Erwachsenenalter die Belastungen durch Familie und Beruf größer und gleichzeitig die Zeiträume zur freien Verfügung knapper werden. Aus Bequemlichkeit und Zeitknappheit liegt es dann nahe, auf die unzähligen Techniken und Maschinen zurückzugreifen, die uns unsere hoch technisierte, zivilisierte Gesellschaft zur Erleichterung des Lebens bietet: Lieber schnell mit Lift oder Rolltreppe nach oben statt zu Fuß, besser den Kollegen nebenan anrufen, statt kurz rüberzugehen.

Für Ihren Körper, aber auch für Geist und Seele hat das fatale Folgen, denn Laufen ist viel mehr als die Bewegung von A nach B. Es beeinflusst Ihren gesamten Organismus nachhaltig positiv – wie sehr, das lesen Sie ab Seite 27. Und weil uns das ausdauernde Laufen in den Genen steckt, kann es jeder – auch Sie! Geben Sie also sich und dem Joggen die Chance, einander näher kennenzulernen. Fangen Sie einfach langsam und gemütlich an und schließen Sie Freundschaft mit diesem tief in Ihren Genen verankerten Bedürfnis.

Jeder kann laufen – in jedem Alter

Egal ob jung oder alt, Mann oder Frau, kerngesund oder leicht angeschlagen: Mit wenigen Ausnahmen kann wirklich jeder joggen oder doch wenigstens trotten, was sozusagen die Miniausgabe des Laufens ist. Der Mensch profitiert von den vielen Vorteilen dieser ausdauernden Bewegung (s. ab S. 126). Denn es geht dabei nicht um Geschwindigkeit oder einen ästhetisch-athletischen Lauf à la »elegant wie ein Reh«. Es geht einfach darum, seinem Körper ein elementares Bedürfnis zu erfüllen, und das klappt in jeder Lebensphase.

Kindheit und Bewegung – zwei Dinge, die zusammengehören

Als »Nesthocker« können wir wie viele andere Säugetiere nicht von Anfang an laufen, sondern müssen Muskeln und Skelett erst nach und nach entwickeln und trainieren, bevor wir uns vom Robben übers Krabbeln zum Laufen aufrichten. Das Bewegen auf zwei Beinen ohne Umfallen hinzukriegen, ist gar nicht einfach, denn Laufen erfordert Gleichgewicht, Koordination, Motorik und Kraft. Aber wenn man ein Baby beim Laufenlernen beobachtet, fallen die Hartnäckigkeit und vor allem die Begeisterung auf, mit der es dranbleibt – zwei Eigenschaften, an die wir uns erinnern sollten, wenn wir neue Wege beim Laufen gehen wollen: einfach weitermachen und noch einmal probieren, wenn etwas nicht auf Anhieb klappt.

»Schnellstarter« üben bereits mit zehn Monaten die ersten Laufschritte, Kinder in einigen afrikanischen Ländern sogar schon mit acht Monaten. Die meisten Babys fangen jedoch später an. Am Ende, wenn sie einmal wissen, wie es geht, fällt bei allen Kleinkindern auf, dass sie viel öfter rennen als gehen. Studien auf Schulhöfen haben ergeben, dass sich Kinder bis in die Anfänge der Pubertät in Intervallen bewegen. Sie wechseln ständig zwischen langsamem Gehen und schnellen Sprints hin und her. Ganz ähnlich funktioniert unser auf Seite 106 beschriebenes Fahrtspiel.

Joggen mit Kindern

Mit diesem Wissen erübrigen sich fast die Fragen, ob auch Kinder laufen sollen oder ob Joggen den Organismus im Wachstum vielleicht überfordert. Natürlich dürfen und sollen Kinder laufen! Aber nicht leistungsbezogen und wettkampfmäßig, sondern immer auf kindgerechte Art: spielerisch, damit die Motivation erhalten bleibt.

Statt der Ausdauer sollten Tempo und Koordination im Mittelpunkt stehen, denn das sind die Aspekte, die man in jungen Jahren am besten trainieren kann. Ausdauernd wird der Körper erst, wenn er fast ausgewachsen ist. Ausdauertraining sollte daher nicht vor dem 15. Lebensjahr beginnen. Vorher, in den Phasen des intensiven Wachstums, würde es vor allem die Knochen überlasten. Trotzdem können, dürfen und sollen auch jüngere Kinder schon reichlich laufen. Das ist der richtige Ausgleich zum Stillsitzen in der Schule. Allerdings gilt es einige Aspekte zu berücksichtigen:

■ Kinder haben ein gutes Gefühl für ihre eigene Belastbarkeit. Das müssen Sie immer respektieren. Kein Kind sollte länger oder schneller laufen müssen, als es will!

■ Wenn Sie mit einem Kind laufen, sollte immer das Kind das Tempo bestimmen. Denken Sie allein schon an die unterschiedliche Schrittlänge, die Ihrem Kind viel mehr Schritte abfordert als Ihnen.

■ Kinder überhitzen leicht, weil sie viel weniger schwitzen. Deswegen ist es wichtig, dass sie viel trinken. Da sie es oft vergessen, müssen Sie das Kind daran erinnern.

■ Bei intensiven Belastungen schütten Kinder zehnmal mehr Stresshormone aus als Erwachsene. Sie benötigen deswegen danach eine deutlich längere Zeit zur Regeneration.

■ Langsames Laufen finden Kinder fast immer langweilig. Deswegen ist Motivation das A und O, wenn Sie mit Kindern joggen möchten.

■ Je kleiner die Kinder sind, desto mehr wird im Wechsel gerannt, gehüpft und gegangen.

Da das Kinderherz schneller schlägt, sind Pulsmesser und Herzfrequenzformeln bei Kindern nicht geeignet, um die Belastung zu steuern. Wenn das Kind im Laufen noch gut mit Ihnen sprechen kann, ist das ein sicheres Zeichen dafür, dass die Belastung nicht zu hoch ist. Die Formel »Laufen, ohne zu schnaufen« gilt also gerade für Kinder (s. S. 69). Das Wichtigste jedoch ist, die Motivation durch viel Abwechslung mit Laufspielen (s. dazu ab S. 117) aufrechtzuerhalten, am besten auch in einer Gruppe von Kindern. Welche Trainingsmethoden für Kinder in welchem Alter geeignet sind, lesen Sie ab Seite 117.

Mit Kindern nicht übertreiben!

Als laufbegeisterter Vater oder sportliche Mutter freuen Sie sich natürlich, wenn Ihr Kind mit Ihnen laufen will. Sie können im Internet reichlich Lauf-Events für Kinder jeden Alters finden und auch Trainingspläne. Schauen Sie aber immer sehr kritisch hin. Schon die meisten Internetpläne für Erwachsene verlangen viel zu viel in zu kurzer Zeit. Achten Sie unbedingt immer darauf, Ihr Kind nicht zu überfordern, denn das kann Ihnen bis zu einem Alter von etwa 13 Jahren sehr, sehr schnell unterlaufen. Und glauben Sie nie, dass Joggen Ihrem Nachwuchs schon deshalb Spaß machen müsste, weil Sie es selbst gerne tun. Freuen Sie sich auch, wenn Ihr Kind lieber einen anderen Sport treiben möchte, und unterstützen Sie es besser darin.

FRAUEN SIND ANDERS – AUCH BEIM LAUFEN

Lange vorbei sind die Zeiten, als vor allem Männer joggend unterwegs waren oder an Lauf-Events teilnahmen. Die Frauen haben nicht nur aufgeholt, sondern sind inzwischen fast häufiger zu sehen. Kein Wunder, sind sie doch insgesamt gesundheitsbewusster und achten mehr auf ihr Gewicht als Männer. Allerdings haben sie es aufgrund der körperlichen Unterschiede etwas schwerer, bei gleichem Gewicht und gleicher Größe die gleichen Leistungen zu erbringen.

MUSKELMASSE UND SAUERSTOFF

Frauen haben 10 bis 20 Prozent weniger Muskelmasse als Männer, aber mehr Bindegewebe und Körperfett. Außerdem sind Herz und Lunge nicht so groß wie bei Männern, und das Blut enthält weniger Hämoglobin. Dies ist der rote Blutfarbstoff, der den Sauerstoff transportiert. Daher fällt die Sauerstoffmenge, die ihr Blut zu den Zellen transportieren kann, etwas kleiner aus.

KREISLAUF UND STOFFWECHSEL

Dafür pumpt das Herz der Frauen schneller, und der weibliche Körper kann besser auf seine Fettdepots als körpereigenen Energiespeicher zugreifen. Deshalb sind Frauen besonders auf sehr langen Strecken wie Ultramarathons oft leistungsfähiger als Männer.

KÖRPERBAU

Wegen der schmaleren Schultern, des breiteren Beckens und der kürzeren Gliedmaßen liegt der Körperschwerpunkt von Frauen tiefer. Dadurch sind sie wendiger und besser ausbalanciert. Die bessere Dehnfähigkeit von Muskeln, Sehnen und Bändern macht sie weniger anfällig für Verletzungen.

HORMONHAUSHALT

Die hormonellen Schwankungen des Zyklus verändern die Leistungsfähigkeit. Zwar gibt es individuelle Abweichungen, aber meist fällt der Sport kurz vor der Menstruation schwerer, und die Ausdauer ist nicht so groß wie sonst. Dafür sind Frauen kurz vor dem

Eisprung besonders fit und leistungsfähig. Es spricht nichts dagegen, während der Periode zu laufen; es trägt sogar zum Wohlbefinden bei. Joggen wirkt entkrampfend und positiv auf die Stimmung.

HOHER EISENVERBRAUCH

Wegen des Blutverlusts während der Menstruation sollten laufende Frauen regelmäßig ihren Eisenwert bei Blutuntersuchungen überprüfen lassen, denn auch der Ausdauersport verbraucht zusätzlich Eisen. Es ist reichlich in Lebensmitteln wie Leber, rotem Fleisch, Weizenkleie, Pistazien und Tofu enthalten, muss manchmal aber auch zusätzlich als Nahrungsergänzung eingenommen werden. Ihr Arzt kann Ihnen bei Bedarf ein entsprechendes Präparat verschreiben.

ZYKLUS UND FRUCHTBARKEIT

Bei besonders intensivem Training und gleichzeitig kalorienarmer Ernährung kann es zum Ausbleiben der Menstruation und zu einer Verschlechterung der Fruchtbarkeit kommen. Wer also vergeblich versucht, schwanger zu werden, sollte überprüfen, ob vielleicht zu viel trainiert und zu wenig gegessen wird.

WECHSELJAHRE

In den Wechseljahren kann Joggen Befindlichkeitsstörungen wie Stimmungsschwankungen, Hitzewallungen und Schlafprobleme mildern. Außerdem beugt es Osteoporose vor, die für Frauen in diesem Alter zu einer größeren Gefahr wird, weil durch zu wenig Östrogen die Knochendichte abnimmt. Das Joggen stimuliert die Knochen, mehr Knochensubstanz aufzubauen, um den Erschütterungen durch das Laufen besser standhalten zu können.

BEWEGLICHKEIT

Damit Frauen eine Schwangerschaft und Geburt heil überstehen, sind ihr Bindegewebe und ihre Muskulatur deutlich dehnbarer als bei Männern. Wenn sie diese Elastizität durch die passenden Dehnübungen (s. S. 173) erhalten oder steigern, sind sie daher bei gleichem Übungsaufwand weniger anfällig für Verletzungen wie Bänder- oder Muskelfaserrisse als Männer.

Weiterlaufen in der Schwangerschaft – kein Problem!

Wenn Sie vor der Schwangerschaft nicht gelaufen sind, werden Sie sicher nicht währenddessen damit beginnen wollen und sollten das auch nicht tun. Mit Walking oder Radfahren sind Sie dann besser beraten. Anderenfalls belasten Sie Ihre Gelenke doppelt: durch das Joggen und mit dem Gewicht des heranwachsenden Babys. Das kann zu viel werden.

Wenn Sie jedoch schon Lauferfahrung haben, können Sie auch als Schwangere weiterlaufen, sofern Ihr Gynäkologe keine Einwände hat. Denn Sport in der Schwangerschaft, der früher als gefährlich galt, wird heute sogar empfohlen. Sport verhindert oder verringert viele Schwangerschaftsbeschwerden wie Schwangerschaftsdiabetes, Wassereinlagerungen oder Stimmungsschwankungen. Er hält auch das Immunsystem in Schuss, das deshalb Infekte effektiver abwehren kann. Und am Ende der Schwangerschaft erleichtert die gute Fitness oft den Vorgang der Geburt.

Wichtig ist, dass Sie sich nur mäßig belasten – auch wenn Sie stärkere Anstrengungen gewohnt waren! Ihr Puls sollte beim Sport nicht über 140 Schläge hochgehen, und Ihr Organismus darf sich nicht überhitzen. Ihr Baby kann das im Mutterleib nicht ausgleichen. Laufen, ohne zu schnaufen, ist Ihre Garantie für die angemessene Belastung.

Wie auch sonst beim Joggen gilt ganz besonders in dieser sensiblen Lebensphase: Hören Sie auf Ihr Körpergefühl!

Tipp: individueller Rat für schwangere Sportlerinnen

Die Deutsche Sporthochschule Köln bietet im Internet ein Informations- und Serviceportal zum Thema »Sport und Schwangerschaft«. Dort können Sie ein kostenloses Online-Coaching per E-Mail in Anspruch nehmen und Ihre persönlichen Fragen rund um Ihre sportlichen Aktivitäten stellen und sich Rat holen: http://www.dshs-koeln.de/psi/sus/Index.html

Nach einer Geburt besser pausieren

Die Geburt belastet den Beckenboden extrem. Bis er die frühere Festigkeit erlangt, dauert es sechs bis neun Monate. Da die Stöße beim Laufen den Beckenboden belasten, sollten Sie keinesfalls kurz nach der Geburt joggen. Auch Ihre Bänder an den Gelenken brauchen eine Pause. In den drei bis vier Monaten der Hormonumstellung nach der Niederkunft sind sie zu weich, um die Gelenke gut zu stabilisieren. Neben Rückbildungsgymnastik für den Beckenboden sind für die Ausdauer Aquajogging (s. S. 116), Walking, Nordic Walking und der Crosstrainer zu empfehlen. Diese Aktivitäten schonen den Beckenboden.

Der richtige Zeitpunkt für den Wiedereinstieg ins Laufen hängt von den individuellen körperlichen Gegebenheiten ab. Vier bis sechs Monate sollten Sie aber immer warten und dann zunächst vorsichtig mit kurzen und sehr moderaten Laufeinheiten wieder beginnen.

Laufen kennt kein Alter

Wenn Sie sich über die letzten Jahre hinweg wenig bewegt haben und das Alter von 50, 60 oder auch 70 Jahren überschritten haben, fragen Sie sich vielleicht, ob Sie überhaupt noch mit dem Laufen beginnen können. Die Antwort ist ein klares Ja! Ihre Muskeln kennen nämlich kein Alter. Sie können sie Ihr ganzes Leben lang trainieren. Wenn Sie erst mit 65 anfangen zu laufen, weil Sie nun in Rente sind und mehr Zeit haben, profitiert Ihr Organismus eben ab dann von den zahlreichen Benefits des Laufens, die wir im nächsten Kapitel erläutern werden. Bei älteren Menschen machen sich ganz besonders die positiven Effekte auf den Blutdruck und den Zuckerstoffwechsel bemerkbar sowie auf die Blutfettwerte. Die Dosierung von Cholesterinsenkern kann meist deutlich verringert werden, oder die Medikation entfällt sogar ganz. Laufen dient ferner der Vorbeugung gegen Osteoporose, Demenz und Altersdepression.

Wenn Sie bisher schon gelaufen sind, sollten Sie natürlich in keinem Alter damit aufhören. Ganz im Gegenteil! Sie laufen dem Altern tatsächlich davon. Oder konkreter: Sie schieben alterstypische Veränderungen deutlich hinaus. Eine über 24 Jahre andauernde Langzeitstudie der US-amerikanischen Stanford University bestätigte, dass regelmäßiges Training und eine gesunde Lebensweise Gesundheit und Leistungsfähigkeit bis ins hohe Alter aufrechterhalten können. Untersucht wurden 538 Jogger, die zu Beginn der Studie alle bereits 50 Jahre oder älter waren. Sie wurden mit einer Gruppe Gleichaltriger verglichen, die nicht regelmäßig liefen. Am Ende des Untersuchungszeitraums wiesen zwar alle Teilnehmer gleich viele körperliche Beschwerden auf, aber bei den aktiven Läufern traten die altersbedingten Probleme im Durchschnitt erst 16 Jahre später auf als bei jenen, die nur unregelmäßig liefen. Das sind immerhin über anderthalb gesunde Jahrzehnte mehr! Das bedeutet Lebensqualität! Auch die Lebenserwartung der Läufer war deutlich länger. In der Gruppe der Nichtläufer waren nach 19 Jahren schon 34 Prozent der Teilnehmer verstorben, wohingegen bei den Läufern lediglich 15 Prozent Todesfälle auftraten.

Dazu war nicht einmal besonders intensives Training notwendig. Bei Studienbeginn lag der durchschnittliche Zeitaufwand der Jogger bei vier Stunden Lauftraining pro Woche. Mit stolzen 70 oder sogar 80 Jahren bei Studienende liefen viele von ihnen im Durchschnitt noch 76 Minuten wöchentlich.

Außerdem konnten die Forscher aus Stanford nachweisen, dass bei älteren Läufern entgegen einem Mythos orthopädische Erkrankungen wie Arthrose nicht häufiger sind als beim inaktiven Durchschnitt der Bevölkerung. Künstliche Hüft- oder Kniegelenke benötigten in beiden Gruppen gleich viele Personen.

Es gibt also reichlich Gründe, auch im fortgeschrittenen Alter zu laufen. Der wichtigste davon ist: Es macht Spaß – erst recht, wenn Sie mit Gleichgesinnten laufen. Auf Seite 120 finden Sie Hinweise dazu, wie Sie Ihr Training altersgerecht gestalten.

Achtung: Wer sollte besonders vorsichtig sein?

Wenn Sie sich bisher nur wenig bewegt haben oder intensivere sportliche Aktivitäten schon länger her sind, sollten Sie Ihre Läuferkarriere auf jeden Fall mit einem sportmedizinischen Check beim Arzt beginnen. Dabei wird auch Ihre Herzfrequenz gemessen, die Ihnen später hilft, Ihre Belastung beim Laufen angemessen zu regulieren (s. ab S. 65).

Dasselbe gilt, wenn Sie länger krank waren oder wenn Sie an einer chronischen Krankheit leiden. In vielen Fällen, so bei Diabetes oder Bluthochdruck, kann das Laufen sogar gegen Ihre Beschwerden helfen (s. ab S. 36). Es gibt jedoch einige Erkrankungen, bei denen Joggen nicht ratsam ist:

■ Akute Herzprobleme wie etwa eine Herzmuskelentzündung,

■ Halbseitenprobleme wie Schlaganfall,

■ Gleichgewichtsstörungen,

■ Epilepsie,

■ Während eines Entzündungsschubs entzündlich rheumatischer Erkrankungen.

Um Überlastungen oder Stürze zu vermeiden, bleiben Sie bei diesen Diagnosen lieber beim Gehen und probieren vielleicht vorsichtig das Trotten aus (s. ab S. 126).

Auch bei starkem Übergewicht mit BMI über 30 (s. S. 112) sind Sie mit Gehen und Trotten besser bedient. Laufen würde Ihre Gelenke überlasten. Das gilt auch bei ausgeprägten Fehlstellungen der Beine (X- oder O-Beine)

und/oder Füße sowie bei massiven Schäden an den Hüftgelenken oder an den Knorpeln von Bein- und Fußgelenken.

Wenn Sie regelmäßig Medikamente einnehmen, etwa im neurologischen Bereich bei multipler Sklerose oder bei Stoffwechselerkrankungen wie Diabetes, müssen Sie die Dosierung im Auge behalten, wenn Sie Ausdauersport treiben wollen. Wegen der Belastung beim Laufen werden Medikamente schneller verstoffwechselt. Deshalb wirken sie nicht so lange wie gewohnt. Sprechen Sie mit Ihrem Arzt über Ihre Laufpläne, damit Ihre Arzneimitteldosis neu eingestellt werden kann.

Sonst sind gesundheitliche Beeinträchtigungen meistens kein Hindernis, wenn Sie das Laufen nur ruhig und umsichtig genug angehen. Dazu gehört, dass Sie zu Anfang immer mit einem Partner laufen, der Ihnen im Falle eines Falles helfen kann. Für eventuelle Notrufe ein Handy mitzunehmen ist in jedem Fall ratsam.

Laufen nach einem Infarkt?

Nach einem Herzinfarkt kann man – natürlich immer in Absprache mit dem behandelnden Arzt – langsam wieder mit dem Joggen anfangen, aber nur über den Zwischenschritt des Gehens.

Auf dem Fahrrad-Ergometer wird die körperliche Leistungsfähigkeit getestet. Um sein Körpergewicht beim längeren Gehen problemlos fortbewegen zu können, sollte man pro Kilogramm mindestens ein Watt Leistung erreichen.

LAUFEN UND GESUNDHEIT: WAS LAUFEN ALLES BEWIRKT

Ulrike Schöber: Alle laufen natürlich, weil es so gesund ist – auch ich. Aber ich sehe viele Läufer mit Knieproblemen oder auch häufigen Erkältungen. Wie passt das zusammen? Ist Laufen wirklich so gesund oder ist das eine maßlose Übertreibung?

Ingo Froböse: Tatsächlich ist Laufen nicht nur gut für den Körper, sondern auch für Geist und Seele. Wie immer im Leben gibt es allerdings ein Aber. Denn mit dem Laufen ist es wie mit so vielem anderen: Die Dosis macht das Gift! Damit meine ich, mit der richtigen Belastung fördert man seine Gesundheit und tut sich selbst etwas Gutes. Wer jedoch sehr ehrgeizig ist und zu viel auf einmal will, überlastet sich schnell.

Das passiert Anfängern und Wiedereinsteigern dann, wenn sie in kürzester Zeit lange Strecken am Stück laufen wollen. Gerade Sehnen und Gelenke brauchen Zeit, um sich an die neue Belastung anzupassen. Ehrgeizige Fortgeschrittene überfordern sich oft, weil sie sich nach Wettkämpfen nicht genug Regenerationszeit gönnen und zu viele Läufe innerhalb eines Jahres absolvieren. Bei beiden Gruppen sind dann oft Knieprobleme die Folge.

Außerdem kann auch das Immunsystem überlastet werden, denn wegen der vermehrten Atmung beim Laufen und kürzerer Regenerationsphasen kann das Immunsystem seine Arbeit nur mit halber Kraft verrichten. So haben Krankheitserreger leichtes Spiel. Das äußert sich meist in Erkältungen und einer verminderten Leistungsfähigkeit.

Ulrike Schöber: Dann kommt es also nur durch Überlastung zu solchen Gesundheitsproblemen. Gibt es eine sichere Methode, das zu vermeiden?

Ingo Froböse: Damit das nicht passiert, muss man auf ausgewogenes Training – also nicht nur Laufen, sondern auch Dehnen, Kraft- und Ausgleichstraining – sowie die richtige Belastung achten. Beides beugt zugleich Verletzungen vor. Mehr dazu ab S. 169. Jetzt schauen wir uns die gesundheitlichen Benefits des Laufens an. Denn Laufen ist tatsächlich eine Art Allheilmittel.

Was beim Laufen im Körper passiert

Sie haben es schon eingangs gelesen: Laufen ist die natürlichste Sache der Welt und das, was wir Menschen schon immer gemacht haben. Deshalb können wir es so gut, und deshalb reagiert unser Körper so positiv darauf.

Durch bessere Durchblutung bessere Versorgung der Zellen

Das Blut versorgt auf seinem Kreislauf durch den Körper alle Ihre Zellen in Muskeln, Organen und im Gehirn mit Sauerstoff und Nährstoffen. Auf dem Rückweg zur Lunge nimmt es das Abbauprodukt Kohlendioxid mit, das beim Verbrennen des Sauerstoffs entsteht, sowie die Abfallstoffe, die bei der Umwandlung der Nährstoffe anfallen. Laufen lässt das Herz schneller schlagen und kurbelt die Durchblutung stark an.

Vor allem werden aber auch neue Blutkanäle (Kapillargefäße) erschlossen oder aufgrund schlechter Durchblutung bisher verschlossene Äderchen wieder eröffnet, sodass das Blut, angereichert mit Sauerstoff und Nährstoffen, leichter überallhin gelangt. Frisches Blut erreicht schneller die Zellen, verbrauchtes wird zügiger abtransportiert.

So haben Schadstoffe kaum eine Chance, sich abzulagern und die Gefäße und Zellen zu verstopfen. Der Zellstoffwechsel kann ungehindert ablaufen, und die Zellen selbst werden bestens mit allem Notwendigen versorgt. Weil viele körperliche Probleme ihre Ursache im Zellstoffwechsel haben, ist Ausdauersport die ideale Vorbeugung und dient unmittelbar dem allgemeinen Wohlbefinden.

Tiefere Atmung bringt mehr Sauerstoff

Bei einem Ausdauersport wie dem Laufen strengen Sie sich mehr an als beim Gehen und atmen daher tiefer ein. Mit jedem Atemzug gelangt mehr Sauerstoff in die Lunge und ins Blut und mit diesem zu jeder Zelle Ihres Körpers. Fast alle Zellen benötigen Sauerstoff, fast alle Vorgänge und Stoffwechselprozesse im Körper ebenfalls. Da wir davon aber nicht mehr speichern können, als unser Blut aufnimmt, bedeutet dieses Mehr an Sauerstoff tatsächlich ein Plus für die Arbeit der Muskeln, Organe und nicht zuletzt des Gehirns.

Wenn Sie regelmäßig einen Ausdauersport wie Laufen treiben, verbessern Sie damit Ihre

Laufen trainiert den ganzen Körper.

Lungenfunktion nachhaltig. Sie atmen dann nicht nur während der Belastungsphase tiefer ein und aus, sondern auch in Ihrem Alltag, beim Schlafen und überhaupt in jeder Lebenslage. Ihr Körper ist also dauerhaft besser mit Sauerstoff versorgt.

Apropos Atmung: Ist Laufen mit Asthma und COPD möglich?

Es gibt einige Spitzensportler, die trotz Asthma Höchstleistungen erbringen. Laufen ist also auch mit dieser Atemwegserkrankung möglich. Sie sollten aber gerade zu Anfang ausgesprochen vorsichtig mit der Belastung sein und auf einen sehr gleichmäßigen Atemrhythmus achten. Beginnen Sie mit einem Dreier- oder Viererrhythmus. Dazu atmen Sie alle drei oder vier Schritte ein und drei oder vier Schritte lang aus.

Wichtig ist auch die Laufgeschwindigkeit. Je weiter Sie das Lauftempo steigern, desto schwerer und schneller wird die Atmung, weil der Körper mehr und schneller Sauerstoff benötigt. Bei Asthma und COPD ist ein moderates Tempo ratsam (60 bis 70 Prozent der maximalen Herzfrequenz; s. S. 66).

Ihr Asthmaspray sollten Sie natürlich immer dabeihaben und selbstverständlich sollten Sie nicht bei einem akuten Anfall trainieren.

Stärkung für Muskeln, Sehnen, Bänder und Gelenke

Beim Laufen sind zwei Drittel der Muskulatur, genauer 450 Muskeln, gleichzeitig im Einsatz. Nicht nur die Füße und Beine, sondern auch Arme, Schultern, Rücken und Nacken sind beteiligt. All diesen Partien bringt das Laufen

- gute Durchblutung,
- gute Versorgung mit Nährstoffen,
- gute Versorgung mit Sauerstoff,
- zügigen Abtransport von Stoffwechsel-produkten aus den Zellen.

Auf diese Weise wird Verspannungen und Schmerzen vorgebeugt; nicht zu vergessen, dass die beanspruchten Muskeln durchs Joggen straffer und kräftiger werden.

Bewegung bedeutet aber nicht nur Muskelarbeit. Immer sind auch Faszien (die bindegewebigen Hüllen der Muskeln), Bänder, Sehnen und Gelenke beteiligt, die Muskeln und Knochen verbinden und den ganzen Körper durchziehen. Auch sie brauchen die Bewegung für ihre Versorgung mit Sauerstoff und Nährstoffen, um flexibel zu bleiben. Andernfalls werden Faszien, Bänder und Sehnen spröde und verkleben, und die Gelenke produzieren nicht genug Gelenkflüssigkeit, die die Knorpelflächen leicht aufeinander gleiten lässt.

Weder schonen noch überlasten

Statistisch gesehen bereitet die zu geringe Beanspruchung erheblich häufiger gesundheitliche Probleme als Überlastungen. Trotzdem sollten Sie Ihrem Körper ausreichend Zeit geben, sich an die neuen Anstrengungen anzupassen. »In einem halben Jahr zum Halbmarathon« und ähnlich überzogene Trainingsziele sind schädlich, weil eine Veränderung von null auf hundert den Organismus unausweichlich überlastet. Genau darin liegt die Ursache für die meisten Probleme von Läufern, ganz besonders für Kniebeschwerden.

Wenn Sie mit der für Sie passenden Belastung laufen, mit der richtigen Technik und dem passenden Material, werden Sie durchs Joggen gesünder und nicht kränker. Das bestätigt auch eine 2015 veröffentlichte Studie der kalifornischen Stanford University. Ihr zufolge leiden nur halb so viele Läufer an Arthrose wie Nichtläufer. Laufen stabilisiert also die Gelenke, statt sie zu schädigen.

Anpassungsgeschwindigkeiten des Körpers

Schnell	Vegetatives Nervensystem
	Herz-Kreislauf-System
	Muskulatur
	Sehnen/Bänder
Langsam	Knochen/Knorpel

WOHER DER KÖRPER DIE ENERGIE FÜRS LAUFEN NIMMT

Ziel des Lauftrainings ist, die Ausdauer so zu verbessern, dass der Körper vor allem auf die Energie aus Fettreserven zurückgreift. Denn dann können Sie Belastungen länger und besser aushalten und sind auch schneller wieder frisch.

Unsere Muskelzellen haben vier biochemische Systeme, auf die sie je nach Situation und Belastung zurückgreifen können, wenn sie Energie benötigen:

■ Der **Kohlenhydrat- oder Zuckerstoffwechsel** liefert sofort Energie, aber nur kurz.

■ Der **Fettstoffwechsel** läuft nur bei niedriger Belastung gut, aber sehr dauerhaft.

■ Der **Eiweißstoffwechsel** springt nur bei sehr intensiver, lang andauernder Belastung ein und dient eher als Reserve.

■ Der **Kreatinphosphatstoffwechsel** liefert extrem schnell Energie – aber nur maximal fünf bis sieben Sekunden lang. Er spielt etwa bei einem Sprint eine Rolle.

ZUCKER UND FETT – DIE WICHTIGSTEN ENERGIEQUELLEN

In Alltag und im Sport greift unser Körper normalerweise auf den Zucker- und den Fettstoffwechsel zurück, die beide fast immer parallel laufen. Welcher von beiden gerade mehr arbeitet, hängt von der Energieanforderung ab. Wenn Sie nur kurz, aber schnell zum Bus sprinten, kommt die Energie primär aus den Kohlenhydraten, denn die sind direkt in den Muskeln eingelagert und quasi griffbereit.

Gehen Sie dagegen gemächlich mit Ihrem Hund durch den Wald, zapft der Körper (hoffentlich) die Fettdepots an. Energie in dieser Form hat jeder Körper am meisten gespeichert. Das gilt auch für sehr schlanke Menschen.

Aber Fett kann nur in Verbindung mit genügend Sauerstoff verwertet werden, und es benötigt mehr Zeit für seine Umwandlung in Energie. Bleibt Ihnen beim Treppensteigen oder beim Laufen am Berg die Puste weg, ist also Ihrem Stoffwechsel der Zugang zum Fett versperrt. Deswegen gilt für Laufeinsteiger, Abnehmwillige und Gesundheitssportler immer (!) das Motto Laufen, ohne zu schnaufen.

Halten Sie sich daran, befinden Sie sich im sogenannten aeroben Bereich, und 60 bis 80 Prozent der vom Körper genutzten Energie stammt dann aus seinen Fettreserven. Aber das muss Ihr Körper erst lernen, und das geht am besten mit ruhigem Laufen.

DAS ZIEL: BELASTUNG IM AEROBEN BEREICH

Das aerobe Training zielt auf eine Belastung im sauerstoffreichen Niveau, also die optimierte Fettverbrennung. Zu Beginn kann es kaum langsam genug sein. Anfänger überfordern sich oft, weil sie das Bild der athletischen, zügig vorbeilaufenden Jogger vor Augen haben. Mein Credo: langsam laufen, um schneller zu werden!
Achten Sie immer darauf, genug Luft zu haben. Wenn Sie das Gefühl haben, dass Sie eigentlich unterfordert sind, ist es genau richtig! 80 bis 90 Prozent Ihres Lauftrainings sollten Sie so absolvieren. Die übrigen 10 bis 20 Prozent können etwas intensiver ausfallen. Dann reduziert sich der Fettanteil zugunsten des Zuckeranteils an der Energie, die vom Körper verbraucht wird.

NUR FÜR FORTGESCHRITTENE: BELASTUNG AUCH MAL IM ANAEROBEN BEREICH

Außer Atem sind Sie im sogenannten anaeroben Bereich. Ihr Organismus hat keinen Sauerstoff mehr für die Energieproduktion. Er schaltet vom Fett- auf den Kohlenhydratstoffwechsel um. Das passiert Einsteigern, wenn sie ihr Training um eine Stufe intensivieren. Das ist nicht schlimm, wenn es nicht zu lange dauert. Wenn Sie jedoch sehr keuchen, sollten Sie einen Gang zurückschalten und es später erneut probieren.
Wer regelmäßig läuft, setzt das Training im anaeroben Bereich oder am Übergang vom aeroben zum anaeroben Bereich gezielt ein, um seine Leistung zu steigern – so beim Intervalltraining (s. S. 106) und beim High Intensity Training (HIT; s. S. 107). Bei beiden Trainingsformen laufen Sie langsam und schnell im Wechsel, bei HIT ist die Belastung jedoch intensiver. Ihr Körper muss dabei je nach Tempo ständig zwischen Fett- und Kohlenhydratstoffwechsel hin- und herschalten, und Ihr Herz-Kreislauf-System lernt, sich zügig an unterschiedliche Belastungen anzupassen.
Langfristig erreichen Sie, dass Ihr Organismus auch bei höherem Tempo länger im aeroben Bereich bleibt und Sie viel besser mit anaeroben Belastungen klarkommen. Das brauchen Gesundheitsläufer aber nicht.

DER STOFFWECHSEL PASST SICH AN

Bei Einsteigern nutzt der Organismus zunächst mehr Kohlenhydrate als Fett, etwa im Verhältnis 60 zu 40. Aber mit der Zeit verschiebt sich das in Richtung Fettabbau. Für Fitnesssportler sind 30 zu 70 realistisch, für ambitionierte Amateure, die auch mal an einem Zehnkilometerlauf teilnehmen, 20 zu 80. Spitzensportler erreichen sogar 15 zu 85. Je trainierter Sie sind, desto eher schaltet Ihr Körper in den Fettstoffwechsel.

Laufen – ein sicheres Mittel gegen viele Erkrankungen

Übergewicht, Diabetes, Arteriosklerose, Bluthochdruck, Herz-Kreislauf-Krankheiten wie Herzinfarkt und Schlaganfall sowie Rückenprobleme: Diese Krankheiten und Beschwerden gehören zu den häufigsten in der westlichen Zivilisation – und enden oft tödlich. Sie alle haben ihre Ursache in dem ungesunden Lebensstil, den uns das Dasein im Überfluss ermöglicht. Uns steht einerseits fast immer und überall günstiges (und häufig ungesundes) Essen zur Verfügung, andererseits müssen wir uns kaum bewegen, um uns zu versorgen oder von A nach B zu gelangen. Lifts und Rolltreppen, Autos und öffentliche Verkehrsmittel verführen uns zur Trägheit.

Das bedeutet umgekehrt aber auch etwas Positives: Fast jeder von uns kann selbst direkt beeinflussen, wie gesund er lebt. Wir können unsere Lebensweise vor allem im Hinblick auf Bewegung und Ernährung verändern. Durch Laufen können wir die oben aufgeführten Erkrankungen und Beschwerden tatsächlich verhindern, heilen oder zumindest abmildern – oft so sehr, dass der Einsatz von Medikamenten verringert werden oder sogar ganz entfallen kann. Das funktioniert, selbst wenn weiterhin zu viel und ungesund gegessen wird, nicht jedoch umgekehrt. Nur durch gesünderes Essen in kleineren Mengen können Sie beispielsweise Rückenbeschwerden nicht beeinflussen – durch Laufen aber schon!

Das Gewicht im Griff

Mit regelmäßigem Laufen können Sie Ihr Gewicht tatsächlich am besten in den Griff bekommen. Das hat eine Vielzahl von Studien nachgewiesen. Übergewicht, das gemeinsame Grundproblem fast aller Zivilisationskrankheiten, entsteht immer, wenn wir beim Essen mehr Kalorien aufnehmen, als der Körper für seine Grundfunktionen und den Energiebedarf aller Aktivitäten braucht. Das geht schnell, denn kaum jemand arbeitet körperlich hart oder bewegt sich im Alltag von früh bis spät. Trotzdem essen die meisten Mengen, als wären sie Bauarbeiter. Begünstigt wird das durch große Portionen in Restaurants, von Fast-Food-Ketten oder Kantinen und von günstigen XXL-Packungen süßer und salziger Snacks sowie durch zuckrige Getränke. Es ist schwierig, sich zu bremsen und nur so viel zu essen, wie man wirklich braucht. Im Handumdrehen hat man viel mehr Kalorien verzehrt, als man benötigt. Unser Körper sagt nicht: »Das ist zu viel, das scheide ich besser aus.« Nein, er sagt: »Super, da habe ich was zum Aufheben. Wer weiß, ob ich morgen überhaupt etwas bekomme.« Der Organismus fährt sein uraltes – und in manchen Regionen der Welt immer noch adäquates – Programm und speichert die überschüssigen Kalorien für schlechtere Zeiten. So kommt ein Kilo zum anderen, und schnell wird aus einer niedlichen Speckschicht eine dicke Rolle oder ein fetter Bauch. Wer den loswerden will, für den sind Laufen oder auch andere Ausdauersportarten die erste Wahl.

Fitter Stoffwechsel, mehr Mitochondrien, mehr verbrannte Kalorien

Wenn Sie regelmäßig laufen und sich mehr Ausdauer antrainieren, wird Ihre Lunge leistungsfähiger und bringt mehr Sauerstoff in die Blutbahn. Die Zahl der roten Blutkörperchen steigt, und der Sauerstoffaustausch zwischen Lunge und Blut nimmt zu. Auch der Transport der Nährstoffe zu den Zellen und der Abtransport verbrauchter Substanzen durch den Blutkreislauf werden beschleunigt. Der Stoffwechsel, der für die biochemischen Umbauprozesse im Organismus zuständig ist, wird also insgesamt effizienter. Er kann viel mehr verbrauchen von all den Nährstoffen, die Sie ihm durch Essen und Trinken zuführen.

Zugleich steigt die Anzahl der Mitochondrien in Ihren Zellen. Dies sind die »Minikraftwerke« des Körpers. Sie sorgen für die Verbrennung der Kalorien und ihre Umwandlung in Energie. Je mehr Mitochondrien Sie haben, desto mehr Kalorien verbrauchen Sie.

Das Gute und Besondere daran ist: Das gilt nicht nur für die Zeiten, in denen Sie sich bewegen, sondern auch für die Phasen, in denen Sie am Schreibtisch sitzen, auf dem Sofa liegen, schlafen …, also für die Zeiten des körperlichen Nichtstuns! Das liegt am dauerhaft gesteigerten Grundumsatz. So nennt die Medizin den Energieverbrauch des Körpers im Ruhezustand. Er steigt und fällt mit der Muskelmasse, weil Muskelzellen mehr Energie benötigen als Fettzellen.

Wie positiv sich Ausdauersport auf die Mitochondrien auswirkt, haben unterschiedliche Studien nachgewiesen:

■ Sportler mit Normalgewicht besitzen doppelt so viele Mitochondrien wie untrainierte Menschen mit Übergewicht.

■ Sportler haben größere Mitochondrien: Ihre Oberfläche ist um bis zu 40 Prozent größer, sodass sie entsprechend mehr Kalorien gegen Energie austauschen können.

■ Die Mitochondrien von Ausdauersportlern verbrennen 54 Prozent mehr Kalorien als die von Untrainierten.

Um in den Genuss dieser Vorteile zu kommen, müssen Sie nicht enorm schnell oder besonders lange laufen. Im Gegenteil: Ihr Körper schaltet nur bei moderatem Tempo die Fettverbrennung ein, nicht bei schnellerem. Moderat heißt, dass Sie dabei noch bequem sprechen können. Ihre Muskeln benötigen speziell für die Fettverbrennung viel Sauerstoff. Wir Wissenschaftler nennen diese maßvolle Belastung aerobes Training (s. S. 33). Wenn Sie außer Puste kommen beim Laufen, ist das ein sicheres Zeichen dafür, dass Sie in den anaeroben Bereich geraten sind. Ihre Muskeln arbeiten also mit zu wenig oder ohne Sauerstoff und greifen auf die direkt in ihrem Gewebe gespeicherten Kohlenhydrate zurück.

Wenn Sie mit dem Laufen beginnen wollen, um abzunehmen, lesen Sie ab Seite 112, wie Sie das mit Erfolg machen.

Laufen gegen Diabetes mellitus

Diabetes ist eine Insulin-Stoffwechselstörung, bei der die Verarbeitung von Zuckermolekülen (Glukose) nicht mehr funktioniert.

Diabetes Typ 1 Beim altersunabhängigen Typ produziert die Bauchspeicheldrüse kein Insulin mehr. Davon sind in Deutschland etwa eine halbe Million Menschen betroffen.

Blutzuckerspiegel messen lassen

Nach einem kleinen Piks in die Fingerkuppe kann der Arzt schnell messen, ob Sie ein erhöhtes Diabetesrisiko haben. Das empfiehlt sich besonders, wenn Sie übergewichtig sind und sich wenig bewegen.

Diabetes Typ 2, im Volksmund Altersdiabetes genannt, ist hingegen durch die Lebensweise bedingt und mit etwa sechs Millionen Betroffenen allein in Deutschland ein großes Problem. Fast jeder Vierte weiß nichts von seiner Krankheit. Das ist fatal, denn Herzinfarkt und

Tipps zum Laufen mit Diabetes

- Lassen Sie sich vor dem Einstieg gründlich vom Arzt durchchecken und beraten.
- Nehmen Sie Ihr Blutzuckermessgerät mit und messen Sie unterwegs. Denn Schwitzen und Herzklopfen können vom Diabetes oder vom Laufen kommen.
- Nehmen Sie immer Traubenzucker oder Ähnliches gegen Unterzucker mit.
- Lassen Sie sich regelmäßig untersuchen, damit Ihre Medikation bedarfsgerecht angepasst werden kann.

Schlaganfall können die Folge sein. Bedingt durch Übergewicht und Bewegungsarmut sind auch immer mehr junge Leute betroffen, darunter zunehmend Teenager.

Studien zufolge senkt Joggen das Diabetesrisiko um bis zu 69 Prozent und eignet sich deshalb ganz hervorragend zur Vorbeugung gegen Diabetes Typ 2. Auch bei dieser Form der Krankheit trägt Laufen zur Besserung bei und verringert vor allem die gefürchteten Komplikationen wie Durchblutungsstörungen infolge von Blutgefäßveränderungen.

Regelmäßiger Ausdauersport macht die Zellen wieder sensibel für das körpereigene Insulin, sodass sie nach und nach die Glukose aus der Nahrung wieder besser aufnehmen und in Energie umwandeln können. Sie können das mit Blutzuckermessungen prüfen. Die Gabe von Blutzuckersenkern und Insulin kann immer weiter reduziert werden und meistens irgendwann entfallen.

Laufen fürs Herz-Kreislauf-System

Das Herz pumpt unsere ungefähr fünf Liter Blut in nur einer Minute durch den ganzen Organismus. Unterwegs wird es mit Sauerstoff und Nährstoffen angereichert. Mit beidem versorgt es die Körperzellen. Außerdem transportiert es die Abfallstoffe ab. Je besser das System funktioniert, umso fitter sind wir.

Joggen und andere Ausdauersportarten machen das Herz leistungsfähiger, und es kann dann mit jedem Pulsschlag mehr Blut bewegen. Arbeitet es aber weniger gut, werden die Zellen schlechter mit Sauerstoff und Nährstoffen versorgt, und es drohen Bluthochdruck, zu hoher Cholesterinspiegel und Arteriosklerose. Dies steigert das Risiko beispielsweise für Thrombosen, Herzinfarkt und Schlaganfall.

Bluthochdruck vermeiden und senken

Der anzustrebende normale Blutdruck liegt nicht über 120/80 mm Hg (= 120 zu 80 Millimeter Quecksilbersäule). Ab 140/90 mm Hg spricht man laut Weltgesundheitsorganisation von Bluthochdruck (Hypertonie). Er belastet die Gefäße und das Herz deutlich stärker, als gesund ist. Dieses Phänomen betrifft ein Viertel der Bevölkerung in den Industrienationen, bei den über 50-Jährigen sogar die Hälfte. Wenn Bluthochdruck von den Betroffenen anhand von Herzklopfen, Schwindel, Kopfschmerzen oder Luftnot wahrgenommen wird, sind die Blutgefäße und das Herz oft schon angegriffen. Wer regelmäßig einem Ausdauersport wie Laufen nachgeht, treibt während der Belastung den Blutdruck in die Höhe. Der Organismus lernt aber, mit solchen Belastungen umzugehen und sich ihnen anzupassen. Der Effekt: Die Wände der Blutgefäße bleiben elastisch. Je trainierter Sie sind, desto besser und schneller gelingt dies. Damit beugen Sie dem Bluthochdruck effektiv vor, wie zahlreiche Studien bewiesen haben.

Aber Sie profitieren vom Laufen auch, wenn Sie bereits hohen Blutdruck haben. Denn Langläufer können nicht nur den Blutdruck senken, sondern auch ihre Medikation deutlich reduzieren. Bei Hypertonie ist es wichtig, eine sehr niedrige Belastung zu wählen und ganz langsam zu beginnen. Klären Sie mit Ihrem Arzt, wie stark Sie sich belasten dürfen und wann Sie die Belastung steigern können.

Die Cholesterinwerte optimieren

Cholesterin (auch Cholesterol genannt) ist eine natürlich im Körper vorkommende Verbindung aus Fett und Protein, die unter anderem unsere Zellwände stärkt. Mediziner unterscheiden das »gute« HDL-Cholesterin und das »schlechte« namens LDL (*high* bzw. *low density lipoprotein*). Ist zu viel LDL im Blut, lagert sich das überschüssige Cholesterin in den Wänden der Arterien ab und trägt zu ihrer Verstopfung (Arteriosklerose) und damit zu schlechter Durchblutung bei – eine Ursache von Herzinfarkt und Schlaganfall.

Mit der Trainingsbelastung beim Laufen regen Sie die Aktivität Ihrer fettspaltenden Enzyme an und wirken in doppelter Hinsicht auf Ihren Cholesterinspiegel ein:

■ Sie vermehren die (gute) HDL-Menge um bis zu 10 Prozent.

■ Sie senken die Konzentration von (schlechtem) LDL um bis zu 5 Prozent.

Wer Cholesterinsenker einnimmt (»Statine«, die meistverordnete Medikamentengruppe in Deutschland), kann durch regelmäßiges Joggen fast immer die notwendige Dosierung verringern, oft sogar auf null. Im Hinblick auf eventuelle Nebenwirkungen der Medikamente ist das immer ein erstrebenswertes Ziel. Ausnahmen bilden leider erblich bedingte überhöhte Cholesterinwerte.

Arteriosklerose vorbeugen

Fett (Cholesterin), Kalk und Blutgerinnsel können sich an der Innenwand der Blutgefäße ablagern. Diesen gefährlichen Effekt nennt der Mediziner Arteriosklerose (auch Atherosklerose oder Arterienverkalkung). Dieser Vorgang geht schleichend über viele Jahre vor sich. Das Blut kann dabei immer schlechter durch die enger werdenden Adern fließen, was die Versorgung der Zellen beeinträchtigt. Herzinfarkt, Schlaganfall, Verschluss von Blutgefäßen (Thrombosen) und Nierenversagen können die Folgen sein.

Mit Laufen und anderen Sportarten verbessern Sie die Fließeigenschaften des Bluts und beugen auf diese Weise wirksam Blutgerinnseln und Arteriosklerose vor.

Wenn Sie bereits an verengten Gefäßen leiden, werden diese durch die Bewegung tatsächlich wieder elastischer und Sie damit trotz Ihres Handicaps belastbarer.

Kurz und langsam laufen: Selbst das fördert die Gesundheit

All jene, die wenig Lust oder Zeit zum Laufen haben, können jetzt aufatmen: Forscher der Iowa State University haben herausgefunden, dass schon fünf bis zehn Minuten Joggen täglich das Risiko, an einer Herz-Kreislauf-Erkrankung zu sterben, gegenüber jenem von Nichtläufern beinahe halbiert! Dabei reicht gemäßigtes Tempo: neun Kilometer pro Stunde; beim Wandern legt man etwa fünf zurück. Sogar das Risiko, überhaupt an irgendeiner Krankheit zu sterben, sinkt um beachtliche 30 Prozent!

Für die Studie untersuchten die Wissenschaftler über 55 000 Erwachsene im Alter zwischen 18 und 100 über einen Zeitraum von 15 Jahren. Der Nutzen des Laufens hängt nicht von der Länge der Stecke oder von einer Mindestgeschwindigkeit ab – so ein überraschendes Ergebnis der 2014 veröffentlichten Studie.

Da Laufen eine der einfachsten Freizeitsportarten ist und man sie ohne großen Aufwand und viel Equipment überall praktizieren kann, hoffen die Forscher, dass ihre Studie nun auch Laufmuffel dazu motiviert, ihren inneren Schweinehund zu überwinden und loszulaufen. Dem schließen wir uns vorbehaltlos an. Steigen Sie in Ihre Schuhe und laufen Sie los!

Nie wieder »Rücken«

Die wenigsten Nichtläufer wissen, dass Joggen den Rücken stärkt. Seine Muskeln, Faszien, Sehnen, Bänder und Gelenke profitieren genauso vom Laufen wie die Strukturen der Arme und Beine. Im Unterschied zu vielen anderen Sportarten stärkt Laufen auch die tief liegenden kleinen Rückenmuskeln, die schwer zu trainieren, aber für einen gesunden Rücken entscheidend sind. Diese direkt an der Wirbelsäule ansetzende Muskulatur erreichen Sie nur mit Drehungen oder asymmetrischen Bewegungen. Laufen sorgt für beides:

■ Beim abwechselnden, also asymmetrischen Bewegen der Beine ziehen die Muskeln übers Gesäß nach oben diagonal wechselnd an den tief liegenden Muskeln der Wirbelsäule.

■ Zugleich dreht die Wechselbewegung die Wirbel minimal hin und her, vor allem die Lendenwirbel, die das meiste Gewicht tragen und durch langes Sitzen stark belastet werden. In Studien an der Deutschen Sporthochschule Köln konnten wir das mit Sensoren messen. Ferner haben wir nachgewiesen, dass Läufer weniger Rückenschmerzen haben.

Auch den Bandscheiben tut das Laufen gut. Die Stoßdämpfer zwischen den Wirbeln werden nur passiv mit Flüssigkeit und Nährstoffen versorgt. Wie bei einem Schwamm muss die vorhandene verbrauchte Gewebsflüssigkeit herausgedrückt werden, damit frische nachfließen kann. Dazu sind Stöße nötig, wie sie das Laufen verursacht, und genau die brauchen die Bandscheiben.

Rückenschmerzen? Dann runter vom Stuhl, rein in die Laufschuhe!

Starke Knochen – der Osteoporose keine Chance

Gegen Knochenschwund (Osteoporose) hilft nur Bewegung, und zwar nur solche, bei der das Körpergewicht durch die Schwerkraft auf die Knochen einwirkt. Das passiert beim Laufen, Wandern, Tanzen, Muskeltraining, Tennis, Fußball, Seilspringen, nicht aber beim Schwimmen, wie fälschlicherweise oft behauptet wird, oder beim Radfahren.

Es kommt darauf an, dass die Muskeln an den Knochen ziehen und gegen sie drücken. Beides regt den Knochenstoffwechsel an, den Auf- und Abbau der Knochenzellen. Denn wie alle Zellen im Körper erneuern sich die Knochen-zellen stetig. Sonst hätten wir schon bald nach dem Ende des Wachstums brüchige Knochen.

Das Immunsystem stärken

Mit Laufen können Sie Ihr Immunsystem ideal fördern und trainieren. Wegen der tieferen Atmung und der verstärkten Sauerstoffzufuhr bildet es mehr Abwehrzellen.

Auch die Qualität der Immunzellen verbessert sich, wenn Sie laufen. Wenige Zellen sind schon bald so wehrhaft wie vorher eine ganze Armada. Die Lymphe, ein wichtiger Teil des Immunsystems, fließt bei Läufern stärker und transportiert Abfall- und Schadstoffe besser

Laufen beugt Knochenschwund vor und macht das Immunsystem fit.

ab. Außerdem bringen Sie die Botenstoffe des Immunsystems auf Trab.

Auch der Stressabbau beim Laufen (s. rechte Spalte) hilft dem Immunsystem. Aber übertreiben Sie es nicht! Damit würden Sie das Gegenteil bewirken. Überforderung macht aus Ausdauersport Stress für den Körper und schwächt das Immunsystem. Es kommt zum »Open-Window-Effekt« (s. S. 159), und Krankheitserreger haben freie Bahn.

Frischzellenkur fürs Gehirn

Auch auf das Gehirn hat Bewegung herausragende Wirkungen. Es profitiert auf zwei Arten von der stärkeren Durchblutung: erstens von der verbesserten Sauerstoffzufuhr, zweitens vom schnelleren Transport der Neurotransmitter im Blut. Sie dienen der Weiterleitung von Signalen des Nervensystems ans Gehirn. Schnellere Signalübermittlung bedeutet gesteigerte Aufmerksamkeit und Konzentration. Auch das Kreativitätshormon ACTH wird verstärkt freigesetzt – ein guter Grund dafür, sich in Arbeitspausen lieber etwas zu bewegen, statt herumzusitzen.

Bewegung wirkt außerdem wie eine Frischzellenkur aufs Gehirn, denn sie regt die Bildung neuer Nervenzellen und Synapsen (Kontakte zwischen Nervenzellen) an und festigt diese Umbaumaßnahmen. Wie eine Untersuchung der Universität Bochum ergab, lässt sie sogar die graue Substanz wachsen, die aus Nervenzellkörpern besteht.

Gegen Demenz ist Ausdauersport eine exzellente Vorbeugung, wie eine US-amerikanische Langzeitstudie bewies: Probanden, die dreimal pro Woche Sport trieben, erkrankten um 38 Prozent seltener an Demenz oder Alzheimer. Laufen macht also schlau und schützt vor krankhaften Veränderungen des Gehirns.

Stress und Blues davonlaufen

Die positive Wirkung des Laufens auf die Psyche ist so nachhaltig, dass es schon lange gegen Depressionen und Verstimmungen eingesetzt wird. Dabei sind es unterschiedliche Aspekte, die zur Entspannung beitragen.

Beim Laufen bauen Sie Stresshormone ab, die sich wegen Ärger und Aufregung im Blut angesammelt haben. Diese Hormone, vor allem das Cortisol, sind von der Natur für die Kampf-oder-Flucht-Reaktion vorgesehen und sorgen für Muskelspannung. Sie werden fast nur durch Bewegung abgebaut. Sonst schwirren sie weiter im Blut herum und sorgen für innere Anspannung. Gleichzeitig werden beim Laufen Glückshormone ausgeschüttet:

■ Serotonin wirkt direkt gegen das Stresshormon Cortisol und positiv auf die Stimmung.

■ Dopamin steigert Wohlbefinden, Konzentration und Leistungsbereitschaft.

■ Noradrenalin steigert Wachheit und Aufmerksamkeit und wirkt anregend.

Diese Hormone werden immer beim Joggen ausgeschüttet; allerdings erleben nur die wenigsten Läufer das berühmte »Runner's High«.

41

Runner's High: Doch nur ein Mythos?

Wenn Sie der Gesundheit zuliebe laufen, wird das Runner's High für Sie eher ein Mythos bleiben. Aber Sie fühlen sich wohler und leben gesünder, und darauf kommt es an.

Das Runner's High ist ein rauschartiger Zustand, in dem nichts wehtut und man das Gefühl hat, ewig weiterlaufen zu können. Es entsteht aber nur bei Extrembelastungen, und man muss dafür seine Leistungs- und Schmerzgrenze deutlich überwinden. Um die Belastung subjektiv erträglich zu machen, schüttet der Organismus Endorphine aus. Diese wirken schmerzlindernd und euphorisierend und sorgen für das Glücksgefühl.

Endorphine gehören zu den Opioiden. Die Medizin setzt sie in Form von Morphinen zur Linderung sehr starker Schmerzen ein. Wie alle Opiate können auch die körpereigenen Endorphine süchtig machen. Häufige Highs sind daher gar nicht erstrebenswert: Der Körper gewöhnt sich daran, und Sie riskieren deswegen Entzugserscheinungen, meist in Form von Depressionen, wenn Sie zu wenig oder gar nicht laufen.

Steigerung des Selbstbewusstseins

Wem der Alltag nicht viele Erfolgserlebnisse bietet, wer sich klein und unfähig fühlt oder irgendwie das Gefühl hat, dass es momentan nicht richtig gut läuft im Leben, der profitiert beim Laufen sehr von dem Gefühl, etwas geschafft zu haben. Sich bei mieser Laune zum Laufen aufzuraffen, ist nicht einfach, erst recht nicht bei einer depressiven Verstimmung oder gar Depression. Wer dann trotzdem läuft und sein Pensum zu Ende bringt, hat guten Grund, stolz auf sich zu sein, und das steigert das Selbstwertgefühl enorm.

Hinzu kommt das Erlebnis des eigenen Körpers, der tut, was er soll, und der sich gerade nach der Anstrengung besonders gut anfühlt. Das gute Gefühl unter der Dusche ist eine Belohnung dafür, den inneren Schweinehund wieder mal überwunden zu haben.

Das persönliche Naturerlebnis

Vogelgezwitscher im Wald, der Geruch von verdunstendem Regen oder trocknendem Heu, das Geräusch von knirschendem Schnee unter den Füßen – das Laufen in der freien Natur regt nicht nur die Muskulatur, sondern auch die Sinne an. Der Kontakt zur Natur, zu sehen, wie sich die eigene Lieblingsstrecke im Laufe des Jahres verändert, erdet und entspannt.

Soziale Kontakte

Wer mit Bekannten oder Freunden joggt, ohne ernsthaft in Konkurrenz mit ihnen zu gehen, erlebt ein besonderes Gemeinschaftsgefühl. Das Gespräch sorgt nicht nur für das richtige Tempo und dafür, dass die Strecke nicht langweilig wird, sondern schweißt auch zusammen. Und wer sich einem Lauftreff anschließt, lernt immer wieder neue Leute kennen.

Sie können jederzeit beginnen und profitieren!

Sie haben gesehen: Laufen ist ein ausgezeichneter Weg zu körperlichem, seelischem und geistigem Wohlbefinden. Das Beste: Auch wenn Sie viele Jahre bewegungsarm gelebt haben und erst mit 50, 60 oder 70 Jahren mit dem Joggen anfangen, profitieren Sie von den Benefits, denn alle positiven Effekte sind altersunabhängig! Was hindert Sie also noch?

Bitte beachten Sie: Besonders wenn Sie sich bisher wenig bewegt haben, übertreiben Sie nicht! Fangen Sie langsam an und geben Sie Ihrem Körper Zeit, sich auf die neue Belastung einzustellen. Schielen Sie nicht auf Programme, die in acht Wochen sechs Kilometer Joggen am Stück anpeilen. Als Leiter des Zentrums für Gesundheit an der Deutschen Sporthochschule Köln versichere ich Ihnen: Das ist nicht gesund! Das Herz-Kreislauf-System passt sich zwar schnell an höhere Belastungen an, und auch Ihre Muskeln brauchen nicht allzu lange. Aber Ihre Sehnen, Bänder und Gelenke benötigen dafür deutlich mehr Zeit. Wenn Sie die überfordern, riskieren Sie Probleme mit Schienbein, Knie und Achillessehne. Also lassen Sie sich bitte Zeit!

Starten Sie ganz in Ruhe mit unserem Trotting-Programm (s. ab S. 128), und erst wenn Sie damit gut klarkommen, nehmen Sie das Laufen in Angriff. Sollten Sie sich zwischendurch bei einem neuen Trainingsschritt überlastet fühlen, trainieren Sie einfach noch eine Weile auf der vorigen Stufe, bevor Sie die nächste erneut probieren. Das dauert ein wenig länger, aber dafür sind Sie gesundheitlich auf der sicheren Seite. Jetzt brauchen Sie nur noch ein Paar gute Laufschuhe und atmungsaktive, elastische Klamotten. Dann trotten Sie einfach los. Viel Spaß!

Auch wenn Sie untrainiert sind, können Sie jederzeit mit dem Laufen beginnen.

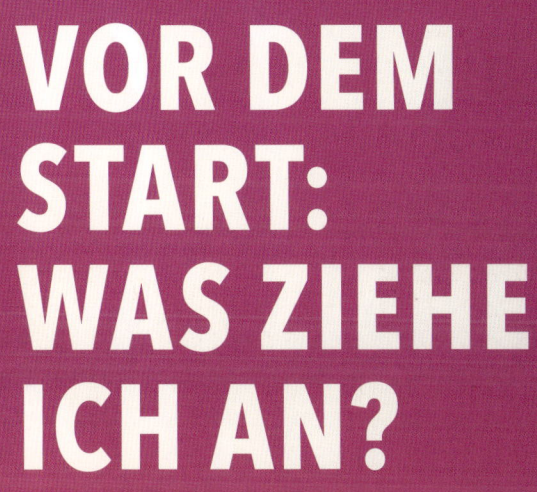

VOR DEM START: WAS ZIEHE ICH AN?

Ulrike Schöber: Ich laufe seit über sieben Jahren und weiß, wie wichtig einwandfrei passende Laufschuhe sind. Trotzdem bin ich immer erschlagen von der riesigen Vielfalt an Laufschuhen in den Sportgeschäften. Braucht man denn wirklich alles, was da angeboten wird?

Ingo Froböse: Jein. Tatsächlich ist ein guter, perfekt passender Laufschuh unabdingbar. Fortgeschrittene brauchen auch noch ein Paar zum Wechseln. An der Qualität sollte man niemals sparen und modische Trends ignorieren. Mit Mode sollte ein Laufschuh rein gar nichts zu tun haben. Er ist das wichtigste Stück Ausrüstung des Läufers und sonst nichts. Achten Sie beim Kauf auf gute Passform und darauf, dass er die natürliche individuelle Fußbewegung unterstützt. Die Dämpfung sollte den muskulären Verhältnissen entsprechen. Ich habe mich vor Jahren für ein Modell entschieden und tausche die Schuhe etwa zweimal pro Jahr gegen neue des gleichen Modells aus.

Ulrike Schöber: Ich habe breite Plattfüße mit Hallux, die mir immer mehr Probleme bereiten. Inzwischen haben sie mir Einlagen beschert, die ich bei Wanderungen konsequent trage, aber sonst je nach Schuh nur sporadisch und beim Laufen gar nicht. Brauche ich fürs Laufen spezielle Einlagen? Schließlich ist die Belastung ja ziemlich groß.

Ingo Froböse: Ich bin kein großer Freund von Einlagen, weil sie die Motorik der Füße plötzlich radikal verändern. Das ist nicht gut, denn sie zwingen den Fuß zu etwas, das er nicht kann. Sie sind nur nützlich bei (seltenen) krank machenden Fußformen oder -bewegungen. Die Belastungen des Fußes spielen dabei keine Rolle, sofern die Muskeln gut entwickelt sind.

Ulrike Schöber: Ich komme mit den Klamotten von Discountern gut klar. Aber würde ich bei Hitze und bzw. Kälte in teurer Markenkleidung vielleicht weniger schwitzen und frieren?

Ingo Froböse: Nein, ich glaube nicht, dass man immer zu den teuren Markenklamotten greifen muss. Gute Funktionskleidung gibt es auch zu günstigen Preisen. Schnitt und Optik lassen dann zwar manchmal gewisse Wünsche offen, und auch an der Haltbarkeit kann es etwas hapern. Aber wer möchte schon Jahr für Jahr immer in den gleichen Sachen laufen?

Die Ausrüstung: Was ist sinnvoll, was nicht?

Obwohl Laufen im Grunde eine so simple Sache ist, gibt es ganze Fachgeschäfte und große Sportabteilungen, die sich nur der Ausstattung von Läufern widmen. Tut man sich dort um, fällt einem auf, dass es preislich nach oben anscheinend keine Grenzen gibt. Parallel dazu bieten aber Discounter & Co. in ihren Verkaufsaktionen regelmäßig alle Ausstattungsbasics erheblich billiger an. Da ist es kein Wunder, dass sich vor allem Anfänger im Ausstattungsdschungel verirren. Wir zeigen Ihnen den Weg hinaus und fangen mit dem Wichtigsten an, auf das Sie keinesfalls verzichten sollten: Laufschuhe und -socken.

Laufschuhe: Das Angebot ist mehr als umfangreich

An guten und perfekt passenden Laufschuhen führt kein Weg vorbei, und daran sollten Sie ganz bestimmt nicht sparen. Denn Ihre Laufschuhe bestimmen, wie der Druck, der bei jedem Ihrer Laufschritte entsteht, vom Fuß an die Knie, die Hüfte, letztlich an den gesamten Körper bis zum Kopf weitergegeben wird. Die Industrie hat unzählige Modelle von Laufschuhen für jeden Fuß, jede Gewichts-klasse und jede Laufsituation entwickelt, forscht immer weiter an deren Verbesserung und bringt jedes Jahr etwa 100 neue Modelle auf den Markt. Laufschuhe sind deshalb heutzutage die reinsten Hightechprodukte. Geworben wird mit Ausstattungsdetails und Konstruktionsmerkmalen wie Gel, Schaum oder Lamellen, die Laufkomfort und Schnelligkeit gewährleisten sollen. Vor allem mit der Dämpfung wird viel geworben: »Laufen wie auf Wolken«. Das klingt besonders für Anfänger verlockend und ist nicht einmal zu viel versprochen, denn tatsächlich fühlt sich das Joggen in vielen dieser Schuhe wegen der dicken Dämpfungsschicht ein bisschen so an.

Dämpfung: oft eher ein Nachteil

Doch nur die wenigsten Menschen benötigen eine ausgeprägte Unterstützung beim Laufen. Sie ist sogar kontraproduktiv, wenn man sie nicht braucht! Die Natur hat nämlich nicht nur unsere Füße, sondern auch alle anderen Knochen, Gelenke, Bänder und Sehnen so konstruiert, dass sie sogar auf die Stöße angewiesen sind, die das Laufen mit sich bringt. Der Wechsel von Druck und Entlastung ist unverzichtbar für das Wachstum der Knochen und die Ernährung der Knorpel.

47

Keine Angst vor harten Untergründen – Stöße beim Laufen regen die Produktion neuer Knochenzellen an.

Ihr Körper braucht die Stöße des Laufens

Allein durch mechanische Bewegung werden die passiven Strukturen des Körpers ernährt. Zu diesen gehören die Gelenkknorpel, die Faszien (bindegewebige Hüllen der Muskeln), die Sehnen, Bänder und Bandscheiben. Im Unterschied zu den Muskeln werden sie kaum oder gar nicht durch Blutgefäße mit Nährstoffen und Sauerstoff versorgt, die aber jede Zelle zum Leben braucht. Die passiven Strukturen werden stattdessen mittels Diffusion ernährt. Wie ein Schwamm werden sie bei Bewegungen zusammengedrückt, wodurch das verbrauchte Gewebswasser entweicht. Wenn sie sich wieder ausdehnen, saugen sie das frische nähr- und sauerstoffreiche Gewebswasser ein. Stundenlanges Sitzen oder Liegen ist deshalb Gift für diese Strukturen; sie werden dabei spröde und verkleben. Sie merken es an dem unangenehmen Ziehen und Zwicken oder gar an Schmerzen beim Aufstehen.

Bei Ihren Knochen regen Sie mit Bewegung nicht nur die Versorgung an, sondern auch den Aufbau von Knochenzellen. Diese befinden sich in einem permanenten Auf- und Abbauprozess. Dadurch bleiben die Knochen Ihr Leben lang stabil. Fehlt den Knochen aber die Belastung, baut Ihr Organismus sie ab. Das konnte bei zahlreichen Weltraummissionen eindrucksvoll bewiesen werden. In der Schwerelosigkeit fehlen den Raumfahrern solche Stoßbelastungen. Ihre Knochenmasse nimmt messbar ab.

Durch die Stöße beim Laufen wirken größere Kräfte als sonst auf die Knochen ein und regen die Produktion neuer Knochenzellen an. Damit sorgen Sie aktiv gegen die Osteoporose vor. Knochenschwund tritt nämlich nur dann als Alterserkrankung auf, wenn man sich mit zunehmendem Alter immer weniger bewegt.

Info: Pronation und Supination – meist überschätzt

Wenn Sie sich mit dem Thema Laufschuhe beschäftigen, werden Sie unweigerlich diesen beiden Begriffen begegnen:

■ Pronation bezeichnet das Eindrehen des Fußes beim Gehen und Laufen.

■ Supination nennt man das Auswärtsdrehen des Fußes beim Gehen und Laufen.

Beides sind natürliche Drehbewegungen, die der Dämpfung beim Aufsetzen des Fußes dienen. Sind sie zu stark ausgeprägt, spricht man von Überpronation und Supination. Letztere ist sehr selten. Für den Ausgleich bauen die Hersteller seitliche Stützen in den Schuh ein: außen gegen die Überpronation, innen gegen die Supination. Die meisten Läufer haben aber einen Neutralfuß und brauchen einen Neutralschuh. Nur dieser unterstützt ihr Laufen optimal. Mit einer unnötigen Stütze zu laufen ist kein Plus, wie ein Laie oft denkt, sondern sogar kontraproduktiv. Kaufen Sie nur Schuhe mit Stütze, wenn Sie sie wirklich benötigen.

Das brauchen Sie wirklich

Die Laufschuhe sollen Sie keineswegs auf Wolken betten, sondern Ihren Füßen nur die notwendige Stabilität verleihen und dabei leicht sein. Die Sohle soll biegsam sein und vor allem dem Vorfuß nachgeben. Eine feste Fersenpartie gibt Stabilität. Etwas Dämpfung ist empfehlenswert; sie darf jedoch nicht so ausgeprägt sein, dass sie Ihre natürliche Laufbewegung beeinflusst. Ob eine seitliche Unterstützung, die sogenannte Pronations- bzw. Supinationsstütze, sinnvoll ist (s. Info oben), hängt von Ihrem Laufstil ab. Seien Sie jedoch damit eher zurückhaltend.

Da Laufschuhe zwischen den Läufen eine Regenerationszeit von etwa 48 Stunden brauchen, empfiehlt es sich für Fortgeschrittene, zwei Paar zu besitzen. Das ist auch praktisch, wenn die Schuhe nass werden. Wenn Sie dann noch zwei unterschiedlich konstruierte Paare nutzen, liefern Sie Ihren Füßen unterschiedliche Reize und belasten dadurch Ihre Fußmuskulatur vielseitiger.

Die Lebensdauer der Laufschuhe hängt vom Gewicht des Läufers und von seinem Laufstil ab. Sie beträgt im Allgemeinen zwischen 600 und 1000 Kilometer. Wenn Sie also dreimal pro Woche fünf Kilometer laufen, brauchen Sie etwa einmal im Jahr neue Laufschuhe.

Wer weniger auf Straßen, sondern eher durchs Gelände läuft, ist mit Trailrunningschuhen am besten bedient. Sie haben eine festere Sohle, die besser vor Unebenheiten und spitzen Steinen schützt, sich aber nicht für längere Strecken auf Asphalt empfiehlt. Trailschuhe sind insgesamt robuster gebaut, und ihre Sohlen haben ein stärkeres Profil, das im Gelände mehr Griff hat. An der Ferse bieten sie besseren Halt gegen Umknicken.

49

Wenn Sie – möglicherweise mit Ihrem Hund (s. S. 145 f.) – häufiger über nasse Wiesen und Graswege oder im Winter durch Schnee laufen, empfiehlt sich ein **GTX-Schuh.** GTX steht für Goretex, eine wasserdichte Membran, die in den Schuh eingearbeitet ist. Sie ist zwar atmungsaktiv, aber nicht so luftdurchlässig wie die anderen Materialschichten der Laufschuhe. Manche Läufer mögen sie nicht, weil sie den Eindruck haben, darin mehr zu schwitzen. Der beste Laufschuh nützt Ihnen übrigens nicht viel, wenn Sie Ihre Zehennägel nicht kurz schneiden. Zu lange Zehennägel schmerzen und färben sich bei langen Läufen sogar blau.

Die zehn besten Tipps für den Kauf von Laufschuhen

Nicht der teuerste ist der beste Schuh für Sie, sondern derjenige, der Ihnen am besten passt. Mit diesen Tipps finden Sie Ihre Laufschuhe:

- **Kaufen Sie abends:** Bei Laufschuhen ist es noch wichtiger als bei anderen Schuhen, sie spätnachmittags oder besser abends zu kaufen, denn dann sind die Füße durch die Belastung des Tages etwas geschwollen. Das entspricht der Ausdehnung der Füße beim Joggen. Die Regel gilt auch, wenn Sie nur morgens laufen.
- **Eine Nummer größer:** Kaufen Sie Laufschuhe immer eine Nummer größer als Ihre normalen Schuhe. Ihr Fuß muss genug Platz für die Bewegung beim Laufen haben. Je nachdem, wie ein Modell ausfällt, können es sogar zwei Nummern größer sein.
- **Biegsame Sohle:** Vor allem dem vorderen Bereich des Fußes muss die Sohle gut nachgeben, damit die Zehen und Ballen ihre natürliche Funktion beim Abrollen erfüllen können.
- **Mittlere Dämpfung:** Die Sohle soll die Stöße beim Laufen etwas abfangen, aber nicht komplett, denn die Knochen brauchen unbedingt Druck für ihre Festigkeit. Die Sohle darf also nicht zu dick und zu weich sein; sonst wird Ihr Lauf instabil.
- **Pronationsstütze nur bei Bedarf:** Für die Pronationsstütze arbeiten die Hersteller an der Fußinnenseite härteres Material ein. Es soll verhindern, dass der Fuß nach innen knickt. Je nach Lauftyp und Fuß kann das sinnvoll oder aber kontraproduktiv sein. Eine Laufanalyse und gute Beratung helfen Ihnen weiter.
- **Nutzen Sie die Laufbandanalyse:** Fachgeschäfte und große Sportabteilungen bieten beim Schuhkauf eine kostenlose Untersuchung Ihres Bewegungsablaufs auf dem Laufband an. Nehmen Sie diesen Service in Anspruch und lassen Sie sich beraten.
- **Ignorieren Sie Marke, Optik und Preis:** Achten Sie beim Kauf nur darauf, dass Ihnen die Schuhe optimal passen. Weder die Marke noch das Aussehen oder der Preis unterstützen Sie später beim Laufen.
- **Planen Sie ausreichend Zeit ein:** Nehmen Sie sich für den Kauf Ihrer Laufschuhe genug Zeit. Das Durchprobieren verschiedener Modelle und eine Laufbandanalyse dauern durchaus eine Stunde oder länger.
- **Entscheiden Sie unbeeinflusst:** Wenn Sie nach der Beratung von einem Paar Schuhe

nicht wirklich überzeugt sind, dann kaufen Sie es nicht, egal wie sehr der Verkäufer sich um Sie bemüht hat. Eventuell ist die Laufbandanalyse dann separat zu bezahlen.

■ **Rückgaberecht ausnutzen:** Fast alle Fachgeschäfte bieten ein 14-tägiges Rückgaberecht für Laufschuhe an. Fragen Sie danach. In dieser Zeit dürfen Sie die neuen Schuhe nach Herzenslust und unter allen Bedingungen ausprobieren, auch in Regen und Matsch. Dabei stellen Sie am besten fest, ob die neuen Schuhe passen. Falls das nicht der Fall ist, haben Sie keine Scheu, sie zurückzubringen und weiter nach den passenden zu suchen.

Auch wenn Sie schon lange laufen und »Ihre« Marke oder »Ihr« Modell schon gefunden

haben, sollten Sie beim Neukauf die Laufbandanalyse und Beratung nutzen. Ihr Laufstil könnte sich durch die größere Lauferfahrung geändert haben. Oder die Industrie hat inzwischen für Ihre Bedürfnisse einen noch besser passenden Schuh entwickelt.

Tipp: Nehmen Sie den Schuhkauf ernst, aber nicht bierernst, sondern gehen Sie ihn – wie das Thema Laufen insgesamt – locker und mit Spaß an. Denn US-amerikanische Wissenschaftler haben in einer Studie vor einigen Jahren festgestellt, dass ein falscher Schuh gar nicht so viel ausmacht wie immer befürchtet. 1400 Soldaten liefen in einer Studie drei Monate lang mit generell stabilisierenden oder aber mit individuell auf sie zugeschnittenen Schuhen. Die Verletzungshäufigkeit war bei beiden Gruppen gleich.

Die idealen Laufschuhe fürs Gelände: Trailrunningschuhe mit ausgeprägtem Profil.

51

Spezialschuhe: nicht fürs normale Laufen!

Aktuell im Trend sind Schuhe, die den Fuß wärmen und ihn vor Scherben, spitzen Steinen und natürlich Schmutz schützen sollen, aber wenig Stabilität, Dämpfung und Halt bieten:

Natural-Running-Schuhe haben eine sehr weiche, nur ganz leicht gedämpfte Sohle, keinen Fersenschutz und sind sehr flexibel. Mit so einem Modell trainieren Sie die Fuß- und ein wenig die Wadenmuskulatur. Diese Schuhe geben zwar ein Gefühl von Freiheit am Fuß, sind aber nur als Ergänzung geeignet. Als alleinige Schuhe würden sie die Muskulatur, Bänder und Sehnen auf Dauer überlasten. Für Einsteiger mit komplett ungeübter Fußmuskulatur sind sie nicht zu empfehlen. Sie eignen sich nur für Fortgeschrittene, und zwar nur für jene mit gesunden Füßen.

Barfußschuhe, Zehenschuhe oder **Five Fingers** sehen aus wie Fingerhandschuhe für die Füße. Sie schützen lediglich die Fußsohle vor Verletzungen und wärmen den Fuß. Irgendeine mechanische Unterstützung bieten sie nicht. Mit ihnen wird die Fußmuskulatur besonders intensiv trainiert, weil Sie damit fast wie barfuß laufen. Deshalb bedeuten diese Schuhe für fast alle Läufer eine Überlastung beim normalen Training. Sie sollten nur ab und zu ganz gezielt zum Training der Fußmuskulatur und zwischendurch eingesetzt werden. Tragzeit und Belastung dürfen nur in kleinen Schritten gesteigert werden. Zuerst ist immer nur das normale Gehen dran.

Five Fingers schützen nur die Fußsohle vor Verletzungen.

Die Socken: das zweitwichtigste Kleidungsstück für Läufer

Für Laufsocken Geld ausgeben – lohnt sich das? Die Antwort ist ein klares Ja! Wenn Sie in normalen Baumwollsocken laufen, werden Sie am Schluss nicht nur total verschwitzte Füße haben, sondern auch mit großer Wahrscheinlichkeit schmerzhafte Blasen, weil die Socken beim Laufen Falten werfen.

Laufsocken überzeugen dagegen in puncto Material und Passform. Laufsocken aus Kunstfasern oder mit geringem Baumwollanteil sind atmungsaktiv und passen sich gut der Fußform an, weil sie für den rechten und linken Fuß verschieden geformt sind (siehe Kennzeichnung auf den Socken). Sie sind an den Ballen und der Ferse, den kritischen Stellen für Blasen, extra gepolstert und haben flache Nähte. Sie nehmen den Schweiß auf, ohne klitschnass zu werden. Das hilft nicht nur gegen Blasen, sondern ist auch gut für die Lebensdauer Ihrer Laufschuhe. Ob Sie besser mit preiswerten Discounter- oder teureren Markensocken klarkommen, probieren Sie am besten selbst aus, denn in diesem Punkt gehen die Meinungen der aktiven Läufer weit auseinander.

Kompressionskniestrümpfe – ja oder nein?

Sie drücken konstant auf die Waden und unterstützen dadurch das Bindegewebe sowie die Muskulatur und verhindern, dass sich das Blut in den Beinen staut. So beugen Kompressionskniestrümpfe Thrombosen vor. Sie haben in

Die Grundausstattung für Läufer.

der Medizin ihre unbestrittene Berechtigung. Diese positiven Effekte wollte man sich auch im Sport zunutze machen, um eine Steigerung der Leistungsfähigkeit zu erreichen. Bis jetzt gibt es allerdings keine Nachweise dafür, dass das funktioniert. Allerdings berichten ambitionierte Sportler, die viel laufen, dass die Kompression ihre Regenerationszeit verkürzt und sie schneller wieder belastbar sind. Besonders wenn es sehr warm ist und sich deshalb die Blutgefäße weiten und wenn Sie mehrere Stunden laufen wollen (Marathon) oder bereits erste leichte Krampfadern haben, könnten sich Kompressionsstrümpfe lohnen.

Laufbekleidung für jeden Geschmack und Geldbeutel

Sind Sie sich als Einsteiger noch nicht sicher, ob Laufen wirklich das Richtige für Sie ist, und möchten deshalb nicht gleich zu Beginn viel Geld investieren? Dann beschränken Sie sich fürs Erste auf den Kauf guter Schuhe und Socken und ziehen eine elastische Hose oder Shorts sowie ein – am besten atmungsaktives – T-Shirt an. Und schon kann's losgehen.

Die Grundausstattung

Wenn Sie das Gefühl haben, dass das Laufen Sie in Zukunft begleiten wird, sind spezielle Laufklamotten empfehlenswert, und zwar zunächst eine lange Hose und ein lang- oder kurzärmliges Shirt für gemäßigtes Wetter. Beides darf vom Discounter sein, solange es seine Funktion erfüllt. Für Ihre gesamte Laufkleidung gilt: Verzichten Sie auf Baumwolle. Mit atmungsaktiven Kunstfasern sorgen Sie für eine gute Belüftung des Körpers und vermeiden unnötige Nässe durch Schweiß. Sie könnten sonst auskühlen und eine Erkältung riskieren. Gutes Funktionsmaterial nimmt den Schweiß auf, sodass Ihr Körper trocken und der Stoff nicht an der Haut kleben bleibt und dann möglicherweise bei Bewegungen kratzt. Wichtig bei Shirt und Hose ist, dass sie eng anliegen, ohne zu kneifen. Die Tights, wie die eng anliegenden Hosen genannt werden, haben außerdem den Vorteil, dass Sie sich nicht die Oberschenkel aufscheuern. Wer lieber etwas weitere Hosen und Shirts trägt, sollte darauf achten, dass er damit nirgendwo hängen bleibt. Gerade bei weiteren Hosen kann es passieren, dass man auf den flatternden Saum tritt und stürzt. Außerdem wirken bei weit geschnittener Kleidung die Funktionseigenschaften des Stoffs nur begrenzt oder gar nicht, und Falten können scheuern. Deswegen empfehlen wir eng anliegende Laufkleidung.

Für Frauen ist ein gut sitzender Sport-BH ein Muss, denn unabhängig von der Körbchengröße müssen die Bänder, die Ihre Brüste halten, beim Laufen Schwerstarbeit leisten. Sie schwingen die ganze Zeit über recht stark auf und ab. Wenn Sie sie nicht durch einen BH unterstützen, drohen Brustschmerzen und Verspannungen in den Schultern und im Nacken. Neben Atmungsaktivität und guter Passform ist deshalb die Stützfunktion das Wichtigste. Greifen Sie zu High-Impact-BHs, denn die haben die größte Stützkraft. Für Sportarten wie Yoga oder Gymnastik reicht Low-Impact, fürs Walking oder Trotten Mid-Impact.

Testen Sie selbst

Wie sich Shirt und Tight bei längerem Tragen auf der Haut anfühlen, finden Sie nicht heraus, indem Sie beides kurz anziehen oder mit Daumen und Zeigefinger prüfen. Legen Sie stattdessen die Innenseite des Stoffs eine ganze Weile auf Ihren Handrücken und warten Sie ab. Wird Ihre Haut feucht oder klebt das Material am Handrücken, können Sie sicher sein, dass Sie später darin schwitzen werden.

Für jedes Wetter gerüstet

Je nach Jahreszeit – auch wenn Sie in der Kühle des Morgens laufen – kleiden Sie sich am besten nach dem Prinzip Zwiebelschale. Direkt auf der Haut tragen Sie ein Shirt, das den Schweiß aufnimmt, dann folgt eine wärmende Schicht und dann eine Schicht, die vor Wind oder Regen schützt. Wenn alle Schichten atmungsaktiv und schweißtransportierend sind, wird der Schweiß von innen nach außen geleitet. Für die kühlere Jahreszeit ist es wichtig, dass das Material auch wärmeisolierend ist. Dabei bildet sich zwischen Haut und Stoff ein Luftpolster, das die Wärme am Körper hält. Sie erkennen es meist daran, dass der Stoff auf der Innenseite aufgeraut ist.

Ziehen Sie aber nicht zu viel an, denn später bei der Belastung schwitzen Sie dann zu intensiv. »Leicht fröstelnd« loszulaufen ist die richtige Strategie in Sachen Kleidung.

Eine spezielle Regen- und Windstopper-Hose ist auf der Vorderseite als Windstopper ausgerüstet. Dieser schützt vor Nässe und/oder kaltem Wind, während die Hose hinten dennoch atmungsaktiv ist. Sie wird je nach Temperatur und Gefühl über eine kurze, dreiviertellange oder lange Hose gezogen. Dazu gehört dann eine entsprechende Jacke, die Sie über ihr jeweiliges Shirt ziehen.

Mit einem dünnen Schlauchschal (auch Bandana genannt) aus Funktionsgewebe schützen Sie Ihren Hals und Nacken vor kalter Zugluft. Diese Schals sind praktisch und vielseitig. Bei Bedarf können Sie sie auch als Mütze oder Stirnband benutzen.

Reflektoren für Ihre Sicherheit

Wenn Sie bei sehr schlechtem Wetter, in der Dämmerung oder im Dunkeln laufen, wählen Sie beim Kauf reflektierende Laufkleidung. Fast alle Shirts und Hosen haben zwar sowieso reflektierende Einsätze, Nähte oder Applikationen, trotzdem sollten Sie nachrüsten, damit Sie sicher unterwegs sind. Fuß- und Handgelenksbänder sowie eine Sicherheitsweste machen Sie für Autofahrer sichtbar. Damit Sie Ihren Weg mit seinen Unebenheiten gut sehen, sollten Sie eine Stirnlampe tragen. So vermeiden Sie Umknicken, Stolpern und Stürze.

Unbedingt zu empfehlen: eine Stirnlampe für Läufe im Dunkeln.

Gut gerüstet im Winter mit Mütze und Laufhandschuhen.

Extras für den Winter

Bei Frost schützen Sie sich mit der geeigneten Kleidung gegen das Auskühlen. Ganz wichtig dabei – und leider von vielen abgelehnt – ist die Mütze, die Sie zumindest bei Temperaturen unter 6 Grad tragen sollten. Gerade beim Laufen geben Sie besonders viel Wärme über den Kopf ab. Damit sich kein Schweiß unter der Mütze sammelt und zu Erkältungen führt, muss auch die Mütze aus atmungsaktivem Material sein. Also bitte nicht mit Omas Bommelmütze oder Ihrer Lieblingsbeanie aus Wolle laufen! Bei Läufern beliebt sind Funktionscaps mit Schirm, die auch Gesicht oder Brille etwas vor Regen schützen.

Damit Ihre Gesichtshaut nicht friert, cremen Sie sich am besten mit einer stark fetthaltigen Gesichtscreme ein. Sie darf nicht viel Feuchtigkeit enthalten, weil diese verdunstet und damit das Frieren fördert.

Eine praktische Kombination aus Bandana und Mütze sind die »Hood Buffs«, eine Art Kapuze mit angearbeitetem Halsteil. Sie wärmen Hals und Kopf zugleich und haben den Vorzug, dass keine Lücke zwischen Schal und Mütze kühle Luft hindurchlässt.

Sehr unangenehm beim Laufen sind auch kalte Hände. Die Hände frieren schnell, weil sie beim Laufen am wenigsten durchblutet werden. Dagegen rüsten Sie sich ganz nach Geschmack mit elastischen, gut passenden Laufhandschuhen. Das Angebot reicht von ganz schlichten Handschuhen bis zu solchen mit Touchpoints, mit denen Sie auch problemlos Ihr Smartphone bedienen können.

Wenn Sie regelmäßig im Schnee laufen, empfehlen sich unbedingt Schneelaufschuhe. Sie halten mit einer Goretexmembran die Füße trocken und haben eine spezielle Außensohle für bessere Griffigkeit.

Extras für den Sommer

Wenn Sie bei Hitze und Sonnenschein laufen, ist weiteres Equipment sinnvoll. Shirts mit kurzen Ärmeln oder Trägern sowie eine kurze oder dreiviertellange Hose sind angebracht. Bei Frauen haben sich auch Laufröcke durchgesetzt. Eine Cap aus leichtem Funktionsmaterial schützt Sie nicht nur vor Sonnenstich, sondern auch Ihre Augen vor Blendung. Die gleiche Aufgabe kann auch eine Sonnenbrille, kombiniert mit einer leichten, als Mütze genutzten Bandana übernehmen. Viele Läufer tragen im Sommer gerne ein Stirnband, damit ihnen der Schweiß nicht in die Augen läuft. Außerdem müssen Sie Ihre Haut mit Sonnenschutzmittel eincremen und je nach Gelände vielleicht auch mit Insektenschutz einsprühen. Wenn Sie länger als 60 Minuten laufen, sollten Sie einen Gürtel mit Wasserflaschen oder einen Getränkerucksack mitnehmen. Ihr Körper schwitzt bei Hitze viel mehr und braucht spätestens dann einen Ausgleich für die verlorene Flüssigkeit (s. S. 193).

Falls Sie zu Ihrer Laufstrecke ein Stück mit dem Auto fahren müssen, sollten Sie neben ausreichend Wasser auch ein Handtuch zum Schweißabwischen und ein Shirt zum Wechseln mitnehmen, damit Sie auf der Rückfahrt nicht auskühlen.

Laufbekleidung richtig pflegen

Laufen ist schweißtreibend, weshalb Sie Ihre Laufklamotten häufig waschen müssen. Sonst geben gerade die Funktionsfasern einen unangenehmen Geruch ab. Wichtig ist, dass Sie keinen Weichspüler verwenden. Er zerstört die Synthetikfasern und damit deren Funktion. In der Regel dürfen sie auch nicht wärmer als 30 Grad gewaschen werden. Achten Sie auf die Informationen des Herstellers dazu. Das Gleiche gilt für Heißlufttrockner. Lediglich Goretexkleidung bildet eine Ausnahme, denn die Wärme des Trockners wirkt sich positiv auf die Imprägnierung aus.

Stirnband, Sonnenbrille, Trägertop und Dreiviertelhose für das Laufen im Sommer.

WELCHES LAUFEN PASST ZU IHNEN?

Ulrike Schöber: Meine Entscheidung, mit dem Laufen anzufangen, war damals eine reine Kopfsache und keine Herzensangelegenheit – ganz anders als beim Reiten. Gibt es bestimmte Menschentypen, die lieber laufen als andere?

Ingo Froböse: Oh ja! Es gibt Menschen, die laufen, weil sie es einfach mögen und lieben, denn Laufen an der frischen Luft ist und bleibt die natürlichste Form der Fortbewegung, des Sports und des Trainings. Andere wiederum laufen, weil sie wissen, dass Laufen die besten Effekte für die Gesundheit und Fitness bringt und vor allen Dingen sehr wirksam und effizient ist. Es bringt viel Erfolg in kurzer Zeit. Und dann gibt es noch die leistungsorientierten Läufer, die sich selbst etwas beweisen wollen und mit dem Laufen ihre Leistungsfähigkeit messen.

Ulrike Schöber: Ich habe mich in den ersten Wochen redlich gequält, und dann las ich in der Zeitung, dass die Anfänger bei einem Lauftreff nach zehn Wochen ohne Probleme eine Stunde laufen können. Kann das wirklich funktionieren? Wenn ja, schafft man das nur mit Trainer?

Ingo Froböse: Zehn Kilometer zu laufen ist gar nicht schwierig, denn alle, die zehn Kilometer spazieren gehen können, schaffen diese Strecke auch laufend. Eine gute Stunde langsam »getrabt«, und schon hat man es geschafft. Einen Trainer braucht man dafür sicher nicht. Man muss nur eben so langsam wie möglich laufen, um sich nicht von vornherein zu überfordern. So kommt man ans Ziel.

Ulrike Schöber: Wann ist denn ein Trainer sinnvoll?

Ingo Froböse: Will man die zehn Kilometer möglichst schnell laufen lernen, dann geht das nicht ohne Trainer, denn dafür braucht man einen richtigen Trainingsplan. Anfängern würde ich erst einmal empfehlen, einfach eine Strecke ihrer Wahl zu laufen, und zwar bewusst ganz langsam. Sie werden staunen, wie gut das klappt und wie weit Sie kommen!

EIN KURZER TEST: WELCHER LAUFTYP SIND SIE?

Im Wald begegnen einem beim Laufen sehr unterschiedliche Jogger: gestylte Renn-maschinen, bierbäuchige Mittfünfziger, Mütter mit sportlichem Kinderwagen, trottende Senioren, rüstige Alterssportler und quatschende Paare. Jeder kennt diese Typen und sicher noch einige andere, doch alle scheinen mehr oder weniger Freude am Laufen zu haben. Oder warum sollten Sie es sonst tun?

Dieser kurze, schnelle Test sagt Ihnen, zu welchem der drei Haupttypen von Läufern Sie gehören. Beantworten Sie dazu bitte die folgenden sechs Fragen. Entscheiden Sie sich bitte pro Frage für nur eine Antwort.

WENN ICH LAUFE, DANN IST MIR WICHTIG, …

1 dass ich dabei ein gutes Körpergefühl und gute Laune habe.
2 dass ich Energie verbrenne und mein Gewicht halte oder reduziere.
3 dass ich meine Leistung verbessere und mich aufs nächste Rennen vorbereite.

BEIM LAUFEN DENKE ICH …

1 an rein gar nichts. Meine Gedanken schweifen frei hin und her.
2 an mein aktuelles Training und mein Programm für die nächsten Tage.
3 daran, ob ich schnell genug laufe und optimal trainiere.

WENN MICH BEIM LAUFEN JEMAND ÜBERHOLT, …

1 dann nehme ich davon keine Notiz, weil es mir egal ist.
2 ärgert es mich schon, denn ich frage mich, warum der schneller laufen kann.
3 versuche ich sofort, mein Tempo zu steigern und mitzugehen.

UNMITTELBAR NACH DEM LAUFEN …

1 genieße ich das gute Gefühl, etwas geleistet zu haben, bin zufrieden mit mir.
2 bin ich meist zu erschöpft, um mir groß Gedanken machen zu können.
3 analysiere ich das Training und plane die nächsten Schritte.

WENN ICH MEINE BESTZEIT ODER GEPLANTE LAUFZEIT NICHT ERREICHE, …

1 dann ist es eben so, und ich mache mir darüber keine Gedanken.

2 dann denke ich nach, woran das gelegen haben könnte und ob ich beim Training etwas falsch gemacht habe.

3 plane ich, nun etwas härter zu trainieren, um diese Schwäche auszubügeln.

WENN MIR NICHT NACH LAUFEN IST, …

1 lasse ich das Laufen eben ausfallen, denn dann ist mir Ruhe einfach wichtiger.

2 überwinde ich meinen inneren Schweinehund und laufe trotzdem, denn ich laufe so gut wie täglich.

3 erfülle ich trotzdem mein Kilometersoll nach Trainingsplan.

Die Ziffer vor der Antwort ergibt die jeweilige Punktezahl. Bitte addieren Sie die Punkte Ihrer sechs Antworten und lesen Sie im entsprechenden Abschnitt weiter.

6 BIS 9 PUNKTE: GENUSSLÄUFER

Sie laufen für Ihre Gesundheit und Ihr Wohlergehen und achten dabei darauf, dass Ihnen die Freude an der Bewegung und der Genuss am Laufen nicht abhandenkommen. Das ist für ein lebenslanges Läuferleben die beste Strategie.

Aber sorgen Sie dafür, dass es Ihrem Organismus nicht irgendwann zu langweilig wird, wenn Sie immer nur im Wohlfühlmodus laufen. Schieben Sie ruhig zwischendurch schnellere Laufeinheiten oder Temposteigerungen ein. Das freut den Körper und macht Sie leistungsfähiger.

10 BIS 14 PUNKTE: FITNESSSPORTLER

Sie laufen für Ihre Fitness und wollen sich und Ihre Leistung verbessern. Das Laufen mit der Uhr und einem Pulsmesser mit eingestellter Herzfrequenz ist Ihnen sicher nicht fremd. Und auch die verbrannten Kalorien sind Ihnen bewusst, denn Sie wollen immer eine gute Figur machen. Das gelingt Ihnen sicher, aber vergessen Sie nicht, mehr auf Ihren Körper und seine Bedürfnisse zu achten.

Wenn Sie gelegentlich »fünf gerade sein lassen« und zwischendurch weniger an Ihre Fitness denken, ist das kein Beinbruch. Auch wenn Sie ab und an eine Einheit ausfallen lassen, brauchen Sie kein schlechtes Gewissen zu haben. Ganz im Gegenteil! Oft ist die Abwechslung sogar gut für den Organismus.

15 BIS 18 PUNKTE: WETTKÄMPFER

Ihre Leistungsfähigkeit ist sicher top, denn Sie investieren in das Läuferleben ganz schön viel. Ihre Gedanken kreisen um das Laufen, Sie denken an das nächste Rennen und bereiten sich akribisch vor. Vieles in Ihrem Leben und gerade die Freizeit ist im Wesentlichen auf Ihr Training ausgerichtet. Das gilt bestimmt auch für die Ernährung, denn Sie wollen nichts dem Zufall überlassen. Das ist richtig so, denn wenn man viel investiert, sollte man es nicht leichtsinnig verspielen.

Dennoch bleibt immer die Frage nach der Verhältnismäßigkeit. Darüber müssen und können nur Sie selbst entscheiden. Aber wäre es tragisch, mal eine Einheit ausfallen zu lassen? Wäre es problematisch, einmal nicht die geplante Laufzeit erreicht zu haben? Was spielt das letztlich für eine Rolle im Hinblick auf ein glückliches und gesundes Leben? Bleiben Sie weiterhin so fit, wie Sie sind, aber nehmen Sie das Laufen nicht zu ernst, denn Laufen muss immer Spaß und Freude bereiten und darf nicht zu einem Stressfaktor werden. Davon gibt es im Leben schon genug!

Geschwindigkeit: So finden Sie das richtige Tempo

Insbesondere für Laufanfänger und -wiedereinsteiger ist es enorm wichtig, anfangs nicht zu schnell zu laufen. Denn zum einen verlieren Sie Ihre Motivation, wenn Sie schon nach kurzer Zeit völlig ausgepowert sind und nicht mehr können. Solcher Frust ist Gift für Ihre Willenskraft. Vor allem aber überfordern Sie mit übertriebenem Tempo Ihren Organismus, statt ihn zu fördern. Er benötigt nämlich seine Zeit, um sich auf die neuen Belastungen einzustellen und sich anzupassen (s. S. 31).

Das Prinzip der subjektiven Unterforderung

Wenn Sie nach dem Laufen das Gefühl haben, dass Sie zwar ein wenig angestrengt sind, aber problemlos noch weitermachen könnten, dann trainieren Sie genau mit der richtigen Intensität. Sie bleiben im aeroben Bereich, Ihr Körper nutzt primär Körperfett als Energiequelle, und Sie können Ihre Möglichkeiten optimal entfalten. Auf diesem Level erreichen Sie den optimalen Effekt für die Förderung Ihrer Gesundheit. Langsames Laufen ist der beste Weg zu Gesundheit und Fitness. Hören Sie also genau dann auf, wenn es am schönsten ist.

Selbst wenn Sie schon viele Jahre laufen und ein gutes Gefühl für Ihr Tempo entwickelt haben, sollten Sie das alle paar Wochen überprüfen, damit sich nicht schleichend eine Überforderung einstellt. Oder auch eine Unterforderung, denn zu lasch wollen Sie doch auch nicht trainieren, oder?

Für Wettkampfläufer ist es selbstverständlich, dass sie ihre Geschwindigkeit kontrollieren. Viele machen das tatsächlich immer und bei jedem Trainingslauf. Wenn sie dann noch in der Gruppe laufen und am Ende der Strecke jedes Mal ihre Zeiten vergleichen, setzen sie einander unter Konkurrenzdruck und stehen deshalb ständig unter Stress.

Kennen Sie das? Dann sehen Sie doch einmal innerlich über Ihre angestrebte Zielzeit hinweg. Laufen Sie ab und zu eine lockere Runde, bei der Sie nur die Bewegung und die Natur um sich herum genießen. Laufen soll auch auf Wettkampfniveau Spaß machen und nicht zum Stress werden. Weniger verbissen werden Sie vermutlich erfolgreicher laufen.

Es gibt mehrere Möglichkeiten, die individuell passende Belastung zu finden und zu messen. Die einzelnen Methoden dafür haben Vor- und Nachteile und sind für Anfänger und Fortgeschrittene unterschiedlich gut geeignet.

Den optimalen Trainingspuls bestimmen

Der gängige Richtwert für die Steuerung der Belastung beim Laufen ist der individuelle Trainingspuls. Dieser ist die Herzschlagzahl pro Minute, die Sie beim Laufen einhalten sollten, um Ihr Trainingsziel zu erreichen. Vor allem dient der Trainingspuls dazu, die richtige Unter- und Obergrenze der Herzfrequenz zu bestimmen, um Unter- und Überforderung zu vermeiden. Dabei gilt ein Toleranzbereich von plus oder minus 5 bis 8 Schlägen.

Ich empfehle gerade Anfängern, ihren Puls zu kontrollieren, weil er einen sicheren Anhaltspunkt dafür gibt, wo die Überforderung beginnt. Wenn Sie den Puls beim Training messen und immer wieder mit Ihrem aktuellen Körpergefühl vergleichen, bekommen Sie mit der Zeit ein gutes Gespür für die Belastung und können irgendwann auf das Messen verzichten. Fortgeschrittene sollten – auch wenn sie eine gute Körperwahrnehmung haben – ihren Puls speziell beim Intervall- oder High Intensity Training (HIT) messen, um den nächsten Sprint nicht zu früh anzusetzen.

Faustformel für den Trainingspuls

Für gesunde Einsteiger genügt es, für die Orientierung in der Praxis einen Näherungswert anhand des Lebensalters (LA) zu berechnen. Dazu dient diese klassische Formel:

- **180 minus Lebensalter**

Je nach individueller Situation ziehen Sie davon ab oder addieren Sie dazu diese Werte:

- **minus 10 Schläge** bei »blutigen Anfängern«, Übergewichtigen, Rekonvaleszenten sowie bei Temperaturen über 30 und unter -10 Grad.
- **minus 5 Schläge** bei Wiedereinsteigern nach einer Pause von zwei Jahren oder länger und bei lockeren Entspannungsläufen.
- **plus 5 Schläge** nach zwei Jahren regelmäßigem Training mit mindestens zwei bis drei Läufen pro Woche.
- **plus 7 Schläge** nach 5 Jahren regelmäßigem Training.
- **plus 10 Schläge** nach mehr als 7 Jahren regelmäßigem Training.

Die 180er-Formel mit ihren Korrekturwerten ist alltagstauglich, aber nicht sonderlich exakt.

Den Trainingspuls exakter berechnen

Wenn Sie nach Plan und auf ein bestimmtes Laufziel hin trainieren, sollten Sie ein wenig genauer rechnen.

Den Maximalpuls bestimmen

Um Ihren Trainingspuls festlegen zu können, brauchen Sie als Ausgangswert Ihre individuelle maximale Herzfrequenz (Hf_{max}). Dies ist die höchste Zahl von Herzschlägen pro Minute, die Sie theoretisch kurzfristig erreichen können und nie überschreiten sollten. Mit zunehmendem Alter sinkt die Hf_{max} im Durchschnitt um 1 Schlag pro Jahr.

Die maximale Herzfrequenz ist individuell sehr verschieden. Die sicherste und beste

Methode, sie zu bestimmen, ist daher, sie beim Arzt im Rahmen einer Sporttauglichkeitsuntersuchung bestimmen zu lassen. Alter, Größe, Gewicht, Trainingszustand und andere Parameter wie Vorerkrankungen oder Medikamenteneinnahme sind dabei zu berücksichtigen.

Im Allgemeinen gelten folgende Formeln:

■ **Untrainierte Frauen:**

$Hf_{max} = 209 - (0,7 \times LA)$

■ **Untrainierte Männer:**

$Hf_{max} = 214 - (0,8 \times LA)$

■ **Trainierte Frauen:**

$Hf_{max} = 211 - (0,5 \times LA)$

■ **Trainierte Männer:**

$Hf_{max} = 205 - (0,5 \times LA)$

■ **Übergewichtige Frauen und Männer:**

$Hf_{max} = 200 \quad (0,5 \times LA)$

Sind Sie zum Beispiel eine untrainierte Frau und 38 Jahre alt, nehmen Sie das Lebensalter 38 mal 0,7, erhalten 26,6 und ziehen diesen Wert von 209 ab. Damit beträgt Ihre rechnerische maximale Herzfrequenz oder Ihr Maximalpuls 182,4. Fürs Laufen nehmen Sie 182 oder 183.

Da sich – besonders während der Vorbereitung auf einen Wettkampf – die Trainingsziele verschieben, variiert der Trainingspuls. Multiplizieren Sie den Wert der Hf_{max} mit:

■ 0,5 bis 0,6 für einen Regenerationslauf oder einen Lauf unmittelbar vor einem Rennen,

■ 0,6 bis 0,65 für das aerobe Basistraining,

■ 0,7 bis 0,75 für intensives aerobes Training,

■ 0,8 bis 0,9 für verstärktes anaerobes Training und HIT (High Intensity Training).

Um Ihren Puls zu messen, können Sie eine Pulsuhr benutzen (s. S. 73) oder auch eine normale Uhr. Dann suchen Sie mit Zeige- und Mittelfinger der anderen Hand zwischen Daumenballen und Handgelenk die Stelle, wo der Puls zu fühlen ist. Zählen Sie 15 Sekunden lang die Schläge und nehmen die Zahl mal 4. Das Resultat ist Ihr Puls pro Minute.

Den Belastungspuls messen Sie immer während oder unmittelbar nach der Belastung. Da das Herz dann viel schneller schlägt, bietet es sich eher an, nur 10 Sekunden zu erfassen und das Ergebnis mit 6 zu multiplizieren, um die Schläge pro Minute zu bekommen. Wenn der Puls nicht in Ihrem errechneten Trainingspulsbereich liegt, müssen Sie etwas langsamer oder flotter laufen.

Ruhepuls als langfristiger Maßstab

Es gibt noch einen anderen Pulsmesswert, den Sie im Auge behalten sollten, um Ihr Training langfristig zu überwachen: den Ruhepuls. Die Ruheherzfrequenz zeigt, ob sich Ihr Organismus am Tag nach dem Training vollständig erholt hat oder nicht. Allerdings gibt es nicht den »normalen« Ruhepuls; jeder hat seinen eigenen. Er wird vom autonomen Nervensystem gesteuert und beeinflusst durch spezielle Funktionen unter anderem die Fitness Ihres Herz-Kreislauf-Systems. Die Veränderung der Frequenz sagt deshalb viel über Ihr Training und Ihre Gesundheit aus (s. Info rechts). Wenn Sie nicht sicher sind, ob Sie das richtige Tempo und damit die passende Belastung gefunden haben, dann messen Sie die Ruheherzfrequenz.

Ruhepuls messen und einschätzen: Machen Sie das Messen der Herzfrequenz zu einem Aufwachritual. Schauen Sie auf Ihre Pulsuhr oder Ihren Fitnesstracker und notieren Sie den Wert. Oder messen Sie Ihren Puls beim Aufwachen noch im Liegen wie beschrieben am Handgelenk. Wenn Sie einen sehr unregelmäßigen Puls haben, zählen Sie besser eine ganze Minute. Da die Werte leicht variieren, messen Sie die Pulswerte morgens an 3 normalen Tagen in Folge. Addieren Sie die Werte und teilen Sie die Summe durch 3. So bekommen Sie einen Ausgangswert. Bei den meisten Menschen liegt der Ruhepuls zwischen 60 und 70 Schlägen pro Minute. Mit zunehmendem Alter reduziert sich die Frequenz kontinuierlich. Das Herz von Frauen schlägt in der Regel 3- bis 5-mal öfter pro Minute als das von Männern.

Info: Der Ruhepuls – ein Indikator für Ihre Gesundheit

Eine erhöhte Ruheherzfrequenz ist ein ganz frühes Warnsignal bei drohenden gesundheitlichen Schwierigkeiten. So kann ein zu schneller Ruhepuls auf eine Infektion oder Entzündung hinweisen. Er kann aber auch auf eventuell drohende schwerwiegende Probleme wie Erkrankungen des Herz-Kreislauf-Systems hindeuten:

- bis 60: sehr geringes Risiko
- bis 65: geringes Risiko
- bis 75: moderates Risiko
- über 75: hohes Risiko

Bei einem um 5 Schläge beschleunigten Ruhepuls ist das Risiko für einen Herzinfarkt um fast 20 Prozent erhöht.

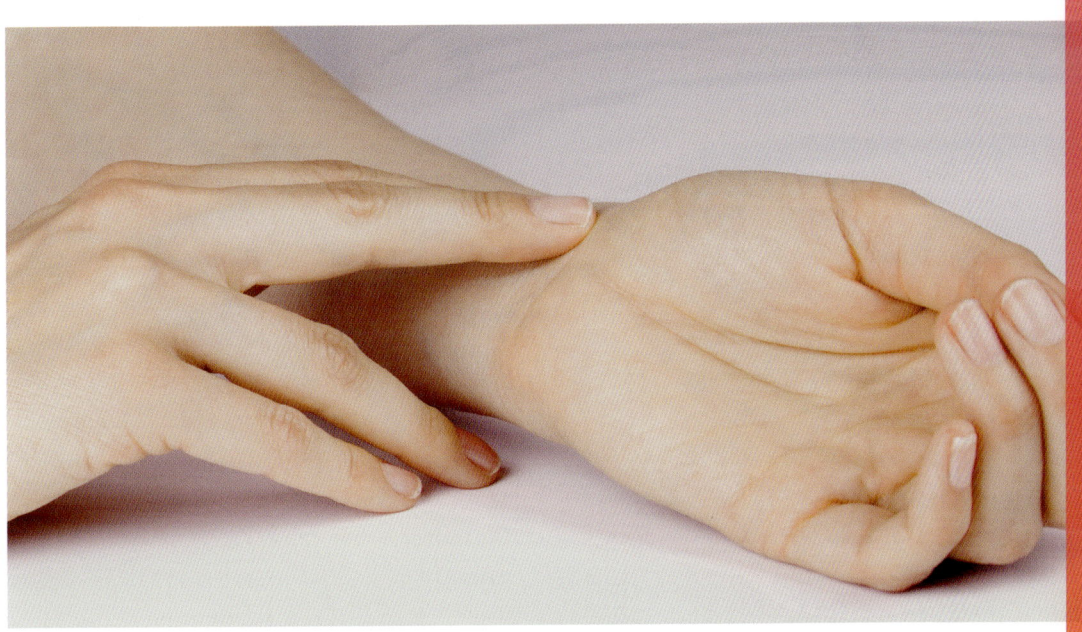

Messen Sie Ihren Ruhepuls nach dem Aufwachen am Handgelenk.

Morgens nach dem Training messen Sie Ihren Ruhepuls und vergleichen ihn mit dem Ausgangswert: 2 bis 3 Schläge Abweichung sind normal, größere Abweichungen sind je nach Laufpraxis verschieden zu bewerten:

■ **Einsteiger:** Ist Ihr Puls mehr als 6 bis 8 Schläge schneller als der übliche Ruhepuls, war Ihr Training zu anstrengend! Nehmen Sie das als Aufforderung, es beim nächsten Mal etwas geruhsamer anzugehen.

■ **Fortgeschrittene:** Nach einem Intervalltraining, das ja der Leistungssteigerung dient, darf Ihr Ruhepuls maximal 4 bis 6 Schläge schneller sein. Ist er um mehr als 8 Schläge erhöht, wird es kritisch, und Sie sollten etwas Power aus Ihren Trainingseinheiten herausnehmen.

■ Wenn die Laufeinheit am Abend zu intensiv war, Sie also zu schnell gelaufen sind, ist am nächsten Morgen der Ruhepuls meist um 5 bis 6 Schläge erhöht.

■ Auch Stress vor einem Wettkampf lässt den Puls steigen – nicht selten um bis zu 10 Schläge, was aber normal ist.

Wenn Sie langfristig beim Laufen bleiben, werden Sie feststellen, dass sich Ihr Ruhepuls mit der Zeit verlangsamt: ein sicheres Zeichen dafür, dass Ihr Herz leistungsfähiger geworden ist und weniger Schläge benötigt, um die gleiche Menge Blut durch den Kreislauf zu pumpen. Fitte und gesunde Fitnesssportler liegen bei 50 bis 60 Schlägen, Leistungssportler bei 40, sehr gut trainierte Ausdauersportler noch darunter, denn ihr Herz ist deutlich größer geworden, um sich der Belastung anzupassen.

Achtung: Wer immer zu schnell oder zu viel läuft, hat einen chronisch niedrigen Belastungspuls, denn chronisches Übertraining stört die Balance des autonomen Nervensystems.

Herzfrequenzvariabilität: Je unruhiger der Puls, umso besser!

Das Herz schlägt in Ruhe zwar vermeintlich »ruhig«, aber der Abstand zwischen den Schlägen schwankt ständig. Die Medizin nennt dies die Herzfrequenzvariabilität (englisch: *heart rate variability*/HRV). Erstaunlicherweise ist die leichte Ungleichmäßigkeit bei den Herzen trainierter und ausgeruhter Menschen viel ausgeprägter als bei müden, untrainierten oder gestressten. Deshalb wird neben der Pulsfrequenz auch die Variabilität zur Analyse der Trainingsbelastung und Regeneration herangezogen. Viele Pulsuhren messen die Variabilität und liefern damit gute Informationen für die Belastungssteuerung.

Der Puls und seine Variabilität werden vom autonomen Nervensystem reguliert. Sie können daher beides nicht unmittelbar willkürlich steuern. Und beides hängt direkt zusammen: Bei Belastung legt der Puls zu, während die Variabilität sinkt. Je schneller Sie laufen, umso gleichmäßiger ist also der Puls.

In Ruhephasen geht beides gewöhnlich in den Ausgangszustand zurück, und das Herz schlägt wieder ruhiger, aber variabler. Je besser Sie trainiert sind, umso variabler wird der Abstand der Herzschläge. Bei zu intensivem Training, zu kurzer Regeneration oder auch großen Stressbelastungen nimmt dagegen die

Wenn Sie noch gut sprechen können, laufen Sie im richtigen Tempo.

Variabilität der Schläge deutlich ab. Es gilt also die überraschende Aussage: Unruhige Herzen sind leistungsfähige Herzen – und umgekehrt!

Mit der Atmung das Tempo steuern

Ob Sie trotten, langsam oder zügig laufen: Es ist wichtig, dass Sie gleichmäßig atmen, damit Ihr Organismus während der Belastung gut mit Sauerstoff versorgt wird und möglichst im aeroben Bereich bleibt. Atmen Sie durch die Nase ein – sie filtert und erwärmt die Luft – und durch den leicht geöffneten Mund aus. Sie können mit der Atmung Ihre Belastung einfach steuern, etwa wenn die Pulsuhr streikt:

■ **Einsteiger** atmen am besten im Vierer-Rhythmus, also über 4 Schritte ein und über 4 Schritte aus. Das ist der richtige Modus für das Grundlagentraining.

■ **Fortgeschrittene** atmen in einem Dreier-Rhythmus.

■ **Könner** machen während einer Ein- und Ausatmung nur drei Schritte.
Grundsätzlich ist die Belastung umso niedriger, je mehr Schritte Sie während eines Atemzugs machen.

Laufen, ohne zu schnaufen

Noch viel einfacher können Sie die richtige Belastung feststellen, indem Sie beim Joggen ein Gespräch führen. Sie sollten sich – ganz besonders als Anfänger! – mit Ihrem Laufpartner problemlos unterhalten können, ohne kurzatmig zu werden. Solange Sie nicht aus der Puste kommen, trainieren Sie ganz sicher im aeroben Bereich. Fortgeschrittene und Könner sind auch bei höheren Geschwindigkeiten in der Lage, miteinander zu reden. Auch wenn viele es nicht glauben wollen, gilt tatsächlich das alte Motto »Laufen, ohne zu schnaufen«, und zwar für alle Läufer – auch für sehr leistungsstarke! Halten Sie sich in mindestens 75 Prozent aller Trainingseinheiten daran.

Bewusstes Atmen hilft gegen Seitenstechen

Nach aktuellem Wissensstand entsteht Seitenstechen durch eine Verkrampfung des Zwerchfells, wenn es nicht genug Sauerstoff bekommt. Das kann an unregelmäßiger Atmung, zu angeregtem Gespräch oder zu hohem Tempo liegen. Das Zwerchfell ist eine Platte aus Muskeln und Sehnen, die Brust- und Bauchraum trennt. Wenn es sich zusammenzieht, atmen wir ein. Bei körperlicher Anstrengung wird die Atmung tiefer und schneller, was das Zwerchfell als wichtigsten Atemmuskel stärker belastet. Bei fortgeschrittenen Läufern ist es wie die übrigen Muskeln besser trainiert, sodass Seitenstechen nur selten vorkommt.

Wenn Sie Seitenstechen bekommen, verringern Sie Ihr Tempo deutlich oder gehen Sie eine Weile und atmen Sie ganz bewusst tief aus. Dadurch dehnen Sie das Zwerchfell, und der Krampf kann sich lösen. Oder Sie heben beim Einatmen die Arme und lassen sie beim Ausatmen fallen. Auch das Drücken auf die betroffene Seite, eine Massage oder die Dehnung der Körperseiten können helfen. Probieren Sie aus, was bei Ihnen wirkt.

Wenn Sie häufiger Seitenstechen bekommen, sollten Sie vom Loslaufen an auf eine gleichmäßige, bewusste Atmung achten und, wenn das nicht reicht, Ihr Tempo drosseln.

Subjektive Belastungssteuerung: Vertrauen Sie Ihrem Körpergefühl

Sie können Ihre Belastung beim Laufen ganz ohne Uhren, Apparate und Messungen steuern, indem Sie auf Ihre Körperwahrnehmung vertrauen. Wenn sich das Laufen für Sie sehr unangenehm anfühlt, dann sind Sie mit Sicherheit zu schnell unterwegs. Sie sollten sich leicht belastet, aber nicht überlastet fühlen.

Mit der Borg-Skala die Belastung einschätzen

Die Borg-Skala, benannt nach ihrem Erfinder, dem schwedischen Physiologen Gunnar Borg, ist ein praktischer Maßstab, mit dem man den Grad der eigenen Belastung richtig einschätzen kann. Sie ist auch bekannt als RPE-Skala (englisch: *ratings of perceived exertion*). Sie können Ihr subjektives Körpergefühl auf der Skala zwischen »gar nicht anstrengend« und »sehr, sehr schwer« einordnen. Die Trainingsbelastung sollte sich hauptsächlich zwischen »etwas anstrengend« und »anstrengend« bewegen. Liegt sie darunter oder darüber, sollten Sie Ihr Tempo etwas anziehen bzw. verringern.

Es fällt gleich ins Auge, dass die Belastungsstufen von 6 bis 20 reichen und nicht etwa von 0 bis 14. Das liegt an der zweiten Funktion der Skala: Sie können die Stufen näherungsweise in die jeweilige Herzfrequenz umrechnen. Dazu multiplizieren Sie die Nummer Ihrer Belastungsstufe mit 10, und schon haben Sie die zugehörige Herzfrequenz.

DIE BORG-SKALA

BELASTUNGSSTUFE	SUBJEKTIVES EMPFINDEN
6	gar nicht anstrengend
7	sehr, sehr leicht
8	
9	sehr leicht
10	
11	leicht
12	
13	etwas anstrengend
14	
15	anstrengend
16	
17	sehr schwer
18	
19	sehr, sehr schwer
20	

Laktat & Co.: Wann ist eine Leistungsdiagnostik sinnvoll?

Am genauesten können Sie Ihre Belastungsfähigkeit und damit Ihren aktuellen Leistungsstand durch eine professionelle Leistungsdiagnostik feststellen lassen. Spezielle Diagnostikzentren und sehr gute Fitnessstudios bieten sie an. Sinnvoll ist sie vor allem für ambitionierte Läufer in der Wettkampfvorbereitung, denn sie ermöglicht eine sehr individuelle Gestaltung des Trainings und – wenn sie wie bei Leistungssportlern regelmäßig durchgeführt wird – eine Kontrolle der Fortschritte.

Laktattests

Laktat, das Salz der Milchsäure, entsteht in erster Linie, wenn Sie im anaeroben Bereich laufen. Dann müssen die Muskeln die notwendige Energie bei Sauerstoffmangel aufbringen und greifen dazu auf Zucker (Kohlenhydrate; s. S. 198) zurück. Dabei entsteht Laktat. Je intensiver die Belastung ist, desto mehr Laktat reichert sich im Blut an. Für eine gute Ausdauerleistung ist es wichtig, dass sich Produktion und Abbau von Laktat ungefähr die Waage halten. Den Punkt, von dem an die Laktatbildung überwiegt, nennt man die anaerobe Schwelle oder Dauerleistungsgrenze. Eine stärkere Belastung, die noch mehr Laktat erzeugt, kann niemand lange durchhalten. Nach 5 bis 8 Minuten ist spätestens Schluss.

Beim Laktattest läuft die Testperson auf einem Laufband oder einer Laufbahn. Die Leistung wird dabei stufenweise erhöht. Vor der nächsthöheren Stufe wird aus einem Ohrläppchen oder Finger ein wenig Blut entnommen und dessen Laktatwert gemessen. So kann man die anaerobe Schwelle festlegen und dann das Training danach ausrichten.

Für Spitzensportler ist die Laktatdiagnostik zur Steuerung des Trainings und zur Überprüfung der Leistung sinnvoll, weil sie regelmäßig stattfinden kann, auch draußen unter realen Laufbedingungen. So können Aspekte, die den Laktatwert verfälschen, berücksichtigt werden. Dazu gehören beispielsweise die Vorbelastung durch vorangegangene Trainingseinheiten und »unnatürliches Laufen« auf dem Laufband. Für Breiten- und Gesundheitssportler, die nur

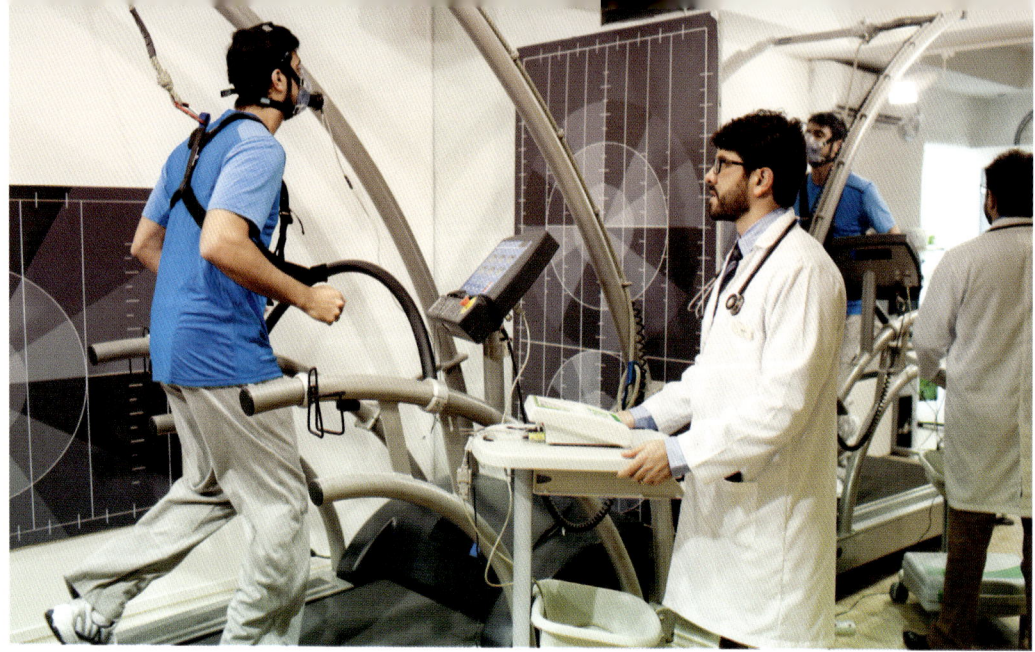

Bei der Spiroergometrie misst ein Sensor das Volumen der ein- und ausgeatmeten Luft.

einmal den Laktatwert messen lassen, ist eine Laktatdiagnostik nicht sinnvoll. Für sie bietet sich die Spiroergometrie an, die bessere und genauere Werte für das Training ermöglicht.

Spiroergometrie

Sehr viel aussagekräftiger als ein Laktattest ist das Ergebnis einer Spiroergometrie, manchmal auch Ergospirometrie genannt. Dabei analysiert man unter Belastung die Atemluft. Der Proband joggt auf einem Laufband mit langsam steigender Geschwindigkeit und trägt eine Atemmaske. Ein Sensor misst das Volumen der ein- und ausgeatmeten Luft. Außerdem ist die Maske durch einen Schlauch mit einem Spirometriegerät verbunden, dass die Zusammensetzung der ausgeatmeten Luft analysiert. Gemessen werden das Volumen jedes Atemzugs, die Frequenz der Atmung, die aufgenommene Sauerstoffmenge (VO_2) sowie die Menge des ausgeatmeten Kohlendioxids. Anhand all dieser Werte lässt sich der Stoffwechsel unter Belastung sehr genau analysieren. Eine wichtige Größe ist VO_2 max, die maximale Sauerstoffaufnahme im Verhältnis zum Körpergewicht. Sie besagt, wie viel Sauerstoff Ihr Körper bei Höchstbelastung noch verwerten kann. Wenn das Blut den Sauerstoff gut aufnehmen kann, steht den Muskeln beim Laufen mehr davon zur Verfügung, und Sie bleiben länger im aeroben Bereich.

Die Spiroergometrie wird natürlich bei Spitzensportlern im Training eingesetzt, aber auch bei Eignungstests für bestimmte Berufe sowie in der Medizin zur Feststellung der körperlichen Leistungsfähigkeit und zur Messung des Kalorienverbrauchs unter Belastung.

Wenn Sie die Untersuchung privat bezahlen, müssen Sie mit Kosten von 150 bis 200 Euro rechnen sowie mit anderthalb bis zwei Stunden Zeitaufwand inklusive Besprechung. Ein weiterer Test des Trainingsfortschritts nach drei Monaten oder einem halben Jahr ist meist deutlich preisgünstiger.

Pulsuhr, Apps & Co.: Technik als Trainingshelfer?

Statt Ihre Belastung beim Laufen durch herkömmliches Pulszählen zu kontrollieren, können Sie heute natürlich moderne Technik einsetzen. Schon lange werden dafür Pulsuhren verwendet, aber in den letzten zehn Jahren ist mit der zunehmenden Verbreitung der Smartphones eine unendliche Vielfalt von Tools entwickelt worden, die die Werte zahlreicher Körperfunktionen messen können. Dabei reicht die Palette von kostenlosen Apps für Smartphones bis zu teuren Hightech-Pulsuhren und »Wearables«. Längst nicht jedes dieser Produkte wird Sie beim Laufen weiterbringen, und manche verwirren mehr, als sie nützen, oder können sogar schaden.

Klassiker Pulsuhr

Eine Pulsuhr tragen Sie wie eine Armbanduhr am Handgelenk, dazu aber einen flexiblen Gurt unterhalb der Brust. Darin integrierte Hautelektroden messen die elektrischen Signale des Herzens. Daraus wird ermittelt, wie schnell es schlägt. Per Funksignal wird der aktuelle Pulswert an die Uhr gesendet, die ihn auf dem Display anzeigt. So können Sie unterwegs jederzeit Ihre Herzfrequenz ablesen und gegebenenfalls Ihr Lauftempo zurücknehmen oder steigern, um in Ihrem anvisierten Leistungsbereich zu laufen. Manche Uhren messen sogar direkt am Handgelenk und erfordern keinen Brustgurt.

Pulsuhr für Einsteiger.

Pulsuhr für ambitionierte Läufer.

Die Preisspanne bei Pulsuhren reicht von etwa 30 Euro bis 500 Euro, weil die Geräte sehr Unterschiedliches bieten. Die meisten der Ausstattungsmerkmale sind für Gesundheits- und Fitnesssportler überflüssig. Selbst ambitionierte Läufer werden viele der Hightech-Features nicht benötigen:

■ **Zielzonenalarm:** Sie können ein unteres und ein oberes Limit für die Herzfrequenz einstellen. Überschreitet Ihr Puls eine der beiden Grenzen, hören Sie einen Ton, und die Anzeige sagt Ihnen, dass Sie langsamer oder schneller laufen müssen, um in Ihrem Trainingsbereich zu bleiben. Diese Funktion ist sinnvoll für alle Läufertypen, denn sie hilft, Überlastungen zu vermeiden.

■ **Durchschnittspuls:** Der durchschnittliche Puls während der gesamten Trainingseinheit wird errechnet. Das hilft, die Entwicklung der Fitness langfristig zu beurteilen.

■ **Störsicherheit und Codierung:** Bei der Übertragung der Daten vom Brustgurt zur Pulsuhr werden die Daten codiert. So können Ihre Werte nur von Ihnen auf Ihrer Uhr gelesen werden und gelangen nicht auf die Pulsuhren Ihrer Mitläufer. Wenn Sie in der Gruppe, im Fitnessstudio auf dem Laufband oder bei Wettkämpfen laufen, ist diese Funktion unbedingt empfehlenswert.

■ **Kalorienverbrauch:** Angezeigt wird, wie viele Kalorien Sie beim Joggen verbrannt haben. Die Funktion ist so beliebt wie ungenau! Sie sollten sich nicht darauf verlassen, denn der individuelle Verbrauch liegt oft deutlich niedriger als der theoretisch errechnete.

■ **GPS:** Die Laufstrecke wird satellitengestützt aufgezeichnet. Angezeigt werden Distanz sowie aktuelles und Durchschnittstempo. Damit können Sie gut verschiedene Strecken vergleichen und anderen den Weg beschreiben.

■ **Zeitangabe:** Die Uhrzeit wird angezeigt.

■ **Stoppuhr:** Damit können Sie Intervalle und Sprints steuern – eine praktische Funktion, die fast alle Modelle bieten.

■ **Höhenmesser:** Im Unterschied zur Höhenangabe des GPS-Signals ist ein barometrischer Höhenmesser exakter, denn er misst den Luftdruck und berechnet daraus Steigungen und Gefälle. Das Zusatzfeature kostet Geld und ist vielleicht für Bergsteiger oder -läufer interessant, für die meisten Jogger aber überflüssig.

■ **Wasserdichtigkeit:** Wenn Sie die Uhr auch beim Schwimmen benutzen wollen, sollte sie wasserdicht sein, ist dann aber teurer.

Eine Pulsuhr empfiehlt sich für Anfänger, die ihrem Körpergefühl nicht ganz trauen und lieber auf handfeste Daten setzen. Sie bietet die Sicherheit, sich nicht zu überfordern. Wichtig ist gerade für Einsteiger eine einfache Handhabung, denn wenn das Bedienen der Pulsuhr nicht klappt, läuft mancher gar nicht erst los, und daran sollte es nicht scheitern! Fortgeschrittene mit Ambitionen laufen sowieso mit Pulsuhr, um ihre Fortschritte und ihr Training zu dokumentieren. Wichtig ist, dass Sie für Ihr Training nicht eventuell vorgegebene, standardisierte Pulswerte nutzen, sondern sich an Ihren individuellen Werten orientieren. Die weichen nämlich oft davon ab.

Apps: nützliche Programme für Smartphones

Viele Läufer haben ihr Smartphone beim Laufen dabei, um notfalls Hilfe rufen zu können (sehr sinnvoll!) oder um beim Joggen Musik zu hören (s. S. 131). Für sie bieten Lauf-Apps, die gratis oder für bis etwa 10 Euro aus dem Internet aufs Handy zu laden sind, eine einfache Möglichkeit, ihr Training zu dokumentieren. Sie messen per GPS Strecke, Höhenmeter und Geschwindigkeit, errechnen daraus das Durchschnittstempo und den Kalorienverbrauch (meist zu hoch angegeben; s. S. 74). Trainingsfortschritte können gespeichert und mit Notizen versehen werden. Manche Apps zeigen an, wie viel Sie nach dem Laufen trinken sollten, andere bieten eine Verbindung zu Facebook, eine Live-Anzeige des Laufs im Internet oder virtuelle Rennen gegen Freunde.

Es gibt auch Apps, die mit einem Brustgurt für die Herzfrequenzmessung kommunizieren können, der zusätzlich gekauft werden muss. Sie dokumentieren die Leistung so genau wie eine Pulsuhr. Allerdings ist die Kontrolle der Herzfrequenz beim Laufen kaum praktikabel, weil das Handy meist in einer Tasche steckt oder am Oberarm getragen wird. So ist eine sofortige Korrektur der Geschwindigkeit bei Abweichungen vom angepeilten Trainingspuls nicht möglich. Die Daten eignen sich also eher zur Analyse im Nachhinein.

Zu manchen Apps kann man Trainingspläne herunterladen. Diese sollten Anfänger wie Fortgeschrittene kritisch betrachten, denn die meisten Programme sind zu ambitioniert und überlasten den Organismus, statt ihn zu einer besseren Leistung zu führen. Im Zweifel hören Sie immer auf Ihren Körper und geben ihm lieber etwas mehr Zeit für seine Anpassung.

Lauf-Apps sind eine einfache Möglichkeit, das Training zu dokumentieren.

Fitnessarmbänder messen nicht nur die Körperfunktionen, sondern sehen auch modisch aus.

Activity-Tracker: der eigenen Fitness auf der Spur?

Sie sind erhältlich unter den Bezeichnungen Wearable oder Fitnessarmband, Loop oder auch Activity- oder Fitness-Tracker: tragbare Computer, die wie ein Armband aussehen, aber einen Chip besitzen und eine Vielzahl von Daten messen und aufzeichnen, die für die Fitness relevant sind. Das reicht von Bewegung über Kalorienverbrauch bis zum Schlaf. Zusätzlich können Nutzer per Smartphone oder Computer Daten und Infos zu Gewicht und Ernährung eingeben, sodass ein recht komplexes Bild der Fitness entsteht. Die Funktionen der Activity-Tracker überschneiden sich stark mit jenen von Apps für Smartphones, können aber unauffällig wie eine Uhr permanent am Handgelenk getragen werden. Sie kosten zwischen 30 und 300 Euro.

Wenn Sie einen Fitness-Tracker fürs Lauftraining benutzen möchten, sollte er den Puls messen können. Diese Funktion bieten erst die teureren Modelle ab etwa 150 Euro. Die Anschaffung lohnt sich also nur, wenn Sie auf die anderen Funktionen Wert legen.

Ein Activity-Tracker dokumentiert recht umfassend die Entwicklung Ihrer Fitness. Aber die Datenflut nützt Ihnen nur etwas, wenn Sie sie interpretieren können. Für technikaffine Menschen kann die Sache ein Ansporn sein, sich mehr zu bewegen und/oder sich gesünder zu ernähren. Manchem mag das helfen, einen gesünderen Lebensstil zu entwickeln. Keinesfalls sollten Sie sich jedoch zum Sklaven Ihrer Daten machen und Ihren Verstand ausschalten. Wenn Sie sich nicht wohlfühlen, sollten Sie einen Gang runterschalten, auch wenn Ihnen Ihr Wearable sagt, dass Sie erst 4000 Schritte gemacht haben.

ZEHN MYTHEN RUND UMS LAUFEN

Rund um den Laufsport halten sich seit Jahrzehnten hartnäckig falsche Gerüchte und Legenden. Damit Sie nicht darauf hereinfallen, nehmen wir die zehn beharrlichsten Ammenmärchen hier genauer unter die Lupe.

1. Laufen auf Asphalt schadet den Gelenken: Tatsächlich konnte keine wissenschaftliche Studie nachweisen, dass Laufen auf Asphalt den Gelenken schadet. Dazu passt, dass Asphaltläufer nur sehr vereinzelt über Gelenkbeschwerden klagen und dass Spitzenläufer mit ungedämpften Schuhen tagein, tagaus problemlos unzählige Kilometer hinter sich bringen. Das liegt daran, dass sich die Gelenkknorpel der Belastung durchs Laufen anpassen und dicker werden. Es ist nachgewiesen, dass Läufer viel dickere Knorpel haben als Nichtläufer. Außerdem federt auch die trainierte Beinmuskulatur der Jogger die Stöße ab, die beim Laufen entstehen.

2. Gute Laufschuhe müssen gut gedämpft sein: Das beste Federungs- und Dämpfungssystem gegen die beim Laufen entstehenden Stöße sind unsere Muskeln. Dagegen führt eine starke passive Dämpfung durch Schuhe zu Instabilität. Auf dem weichen Material stehen Ihre Füße viel wackeliger als auf einer wenig gedämpften Sohle. Etwas Dämpfung ist gut, weil unsere Fußmuskulatur verglichen mit der von Naturvölkern ziemlich verkümmert ist. Aber zu viel Polsterung schadet. Laut Studien leiden Läufer mit stark gedämpften Schuhen häufiger unter Beschwerden mit den Achillessehnen, weil diese durch die Dämpfung stärker beansprucht werden.

3. Die Fettverbrennung beginnt erst nach 30 Minuten: Viele wissenschaftliche Untersuchungen haben nachgewiesen, dass unser Organismus seine Energie immer aus mehreren Quellen bezieht, und zwar meist parallel aus dem Fett- und dem Kohlenhydratstoffwechsel (s. S. 32 f.). Dabei macht es überhaupt keinen Unterschied, ob sich der Körper in Ruhe befindet oder bewegt; lediglich die Menge der umgesetzten Energie, also der verbrannten Kalorien, unterscheidet sich. Je nachdem, wie lange und wie intensiv Sie sich bewegen, wird mehr Fett oder mehr

Zucker (Kohlenhydrate) verbrannt, aber sicher ist: Fett ist immer dabei! Es lohnt sich also durchaus, auch kürzer zu laufen, wenn die Zeit knapp ist. Das ist immer besser, als sitzen zu bleiben!

4. Dehnen hilft gegen Muskelkater: Wissenschaftliche Studien haben eindeutig gezeigt, dass Dehnübungen nicht immer helfen. Die Testpersonen dehnten nach einer anstrengenden Trainingseinheit nur eine Körperseite. Sie empfanden den Muskelkater auf der nicht gedehnten Seite deutlich weniger schlimm als auf der gedehnten! Die Spannung der Muskulatur beim Dehnen hatte die Symptome tatsächlich noch verstärkt. Im schlimmsten Fall kann sogar das Dehnen Mikroverletzungen an der Muskulatur bewirken und dadurch den Muskelkater noch verstärken. Trotzdem sollten Sie auf sanftes (!) Dehnen nach dem Laufen nicht verzichten. Machen Sie es am besten so wie ab Seite 171 erläutert.

5. Wer wenig schwitzt, ist gut trainiert: Tatsächlich ist es genau umgekehrt, und Wissenschaftler haben es sogar gemessen. Bei höchster Anstrengung produzieren Untrainierte nur 0,8 Liter Schweiß pro Stunde, während gut trainierte Sportler zwischen 2 und 3 Litern verlieren. Deswegen ist das Trinken vor und nach dem Sport so wichtig! Was paradox klingt, hat eine nachvollziehbare Erklärung: Sportler haben aktivere Schweißdrüsen, weil sie durch das regelmäßige Training viel mehr zum Einsatz kommen. Sie »wissen« auf Anhieb, dass bei körperlicher Anstrengung ein Anstieg der Körpertemperatur zu erwarten ist, und beginnen rechtzeitig mit der Schweißproduktion. Dadurch befindet sich früher genügend Schweiß auf der Haut und kühlt den Körper durch Verdunstung. Der besser gekühlte Organismus ist leistungsfähiger als der des »Wenigschwitzers«. Um wie viel effektiver die Schweißdrüsen von Sportlern arbeiten, zeigt sich auch daran, dass sie viel weniger Mineralstoffe abgeben als die von Untrainierten. Der Schweiß ist deshalb flüssiger.

6. Laufen ist anstrengend: Das stimmt bedingt, und zwar dann, wenn es sich beim Laufen um Leistungssport handelt. Natürlich wird es anstrengend, wenn man sich in Konkurrenz zu anderen Läufern begibt und der schnellste sein will. Aber für alle anderen, für Gesundheits-, Freizeit- und Fitnessläufer, die Ihre Grundlagenausdauer trainieren, gilt das Motto »Laufen, ohne zu schnaufen«. Sie laufen dann immer so langsam, dass Sie problemlos miteinander sprechen können wie bei einem Spaziergang, und das ist nicht anstrengend.

7. Apfelschorle ist das beste Sportgetränk nach dem Laufen: Nach der Anstrengung des Laufens benötigt der Körper ein Getränk, das die Regeneration unterstützt. Bei einem Lauf von etwa einer Stunde reicht Wasser, um den Flüssigkeitsverlust auszugleichen. Apfelschorle enthält sehr viel Zucker, der je nach Produkt mit 220 bis 520 Kalorien pro Liter zu Buche schlägt und sich bei den doch eher moderaten Anstrengungen beim Gesundheits- und Fitnesslaufen umgehend auf den Rippen niederschlägt (s. S. 193).

8. Mit Jogging nimmt man am besten ab: Beim Abnehmen zählt nur, wie viele Kalorien Sie zu sich nehmen und wie viele Sie verbrauchen! Ist die Bilanz negativ, nehmen Sie ab, sonst nicht. Es ist ganz egal ob, wie viel, wie lange und welchen Sport Sie treiben. Wenn Sie sich nach dem Laufen ein Stück Kuchen als Belohnung gönnen oder reichlich süße Limo, Schorle, Eistee oder Bier trinken, ist es unwahrscheinlich, dass Sie abnehmen. Der wesentliche Gewinn beim Joggen ist ein anderer: Laufen – wie alle Ausdauersportarten – kurbelt den Stoffwechsel an und erhöht den Grundumsatz. Wenn Sie gleichzeitig etwas weniger essen, nehmen Sie mit Sicherheit ab!

9. Mit Trainingsplan in einem halben Jahr zum Marathon: Solche gesundheitsschädlichen Pläne gibt es wirklich. Bitte nicht ausprobieren! So etwas ist nicht zu schaffen, ohne sich zu schaden. Das gilt für Anfänger, Freizeit- und Fitnesssportler. Es klappt nur, wenn Sie schon sehr gut ausdauertrainiert sind und genug Wettkampferfahrung haben. Herz, Kreislauf und Muskeln passen sich zwar zügig an höhere Belastungen an, nicht jedoch Knochen, Sehnen und Gelenke. Und muss ein Marathon wirklich sein? Die messbare Belastung des Körpers ähnelt der bei einem Herzinfarkt!

10. Laufen ist besser als Krafttraining: Wir Menschen neigen zum Entweder-oder, aber die Natur hat uns nicht umsonst mit unterschiedlichen Muskelfasern ausgestattet, die sich entweder gut für die Ausdauer oder für die Kraft eignen und sich im Zusammenspiel optimal entfalten. Daher ist es gut, beide Arten zu trainieren – durch Laufen und durch Krafttraining. Sie sollen nicht aussehen wie ein Bodybuilder, aber Kraftübungen fördern geschmeidige, komplexe Bewegungen und die Bewegungskoordination. Der Stoffwechsel wird leistungsfähiger, und viele gesundheitsfördernde Botenstoffe werden ausgeschüttet. Außerdem schützt und stabilisiert mehr Muskelmasse die Gelenke bei längeren Läufen. Nutzen Sie deshalb die Übungen ab Seite 169, um ein Gleichgewicht zwischen Ausdauer und Kraft zu erreichen.

LAUFTECHNIK: WORAUF ES WIRKLICH ANKOMMT

Ulrike Schöber: Welche Lauftechnik ist die beste?

Ingo Froböse: Es gibt nicht die beste Lauftechnik. Am besten ist immer die Technik, die mich am ökonomischsten von A nach B bringt.

Ulrike Schöber: Was heißt ökonomisch und was bedeutet das praktisch?

Ingo Froböse: Das heißt ressourcenschonend, also möglichst schnell und mit möglichst geringer Belastung. Man wird technisch gut, indem man immer weniger Muskeln einsetzt. Als Anfänger ist man Grobmotoriker. Indem man seine Technik optimiert, wird man nach und nach zum Feinmotoriker. Dieser Prozess läuft ganz individuell ab!

Ulrike Schöber: Was bedeutet das konkret für die Lauftechnik?

Ingo Froböse: Möglichst wenig Begleit- oder Ausgleichsbewegungen. Jede Bewegung soll den Körperschwerpunkt nach vorne bringen und der Beschleunigung aus dem Fuß heraus helfen. Jedes Wackeln bremst. Eigenarten des Stils sind allerdings zu akzeptieren. Einige berühmte Läufer waren trotz Ihres sogenannten schlechten Stils Weltklasse.

Ulrike Schöber: Welche Rolle spielt das erwähnte Ziel?

Ingo Froböse: Wenn ich hohe Leistung erbringen möchte, vielleicht im Intervall- oder High Intensity Training, habe ich eine andere Technik als beim Gesundheitslaufen. Je schneller ich sein will, desto mehr muss ich das Gewicht auf den Vorfuß verlagern, der mich dann nach vorne katapultiert. Weltklassesprinter berühren den Boden nur eine Zehntelsekunde, Gesundheitsjogger setzen fast den ganzen Fuß auf.

Ulrike Schöber: Macht man das automatisch?

Ingo Froböse: Ja, denn man neigt den Oberkörper nach vorne. So streckt man Hüfte und Fußgelenk und belastet automatisch den Vorfuß stärker. Je schneller ich sein will, desto mehr neige ich mich nach vorne. Aber man sollte nicht zu viel darüber nachdenken und einfach loslaufen.

Oft unterschätzt: die persönliche Note

Sie kennen aus dem Biologieunterricht, aus Hörsälen oder Arztpraxen die Skelette aus Plastik, die uns so schön zeigen, wie unser Knochengerüst aufgebaut ist, oder die Abbildungen unseres Innenlebens mit Muskeln und Sehnen. Dieser Blick in das Körperinnere ist faszinierend und lehrreich, stellt aber immer nur ein Idealmodell dar. In der Realität ist zwar bei den meisten Menschen alles wie im Modell vorhanden und angeordnet, jedoch ist es unendlich vielfältig ausgeprägt.

Den anatomisch perfekten Menschen gibt es nur in der Theorie, denn neben dem genetischen Erbe unserer Vorfahren beeinflussen beispielsweise bereits der Verlauf der Schwangerschaft, später unsere Ernährung, Bewegung und auch Erkrankungen, wie sehr wir uns diesem Idealbild der Anatomie annähern oder uns von ihm entfernen. Das ist auch gut so, denn sonst sähen wir alle gleich aus. Tatsächlich sind wir alle verschieden groß und schwer, haben schon durch die Genetik eine unterschiedliche Verteilung der Muskelfaserarten und längere oder kürzere Gliedmaßen. Auch die Körperstatik ist nie bei zwei Leuten gleich. All das und noch vieles mehr beeinflusst auch unseren Laufstil. Er ist so individuell wie jeder Einzelne – und noch viel wichtiger: Das soll er

auch bleiben! Denn den idealen Laufstil oder die perfekte Technik für alle gibt es nicht, weil wir jeder für sich einzigartig sind.

Dieses Kapitel über die Lauftechnik soll Ihnen zeigen, wie bestimmte Arten zu laufen das Joggen selbst, aber auch die Belastung Ihrer Muskeln, Sehnen, Bänder und Knochen beeinflussen. Wenn Sie dieses Wissen auf Ihre Laufstrecken mitnehmen, können Sie sich ein wenig überprüfen und durch kleine Veränderungen Verbesserungen herbeiführen, die Sie für nützlich halten. Keinesfalls jedoch sollten Sie versuchen, Ihren Laufstil von heute auf morgen grundlegend zu ändern.

Ihr Laufstil ist nicht falsch – nur anders!

Wie bei jeder Sportart gibt es auch beim Laufen den theoretisch optimalen Bewegungsablauf. Er ist aber selbst für Spitzensportler kaum zu erreichen und dient Ihnen nur zur Orientierung, egal ob Sie Gesundheits- oder ambitionierter Freizeitsportler sind. Denn es gibt zwei wichtige Gründe, warum Sie Ihren persönlichen Stil nicht von heute auf morgen komplett umkrempeln sollten:

■ Sie leben bereits seit Ihren ersten Schritten mit Ihrem Bewegungsmuster. Ihre Muskeln, Sehnen und Bänder haben sich genau an diese Art zu gehen und zu laufen angepasst und bilden mit Ihren übrigen Körperstrukturen ein eingespieltes Ganzes. Wer plötzlich völlig anders läuft, stört diese Balance empfindlich und verändert auch die Belastungen auf diese Strukturen. Manche müssen plötzlich mehr, andere weniger arbeiten. Daran müsste sich das gesamte ausgeklügelte System aus Knochen und Muskeln erst gewöhnen, und Überlastungen von bisher weniger geforderten Strukturen und damit Schmerzen wären programmiert.

■ Da Ihr Bewegungsapparat, Nervensystem und Gehirn von Kindesbeinen an auf Ihren individuellen Laufstil eingestellt sind, ist dieser so stark in Ihr Körpergedächtnis eingeprägt, dass eine tief greifende Umstellung auf die Schnelle gar nicht möglich sein dürfte. Denn Sie müssten sich ununterbrochen nur auf die Lauftechnik konzentrieren, und zwar auf jedes Detail. Einen neuen Laufstil einzuüben wäre, wenn überhaupt, nur über einen längeren Zeitraum hinweg möglich und nur mit der Hilfe eines Personal Trainers, der Sie auf Schritt und Tritt überwachen und korrigieren würde. Das möchte wohl niemand.

Aus diesen Gründen empfehle ich nur Joggern, die beim Laufen Beschwerden bekommen oder sich unwohl fühlen, sowie fortgeschrittenen Läufern einen kritischen Blick auf ihren eigenen Laufstil. Wenn Ihnen dabei Zweifel an Ihrer Technik kommen und Sie etwas ändern möchten, holen Sie die Meinung und den Rat eines kompetenten Trainers ein, um auch den distanzierten Blick eines Außenstehenden zu haben. Und sonst laufen Sie einfach weiter wie bisher! Das ist allemal besser, als das Laufen über die Technik zu vergessen.

Sind Sie Anfänger, ist es am wichtigsten, dass Sie überhaupt laufen. Da kommt es auf den Stil zunächst gar nicht an, denn es würde Sie überfordern, darauf zu achten.

Treten Sie sanft auf

Besonders für Anfänger und Wiedereinsteiger ist es wichtig, von Beginn an die Füße nicht zu fest aufzusetzen. Bei manchen Untrainierten ist zu beobachten, dass sie ihr Gewicht bei jedem Schritt regelrecht vom einen auf den anderen Fuß fallen lassen. Dabei wirken sehr starke Kräfte auf die Knochen und Gelenke, die zu Verletzungen und sogar Stressbrüchen führen können. Gehen Sie deshalb von Anfang an sanft mit sich um und setzen Sie die Füße weich auf. Dazu tragen kleine Schritte bei, denn bei großen ist der Aufprall deutlich härter. Der Punkt, an dem Sie den Fuß aufsetzen, darf nicht vor dem Knie liegen. Dann laufen Sie richtig. Auch wenn Sie irgendwann schneller werden wollen, gilt: Lieber viele kleinere Schritte als wenige raumgreifende. Siebenmeilenschritte überlassen Sie am besten den Sprintern, die damit bekanntlich nur kurze Strecken zurücklegen, weil sie so viel Kraft kosten.

Ferse, Mittelfuß oder Vorfuß – das Tempo bestimmt

Der Hype um die richtige Lauftechnik und die ewige Debatte darüber, ob man beim Laufen besser mit der Ferse, dem Mittel- oder dem Vorfuß aufsetzt, sind völlig überflüssig. Gehen und Laufen sind schließlich Bewegungsgrundformen des Menschen, und im Großen und Ganzen macht es fast jeder instinktiv richtig. Deswegen müssen auch Laufanfänger die Lauftechnik nicht üben, sondern können direkt loslegen. Im Gegenteil: Die meisten Einsteiger kommen völlig durcheinander und stolpern, wenn sie darauf achten sollen, wie sie ihre Füße setzen. Das kann nicht Sinn der Sache sein und ist auch nicht nötig. *Den* richtigen Stil gibt es nicht, auch wenn in teuren Laufseminaren oft das Gegenteil gelehrt wird.

Die unterschiedlichen Arten zu laufen werden zwar auch durch das Gelände und den Untergrund beeinflusst, hängen aber vor allem mit dem Tempo zusammen:

■ Beim Gehen setzen Sie die Ferse zuerst auf und rollen über den gesamten Fuß ab.

■ Beim langsamen Laufen, dem Gesundheitslaufen, setzen Sie den Mittelfuß auf und rollen von dort über die Ballen und Zehen ab.

■ Beim schnellen Laufen setzen Sie nur den Vorfuß auf, also Ballen und Zehen, und drücken sich mit den Fußballen ab.

Diese Unterschiede ergeben sich automatisch, weil wir beim schnelleren Laufen den Oberkörper weiter nach vorne beugen und sich der Fußaufsatz dem anpasst. Je schneller wir werden, desto mehr neigt sich der Körper nach vorn in die Diagonale und desto weniger vom Fuß setzt auf.

Beim schnellen Lauf ist der Oberkörper weit nach vorne gebeugt, nur der Vorfuß setzt auf.

Fersenlauf: So geht Gehen

Beim Gehen setzen Sie den Fuß zuerst mit der Ferse auf und rollen ihn beim Abdrücken über den Mittelfuß bis zu den Zehen ab. Den letzten Kontakt hat die große Zehe. Während der Fuß, der gerade nach vorn gesetzt wird, in der Luft ist, befindet sich der andere immer am Boden und stützt den Körper. Beim Gehen gibt es also keine Flugphase. Ununterbrochen hat ein Fuß Kontakt zum Boden, stabilisiert und trägt einen Teil des Körpergewichts.

Das Gehen belastet die Sehnen und Gelenke deutlich weniger als das Joggen, das dem Körper mit jedem Aufsetzen des Fußes nach der Flugphase einen Stoß versetzt. Das Gehen ist auch die ökonomischste Art, sich aus eigener Kraft von A nach B zu bewegen, weil Sie dabei am wenigsten Energie verbrauchen. Deswegen ist Gehen die beste Technik für Menschen mit starkem Übergewicht und für Menschen, die sich über längere Zeit hinweg kaum bewegt haben, etwa weil sie krank waren oder aus anderen Gründen.

Mit der Fersenlauftechnik können Sie auch langsam und gemütlich joggen. Das tun sehr viele Läufer, und es ist völlig okay. Allerdings ist der Fersenlauf dann nicht effizient, weil er bremsend wirkt.

Laufen Sie aber schneller mit dieser Technik, muss Ihr Körper starke Stöße ertragen, weil die Ferse sie nicht abfangen kann. Deswegen sollten Sie das keinesfalls tun. Wenn Sie allerdings Probleme mit den Achillessehnen haben, kann der Fersenlauf die Lösung für Sie sein.

Fersenlauf.

Bei Marathons sind spätestens ab Kilometer 30 im mittleren und hinteren Feld sehr viele Fersenläufer zu beobachten. Sie sind in ihren »normalen« Bewegungsmodus gefallen und schaffen es nicht mehr, das Laufprogramm abzurufen, weil die Ermüdung den Körper beherrscht. Es ist nur noch ein Kampf, der über die Ferse ausgetragen wird, denn mit Ökonomie hat dieses Laufen nichts mehr zu tun. Der Fersenlauf ist eine Möglichkeit, beim Marathon ins Ziel zu kommen, aber sicher nicht die beste.

Mittelfußlauf: So laufen Sie gesund

Den Gesundheitsjoggern und Freizeitdauerläufern empfehle ich die Mittelfußtechnik, weil sie nicht so kräftezehrend ist wie der Vorfußlauf, aber auch deutlich weniger bremst als die Fersentechnik. Beim Mittelfußlauf setzen

Lauftechniken selbst testen

Die Unterschiede zwischen Gehen und Laufen lesen sich etwas abstrakt. Sie können die Besonderheiten in Ablauf und Belastung aber gut erspüren oder erahnen, wenn Sie einmal aufstehen und barfuß oder auf Strümpfen durch Ihre Wohnung oder Ihren Garten gehen, laufen, hüpfen und springen. Setzen Sie dabei bewusst mal die Ferse, mal den flachen Fuß oder Ballen und Zehen auf und probieren Sie das bei verschiedenen Geschwindigkeiten.

Mittelfußlauf.

Sie den Fuß flach oder genauer gesagt mit der Fußaußenkante auf und rollen ihn nach vorne ab, sodass die Beschleunigung recht gering bleibt. Genau das ist für die Förderung der Gesundheit erwünscht.

Grundsätzlich hat der Laufschritt zwei Phasen: In der Stützphase hat ein Fuß Bodenkontakt, in der Flugphase sind beide Füße für sehr kurze Zeit in der Luft. Dieser eine Moment, in dem beide Füße zugleich in der Luft sind, macht den großen Unterschied zum Gehen aus. Beim Gehen müssen die Füße nur das ein- bis anderthalbfache Körpergewicht abstoßen und abfangen, beim Joggen ist es das Zwei- bis Fünffache! 10 Kilo Übergewicht machen dabei immerhin einen Unterschied von 10 bis 50 Kilo aus. Um Ihre Gelenke langsam an das aktive, bewegte Leben zu gewöhnen, sollten Sie deshalb mit Übergewicht nur laufen, wenn Sie
■ mindestens vier oder besser sechs Monate »getrottet« sind und

■ Muskeln aufgebaut haben, die sämtliche Belastungen besser abfangen.
Anderenfalls bleiben Sie lieber beim Trotten (mehr dazu s. ab S. 112 und ab S. 126).

Vorfußlauf: So laufen Sie schnell

Wenn Sie ambitioniert laufen und Ihre Zeiten im Blick haben, ist der flache Fußaufsatz der Mittelfußtechnik ungeeignet. Sowie Sie schneller werden, neigen Sie den Oberkörper weiter vor. So wird der Fußaufsatz automatisch kürzer, und Sie fallen von selbst in den Vorfußlauf. Dabei landen Sie auf den Zehen und Ballen und drücken sich gleich wieder damit ab. Durch diesen kurzen Bodenkontakt können Sie die kinetische Energie in den Sehnen, Bändern und Muskeln speichern und sich ökonomisch nach vorn abdrücken. Dieser Katapulteffekt macht Sie deutlich schneller.

Bei hohem Tempo wirken natürlich stärkere Kräfte auf die Sprung- und Kniegelenke mit ihren Sehnen und Bändern. Bei der Landung auf dem Vorfuß federn Fußballen, Zehen und Beinmuskulatur sie aber viel besser ab als beim Landen auf Mittelfuß oder Ferse. Trotzdem steigt das Verletzungsrisiko für Bänder und Sehnen unterhalb des Knies. Gefährdet ist vor allem die Achillessehne, die die ganze Kraft überträgt. Daher ist der Vorfußstil auf ebener Strecke ungeeignet für Anfänger, Wiedereinsteiger und Gesundheitsläufer. Er bleibt Domäne der Schnellläufer und Sprinter. Auf Langstrecken ist er gut trainierten Läufern vorbehalten, die mit Sprints ihre Leistung steigern wollen. Diese Schnellläufe sollten nur einen geringen Teil des Trainings ausmachen. Selbst Langläufer laufen bei Strecken über zehn Kilometer nur selten auf dem Vorfuß.

Vorfußlauf.

Eine Ausnahme in puncto Haltung bildet das Bergauflaufen. Dabei neigen Sie zwangsläufig den Oberkörper mehr oder weniger nach vorn und kommen stärker auf den Vorfuß – wie sehr, das hängt von der Steigung ab.

Beim Bergauflaufen neigt man den Oberkörper zwangsläufig weiter nach vorn.

DIE LAUFTECHNIKEN AUF EINEN BLICK

DIE LAUFTECHNIKEN

ASPEKTE	FERSENLAUF	MITTELFUSSLAUF	VORFUSSLAUF
Bewegungsablauf	aufsetzen mit der Ferse und abrollen über den ganzen Fuß bis zu den Zehen	aufsetzen mit dem flachen Fuß bzw. der Fußaußenkante und abrollen bis zu den Zehen	aufsetzen mit den Fußballen und Zehen und direktes Abstoßen
Einsatzbereich	bewährtes Bewegungsmuster, das auch bei Ermüdung funktioniert	ökonomisch bei mittlerem Tempo	effizient bei höherer Geschwindigkeit
Nachteile	wirkt bremsend; bei schnellerem Tempo für den ganzen Körper belastend	kaum Temposteigerung möglich, bei Steigungen nicht möglich	belastend für Gelenke und Sehnen; Achillessehnen müssen stark sein; keine Technik für Dauerläufer
geeignet für ...	Anfänger zum Einstieg	Anfänger, Wiedereinsteiger, Fortgeschrittene	Sprinter, sehr fortgeschrittene Langläufer
Trainingsarten	Gehen, langsames Laufen	Dauerlaufen, Gesundheitslaufen	Sprint, Tempotraining, HIT, Intervalltraining und am Berg

89

Ihre Arme:
die stabilisierenden Pendel

Nicht nur die Beine, auch die Arme spielen eine wichtige Rolle beim Laufen. Oft werden sie zu Schwung- und Tempogebern erklärt. Das sollen die Arme aber nicht sein, denn Ihre Beschleunigung holen Sie aus Ihren Beinen und Füßen. Tatsächlich dienen die Arme nur der Stabilisation beim Joggen.

Die Bewegung der Arme ist durch die sogenannte Kreuzkoordination untrennbar mit jener der Beine verknüpft, zu denen sie gegengleich mitschwingen. Wenn Sie also Ihr rechtes Bein vorsetzen, schwingt Ihr linker Arm mit nach vorn und umgekehrt. Das machen wir alle instinktiv richtig. Erst wenn sie darauf achten, geraten manche Menschen dabei durcheinander. Das Bewegungsmuster entspricht genau dem Trab vieler Säugetiere. Auch diese bewegen immer synchron die diagonal gegenüberliegenden Beine.

Probieren Sie die stabilisierende Wirkung der Arme mit diesem kleinen Test aus. Legen Sie das Buch kurz weg und joggen Sie langsam ganz normal, also mit pendelnden Armen, eine Runde durch das Zimmer. Dann verschränken Sie die Arme vor der Brust und joggen die gleiche Runde noch einmal.

Haben Sie gemerkt, was das für einen riesigen Unterschied ausmacht? Sie geraten aus dem Gleichgewicht, wenn Sie »ohne« Arme laufen. Wegen unserer aufrechten Körperhaltung brauchen wir die Arme unbedingt als Stabilisatoren, um die Schwungkräfte der Beinbewegungen auszugleichen. Mit verschränkten Armen pendelt gleich der ganze Oberkörper hin und her, weil die Gegengewichte fehlen.

Locker lassen

Damit die Arme ihre Aufgabe der Stabilisation einwandfrei erfüllen können, müssen Sie nicht viel tun, und das wenige machen Sie vermutlich instinktiv richtig.

Achten Sie beim Laufen auf Folgendes:

■ Lassen Sie die Arme nah am Körper locker hängen. Dann schwingen sie von selbst im richtigen Rhythmus mit.

■ Winkeln Sie die Arme im Ellbogen um etwa 90 Grad an.

■ Die Hände bilden eine lockere Faust und werden in gerader Verlängerung der Arme gehalten. Knicken Sie nicht die Handgelenke ab.

■ Bewegen Sie die Arme nur parallel zu Ihrer Bewegungsrichtung, damit Schultergürtel und Brustkorb immer nach vorn gerichtet bleiben.

Falsche Laufhaltung: Die Arme schwingen vor die Brust, der Oberkörper ist zu weit nach vorn geneigt.

So behindern die Armbewegungen den Körper nicht, sondern unterstützen ihn beim Laufen als Gegengewichte der Beine.

Vermeiden Sie diese Fehler:

■ Wenn Sie die Arme verspannen, verschwenden Sie für diese Muskelarbeit unnötig Energie, die Sie besser direkt für die Fortbewegung nutzen können.

■ Schwingen die Arme weit vor den Oberkörper oder gar bis über die Körpermitte, drehen sich die Schultern oder der ganze Brustkorb hin und her. Diese seitlichen und Drehbewegungen bringen Sie nicht nur nicht vorwärts, sondern müssen auch noch ausgeglichen werden, kosten also doppelt Energie.

■ Selbst abgeknickte Handgelenke – scheinbar eine Kleinigkeit – stören den Bewegungsfluss, denn die Hände schlenkern dann lose herum.

Machen Sie also möglichst wenig Begleit- oder Ausgleichsbewegungen. Alle Bewegungen sollten den Körperschwerpunkt nach vorne tragen können: Das ist effizientes Laufen.

91

Der Rumpf: oft vernachlässigt

Oberkörper plus Becken und Gesäß bilden zusammen den Rumpf. Dieser ist das Hauptgewicht, das Ihre Beine beim Laufen tragen müssen, und auch der Hebel, an dem Ihre Arme und Beine ansetzen. Wenn sie gegengleich in Bewegung sind, leistet der Rumpf die Haltearbeit, bildet also das Gegengewicht und die stabile Basis für die Extremitäten – hoffentlich, denn: Viele Dauerläufer verzichten leider komplett darauf, ihre Rumpfmuskulatur zu kräftigen. Vielleicht haben Sie in diesem Zusammenhang vom »Core-Training« gehört. Genau das machen gute Läufer.

Nur ein starker Rumpf bietet den Beinen und Armen das stabile Zentrum, das nötig ist für effektives Laufen ohne Ausgleichsbewegungen. Deshalb ist das Core-Training, also die Kräftigung der Körpermitte, für ambitionierte Läufer ein unbedingtes Muss. Ich lege es aber auch Einsteigern und Gesundheitssportlern sehr ans Herz, weil es ihnen hilft, Überlastungen zu vermeiden – nicht nur beim Laufen, sondern auch bei Alltagsbewegungen. Entsprechende Übungen finden Sie bei den Kräftigungsübungen ab Seite 177.

Für einen ökonomischen Bewegungsablauf halten Sie den Rumpf fast aufrecht, also leicht nach vorn gebeugt. Wenn Sie schneller werden, kommt er automatisch weiter nach vorne. Keinesfalls sollte er überstreckt oder ins Hohlkreuz gedrückt sein.

Der Kopf bleibt immer in gerader Verlängerung der Wirbelsäule. Viele Läufer strecken den Kopf weit nach vorne, bis vor die Schultern. Gewöhnen Sie sich das möglichst gar nicht erst an, denn damit verlagern Sie Ihren Körperschwerpunkt viel weiter nach vorn, und Ihre Muskeln müssen deutlich mehr arbeiten, um das Gleichgewicht zu halten. Das gilt übrigens auch, wenn Sie am Schreibtisch den Kopf immer nach vorne in Richtung Monitor schieben – ein häufiger Fehler. Sie überlasten damit Ihre Hals- und Nackenmuskeln sowie die filigrane Halswirbelsäule.

Gerade auch die tiefen Muskeln des Beckens und des Beckenbodens geben dem Läufer Stabilität. Der Punkt, an dem die Beine ansetzen, also die Körpermitte, muss absolut stabil bleiben, wenn die Muskelkraft der Beine in Fortbewegung umgesetzt werden soll. Becken und Hüfte stellen also das dynamische Zentrum des Laufens dar. Nur wenn dieses Gegengewicht in der Lage ist, die Kräfte aufzunehmen und zu absorbieren und den Beinen einen Ruhepunkt zu geben, sind Sie in der Lage, »ökonomisch« und auch schnell zu laufen.

Richtige Laufhaltung.

Die Unterlippe muss hängen

Es liest sich seltsam, aber egal wie langsam oder schnell, wie kurz oder wie lange Sie laufen, für jeden Läufer gilt: Die Unterlippe muss hängen! Wenn das Gesicht verspannt ist, kommt der ganze Körper mit Anspannung hinterher. Die hängende Unterlippe steht also für Entspannung mit dem Ziel der Konzentration auf die Füße, weil diese die Fortbewegung bringen. Sind die Gesichtsmuskeln entspannt, ist es der ganze Körper. Das ist ein sicheres Kriterium für lockeres, relaxtes und gesundes Laufen bei allen Freizeitsportlern. Für Wettkampfläufer bedeutet es, dass sie keine unnütze Energie in die Anspannung von Muskeln verschwenden, die sie nicht fürs Laufen brauchen, sondern die ganze Power in die Vorwärtsbewegung investieren. Auch bei großer Anstrengung locker zu bleiben ist die große Kunst, und die unterscheidet die sehr guten von den guten Läufern.

Geländevariationen: Abwechslung und Technikschule zugleich

Verschiedene Bodenbeschaffenheiten und Geländeformen bieten Ihnen nicht nur durch eine andere Umgebung Abwechslung im Laufalltag, sondern beanspruchen Sie auch physisch in unterschiedlicher Weise und haben Einfluss auf Ihre Lauftechnik.

Hügel rauf und runter

Das beste Beispiel ist das Laufen in hügeligem Gelände, denn Ihre Technik verändert sich automatisch, je nachdem, ob Sie bergauf oder bergab laufen. Bergauf werden Sie zwar wegen der Steigung langsamer, trotzdem lehnen Sie den Oberkörper ganz von selbst ein bisschen weiter nach vorn, heben die Knie mehr und setzen die Füße weniger flach auf. Je steiler Ihr Weg ist, desto mehr wechseln Sie also von der Mittel- zur Vorfußtechnik. Beim Bergablaufen dagegen neigen Sie Ihren Oberkörper ein wenig nach hinten und setzen meist mit den Fersen auf, um den stärkeren Schwung etwas abzubremsen. In hügeligem Gelände setzen Sie Ihre Füße von selbst kontrolliert auf, um nicht zu straucheln oder gar zu stürzen.

Die ersten Hügelläufe werden Ihnen nicht nur wegen der neuen Strecke in Erinnerung blei-

ben, sondern auch weil Sie sicher danach einen Muskelkater bekommen. Ihre Schienbeinmuskeln lassen grüßen, melden sich aber von Mal zu Mal weniger, weil sie sich an die zunächst ungewohnt exzentrische, also bremsende Belastung anpassen.

Einsteiger, die ihren Körper an die neue Belastung des Laufens gewöhnen wollen, sind mit flachen Strecken am besten bedient. Wenn Sie als Anfänger aber um Steigungen nicht herumkommen, weil Sie in einer hügeligen Gegend leben, dann nehmen Sie bergauf das Tempo deutlich zurück und trotten vielleicht erst einmal nur (s. ab S. 126). Wichtig ist, dass Sie auch bergauf genug Puste zum Sprechen haben und dass das Bergauflaufen nicht zum Tempolauf ausartet.

Fortgeschrittene können Steigungen wunderbar zur Leistungssteigerung nutzen, indem sie auch dort das Tempo halten.

Im Wald über Stock und Stein

Laufen im Wald ist immer ein wunderbares Naturerlebnis – und Balsam für Geist und Seele. Wie es auf Ihren Körper wirkt, hängt von der Beschaffenheit des Wegs ab:

■ Anfänger und Wiedereinsteiger wählen am besten gut begehbare, befestigte Wege oder breite, weiche Pfade. Sie dämpfen die Stöße und schonen die Gelenke. Außerdem können die Füße gut mit der Ferse und dem Mittelfuß aufgesetzt werden.

■ Schmale Pfade, die oft von Wurzeln durchzogen sind oder auch Löcher haben, nehmen Sie besser erst in Angriff, wenn Sie etwas fortgeschritten sind. Solche Unebenheiten erfordern viel Konzentration beim Laufen. Sie schulen die Koordination, weil sie gelegentlich weitere oder kürzere Schritte und den Aufsatz mit dem Vorfuß erfordern. Genau das birgt aber die Gefahr des Umknickens – besonders bei Anfängern. Nach Regenfällen sollten Sie sehr vorsichtig sein, denn die Rutschgefahr steigt. Wenn Sie solche Wege regelmäßig laufen, sind Trailrunningschuhe angebracht, die ein rutschfesteres Profil haben.

Gras- und Feldwege

Wer in einer landwirtschaftlich geprägten Region wohnt, nutzt oft die grasigen Feldwege mit zwei Fahrspuren zwischen den Feldern. Als Einsteiger sollten Sie solche Wege besser zunächst einmal abgehen, bevor Sie dort joggen, um selbstkritisch zu überlegen, ob der Weg für Sie passt. Feldwege sind manchmal ähnlich anspruchsvoll zu laufen wie schmale Waldwege. Die Fahrrinnen sind oft sehr schmal und tief in den Weg gedrückt. Außerdem können solche Wege löchrig sein,

weil Tiere dort gebuddelt haben. Nach Regen ist es dort überdies meist rutschig. Auch hier können Trailrunningschuhe sinnvoll sein.

Zu Hause für unebenen Boden trainieren

Sie können Ihre Reaktionsfähigkeit für die Bewältigung von Unebenheiten sehr leicht zu Hause fördern. Dazu stellen Sie sich barfuß auf einen labilen Unterbau. Das kann eine zusammengerollte Gymnastikmatte, eine Massagerolle, ein nur leicht aufgeblasener Wasserball, ein Kippbrettchen oder ein Therapiekreisel sein. Das ständige Ausgleichen der Wackelei wird Ihnen auch im Alltag helfen, blitzschnelle Reflexbewegungen auszuführen. Sie vermeiden dadurch Stürze. Auch Schmerzen in den Fußgelenken und Probleme mit den Achillessehnen können sich bessern.

Auf Rasen

Ein gepflegter Rasen auf einem Sportplatz oder in einem Park ist ideal, um die letzten zehn Minuten eines Trainings barfuß auszulaufen. Wenn Sie die Möglichkeit haben, sollten Sie sie unbedingt nutzen, denn nichts trainiert Ihre Fußmuskeln besser. Ihre Fußsohle weist unzählige empfindlichen Rezeptoren auf, die eingezwängt in einen Schuh an Unterbeschäftigung leiden, barfuß aber voll zum Zuge kommen. Sie melden ständig direkt die kleinsten Winkelveränderungen Ihrer Gelenke ans Gehirn. Dieses korrigiert über die zuständigen Muskeln umgehend die Fußstellung und schult die Reaktionsfähigkeit. Von diesem Training der Reflexe profitieren vor allem Knie- und Hüftgelenke. Ein besseres Federungssystem als die Muskeln gibt es nämlich nicht. Sie fangen die Landung nach jedem Schritt so sanft wie möglich ab. Auch ein noch so gut gedämpfter Schuh kann niemals jeden Schritt so ökonomisch und »rund« abfedern. Die passive Dämpfung von Laufschuhen reduziert die Fähigkeiten der aktiven Muskeln und führt zu mehr Unsicherheit und Instabilität. Dem

können Sie mit Barfußlaufen gut entgegenwirken. Also weg mit den zu weichen Schuhen und lieber ins Training der unterbeschäftigten Fußmuskeln investieren.

Am Sandstrand

Leider haben nur die wenigsten von uns einen Sandstrand als Laufgelände vor der Tür. Die meisten müssen dafür auf den Urlaub warten. Wenn Sie dann ans Meer fahren, sollten Sie sich regelmäßig einen Strandlauf gönnen, und zwar barfuß. Joggen im Sand ist sehr anstren-

Anstrengend und zugleich Wellness pur: Laufen am Strand.

gend. Wenn Ihre Muskeln und Sehnen das Barfußlaufen nicht gewohnt sind, sollten Sie die Strecke deshalb zunächst kürzer wählen als gewohnt und sich im Lauf des Urlaubs steigern, wenn Sie möchten. Für Ihre Fußmuskulatur ist es das perfekte Training, und Ihre Seele erfreut sich an der Szenerie der Küste.

Befestigte Sand- und Schotterwege

Vor allem in Parks, in Erholungsgebieten und rund um Seen oder an Flüssen gibt es gepflegte »Komfortwege«, die oft selbst bei Dauerregen nicht matschig werden. Sie sind eben, rutschfest und stoßdämpfend und daher ideal geeignet für Anfänger oder für eine entspannte Abendrunde nach einem stressigen Arbeitstag. Für ambitionierte Läufer sind sie der ideale Untergrund fürs Intervalltraining oder fürs High Intensity Training.

Straßen, Bürgersteige und asphaltierte Wege

Das Auto prägt leider unsere Umgebung, und deshalb gehören asphaltierte Straßen und Wege zu den Laufstrecken, die am häufigsten genutzt werden. Oft sind auch die Feld- und Forstwege asphaltiert. Mit guten Laufschuhen brauchen Sie sich trotzdem keine Sorgen um Ihre Gelenke und Sehnen zu machen. Solange Sie nicht länger als etwa 90 Minuten auf Asphalt laufen, federt die Dämpfung der

Sohlen die Stöße ausreichend ab. Dafür fördert der feste und gleichmäßige Untergrund einen gleichmäßigen Laufrhythmus. Das Risiko des Umknickens oder Stolperns ist auf Asphalt gering. Außerdem hat entgegen allen Unkenrufen bisher keine einzige wissenschaftlich anerkannte Studie nachgewiesen, dass das Laufen auf Asphalt den Gelenken schadet. Das ist Unfug, wird aber wohl als Märchen in Umlauf bleiben (s. S. 77).

Für Wettkampfläufer ist Training auf Asphalt sogar unverzichtbar, denn die meisten Wettkämpfe finden auf Asphalt statt.

Damit das Wasser abfließt, sind alle asphaltierten Straßen etwas gewölbt. Wenn Sie am Rand laufen, kann das ein schiefes Körpergefühl auslösen und eine Körperhälfte stärker belasten. Wechseln Sie dann öfter die Seite.

Gepflasterte Bürgersteige mit Platten aus Stein oder Beton sind dagegen viel härter. Wenn Sie solche Untergründe vermeiden können, freuen sich Ihre Gelenke.

Speziell für Läufer: Tartanbahnen

Eigens für Läufer gibt es vor allem in Ballungsgebieten Tartanbahnen. Dieses spezielle Material soll die positiven Eigenschaften von Natur- und Asphaltböden kombinieren: eine gute Dämpfung und einen gleichmäßigen, effizienten Lauf ohne Verletzungsrisiko. Das gleichförmige Rundenlaufen behagt allerdings den meisten Läufern nicht. Ob es Ihnen liegt, probieren Sie am besten aus.

Die kleine Laufschule oder das Lauf-ABC

Laufen ist naturgegeben, und wir tun es instinktiv richtig. Wenn Sie Wettkämpfe laufen wollen, sollten Sie aber mit gezielten Übungen einzelne Abläufe und deren Koordination verbessern sowie Ihre Muskulatur stärken. Auf diese Weise optimieren Sie Ihre Technik und nähern sich dem Ziel des effizienten Laufens. Bei Anfängern fördern die Übungen vor allem die Körperwahrnehmung. Optimal ist es, wenn Sie die Übungen barfuß auf Rasen machen, am besten vor oder zwischen den Laufeinheiten, damit Sie sich voll darauf konzentrieren können.

Fußgelenksarbeit

Diese Übung trainiert die Sprunggelenke.

■ Aus dem aufrechten Stand mit gestreckten Beinen stellen Sie eine Fußspitze so auf, dass Ihr Sprunggelenk möglichst gestreckt ist.

■ Dann das Bein durchstrecken, bis der Fuß flach auf dem Boden steht.

■ Mit einem sehr kleinen Schritt die andere Fußspitze aufstellen. Die Arme bewegen Sie gegengleich mit.

■ Für Anfänger genügen 10 Meter, Fortgeschrittene machen die doppelte Strecke.

Skippings

Dies ist die Fortsetzung der Fußgelenksarbeit mit mehr Tempo und Höhe. Dadurch wird die Übung intensiver.

■ Üben Sie wie bei der Fußgelenksarbeit, heben Sie jedoch die Knie und Füße deutlich höher. Der Oberkörper bleibt aufrecht.

Kniehebelauf

Dies ist die Steigerung der Skippings.

■ Heben Sie das Knie jeweils, bis der Oberschenkel fast in die Waagerechte kommt. Achten Sie auf einen kraftvollen Abdruck und darauf, dass Sie den Fuß durcharbeiten und die Ferse wirklich bei jedem Schritt absetzen.

Armarbeit

Die Arme sorgen beim Laufen für das notwendige Gleichgewicht und sollten locker neben dem Körper vor- und zurückpendeln, nicht aber angespannt sein und »rudern«. Mit den folgenden drei Teilübungen machen Sie sich das bewusst.

■ Lassen Sie die Arme lang herunterhängen und laufen Sie so 20 Meter. ▶ 1

■ Beugen Sie die Arme im Ellbogen und laufen Sie 20 Meter mit dieser Armhaltung. ▶ 2

■ Laufen Sie noch einmal 20 Meter. Bewegen Sie dabei die Arme natürlich und locker mit.

Ausfallsprünge

■ Aus dem aufrechten Stand springen Sie mit dem rechten Fuß in den Ausfallschritt.
■ Vom rechten springen Sie direkt mit dem linken Fuß vor in den Ausfallschritt.
■ Wechseln Sie immer vom einen Bein aufs andere über eine Strecke von 15 bis 20 Metern.

Sieben Regeln für glückliches Laufen

■ **Je länger, umso besser:** Für Ihre Gesundheit und zum Abbauen von Stress sind längere, ruhige Läufe wirkungsvoller als kurze und intensive.

■ **Ruhig und entspannt:** Die generelle Devise »Laufen, ohne zu schnaufen« und das Prinzip der hängenden Unterlippe sollten bei Läufern jeder Couleur im Fokus stehen. Auch ambitionierte Sportler sollten sich für zwei Drittel ihrer Laufstrecken an diese Regeln halten.

■ **Mit gleichmäßiger Atmung und Herzfrequenz:** Selbst wenn Sie das Gelände zusätzlich herausfordert, versuchen Sie trotzdem, Atmung und indirekt die Herzfrequenz relativ stabil zu halten.

■ **Auf der Lieblingsstrecke:** Suchen Sie sich eine schöne Strecke im Grünen aus, die Ihnen gut gefällt.

■ **Am besten allein:** Wenn Sie ohne Begleitung laufen, können Sie am besten auf Ihren Körper achten und Ihr eigenes Tempo laufen, weil Sie sich niemandem anpassen müssen.

■ **Gut vorbereitet:** Wenn Sie einen Wettkampf laufen wollen, ist Vorbereitung das A und O und das beste Mittel gegen Frust.

■ **Nicht übertreiben:** Gönnen Sie Ihrem Körper so viel Zeit zur Regeneration, wie er braucht. Sonst überlasten Sie sich und riskieren gesundheitliche Probleme. Schneller werden Sie damit auch nicht.

VERSCHIEDENE WEGE ZUM ZIEL: DIE TRAININGS-METHODEN

Ulrike Schöber: Ich bin damals nach dem simplen Prinzip »eine Minute gehen, eine Minute joggen« losgelaufen. Das hat geklappt, aber doch sehr lange gedauert, bis ich mal zehn Minuten durchlaufen konnte. Hätte ich mich besser früher zu längeren Laufphasen zwingen sollen, obwohl ich sie so quälend fand?

Ingo Froböse: Nein, ich finde, das war der richtige Weg. Viele wollen zu Beginn zu viel auf einmal. Der Start ins Läuferleben sollte langfristig angelegt sein, und das heißt: langsame Fortschritte und keine Überforderung! Sie ist das Schlimmste, was dem Körper passieren kann. Und die Lust vergeht dann auch schnell. Das Laufen darf nicht zu anstrengend werden, denn dann halten wir es nicht lange durch. Ein langsamer Einstieg ist daher genau richtig.

Ulrike Schöber: Heute laufe ich dreimal pro Woche um die 40 Minuten, manchmal länger. Aber ich bin nach wie vor ziemlich langsam. Ich würde das Tempo gerne etwas steigern, allerdings möglichst ohne mehr Zeit zu investieren. Soll ich einfach insgesamt mehr Gas geben?

Ingo Froböse: Das ist bestimmt nicht der richtige Weg, denn immer mehr Gas zu geben führt schnell ins Leere. Und für die Arbeit danach darf man schließlich nicht völlig ausgepumpt sein. Den Großteil des Trainings sollte man immer im Wohlfühlmodus laufen. Das Tempo wird mit der Zeit von ganz alleine etwas schneller. Wenn man mehr erreichen will, sollte man ab und zu kurze Temposteigerungen einlegen. Flottere Intervalle zwischen einer und zwei Minuten holen den Organismus schnell und ohne großen Aufwand aus seiner Trainingslethargie und führen ziemlich rasch zu Leistungsverbesserungen. Und danach ist man wunderbar vorbereitet für den Alltag, denn man ist nicht ausgepowert.

Die Königsdisziplin für alle: die Dauermethode

Als Einsteiger sind Sie noch nicht so weit und peilen nur an, was für Fitnesssportler Routine ist: den Dauerlauf. Wenn Sie in konstantem Tempo mindestens 20 Minuten, normalerweise aber länger Ihre Strecke laufen, trainieren Sie nach der Dauermethode. So nennt die Sportwissenschaft den Dauerlauf. Mit dem stetigen Tempo über eine längere Strecke setzen Sie einen dauerhaften Trainingsreiz und stärken Ihre so wichtige aerobe Leistungsfähigkeit. Das bedeutet, Sie mobilisieren Ihre Fettreserven als Energielieferanten länger (s. S. 32 f.). Genau das wollen Sie als Gesundheitssportler erreichen, denn dann arbeiten Ihr Fettstoffwechsel und Ihr Herz-Kreislauf-System effizienter, und Sie profitieren von den zahlreichen Benefits des Laufens (s. ab S. 27).

»lahm«. Aber es ist sehr wichtig, denn Sie können einen langen Lauf wie einen Marathon nur dann in einer guten Zeit schaffen, wenn Ihr Organismus effektiv auf seine Fettspeicher zurückgreift. Die Kohlenhydratspeicher reichen dafür einfach nicht aus. Außerdem ist es gut, diese zunächst zu schonen, damit Sie am Ziel eventuell noch mal Gas geben können. Werden Ihnen lange Strecken in gleichmäßigem Tempo langweilig, dann sorgen Sie für Abwechslung durch immer neue Strecken und anderes Gelände (s. ab S. 94) oder wechselnde Begleiter. Sie können auch unterwegs Übungen einbauen wie Seitwärtslaufen oder Hopserlauf. Auch das Laufen mit Musik (s. S. 131) oder mit Hund (s. S. 145 f.) helfen gut gegen Monotonie auf bekannten Strecken.

Die wichtigste Trainingsmethode für alle

Auch für Ambitionierte, die sich gerne beim Laufen herausfordern oder für Wettkämpfe trainieren, ist die Dauermethode fester Bestandteil des Trainings und sollte mindestens drei Viertel aller Läufe ausmachen. Mancher ehrgeizige Wettkämpfer findet das zunächst

Vorsicht, Langeweile!

Wer sich langweilt, ist unkonzentriert, und das kann im Alltag sowie bei jeder Sportart zu Verletzungen führen. Beim Laufen sind das die Momente, in denen man umknickt oder stolpert. Aber Langeweile ist auch ein Motivationskiller – und damit ein Türöffner für den inneren Schweinehund, der Ihnen Ihr Läuferglück verleiden will.

Schnelle Leistungssteigerung: die Intervallmethode

Beim Intervalltraining wechseln Belastungs- und Erholungsphasen: bei Einsteigern Gehen und Laufen, bei Fortgeschrittenen moderates und schnelleres Laufen. Der Rhythmus richtet sich nach dem individuellen Leistungsstand. Für Anfänger ist die Intervallmethode die erste Wahl auf dem Weg zum Dauerlauf, Fitness-sportlern bietet sie Abwechslung und Wettkampfläufern Leistungssteigerungen. Sie ist also für jedes Level geeignet.

Bei Fortgeschrittenen dient das Intervalltraining der Steigerung der anaeroben Kapazität,

Beim Intervalltraining wechseln sich Phasen der Erholung mit Belastungsphasen ab.

also der Fähigkeit der Zellen und des ganzen Organismus, auch bei Sauerstoffmangel Energie zu produzieren und Leistung zu erbringen. Damit die Methode optimal wirkt, müssen die Erholungsphasen richtig bemessen sein. Sie sollten bei Fitness- und Wettkampfläufern nur so lang sein, dass sich der Körper nicht komplett erholen kann. Ist die Herzfrequenz um die Hälfte gesunken, steht bereits die nächste Belastungsperiode an.

Etwas anderes gilt für Einsteiger. Sie sollten eine längere Pause mit vollständiger Erholung einlegen, weil das Ziel wie bei der Dauermethode die Ankurbelung des Fettstoffwechsels ist und das langsame Heranführen an längere Laufdistanzen.

Das Fahrtspiel

Eine Sonderform des Intervalltrainings ist das Fahrtspiel. Die Belastung ergibt sich dabei aus dem Gelände: bergauf langsamer, bergab schneller. Die Phasen sind daher ganz unterschiedlich lang. Den spielerischen Aspekt finden viele Läufer besonders motivierend. In flachem Gelände können Sie stattdessen verschieden lange schnell und langsam laufen.

High Intensity Training: die anstrengende Alternative!

Die Abkürzung HIT steht für High Intensity Training und wird im Internet sowie in Zeitschriften gern als die neue Trainingsmethode präsentiert, mit der man schneller zum Ziel kommt. Tatsächlich ist die hochintensive Methode aber nichts Neues, sondern im Grunde eine Sonderform des auf der linken Seite erklärten Intervalltrainings – jedoch mit zwei wesentlichen Unterschieden bei Tempo und Dauer: Die schnelleren Phasen bestehen bei HIT immer aus Sprints, bei denen Sie wirklich alles geben! Da das bei kurzen Abständen sehr anstrengend ist, sind die Trainingseinheiten mit 30 bis 35 Minuten vergleichsweise kurz. Die Muskulatur muss stärker arbeiten und der Stoffwechsel laufend zwischen Fettverbrennung und Verwertung von Kohlenhydraten hin- und herswitchen. Ihr Herz-Kreislauf-System lernt dadurch, sich schnell auf neue Bedingungen einzustellen.

HIT eignet sich für Fortgeschrittene, die sich herausfordern oder sich für einen Wettkampf steigern wollen. Allerdings sollte es immer maßvoll eingesetzt werden und nicht mehr als ein Fünftel des Trainings ausmachen.

Sie können HIT auch gut nutzen, etwa wenn Sie auf Reisen Ihren Trainingsstand halten wollen, ohne zu viel Zeit zu investieren.

Keinesfalls aber dürfen Sie HIT als alleinige Trainingsmethode einsetzen! Das würde Ihren Körper stark überlasten und eine sogenannte zentrale Ermüdung (s. S. 157) auslösen. Dabei bricht Ihre Motivation komplett zusammen, und Sie laufen dann gar nicht mehr. Statt besserer könnten Sie dann überhaupt keine Leistung mehr bringen, und das wollen Sie doch bestimmt nicht!

Eine Sonderform des Intervalltrainings: HIT, bei dem die schnelleren Phasen aus Sprints bestehen.

Welche Trainingsform passt zu Ihnen?

Sie haben es schon bei der Vorstellung der Trainingsmethoden gemerkt: Es gibt entscheidende Unterschiede, und nicht jede Methode passt zu jedem. Aktueller Fitnessstand, Gewicht und Alter sind die Eckpunkte, nach denen sich Ihre Trainingsinhalte und Ihr Zeitaufwand richten. Aber auch Ihr Ziel ist wichtig, denn das ist die Basis Ihrer Motivation. Wer Naturerlebnis und Gesundheitsförderung anstrebt, muss anders trainieren als jemand, der abnehmen möchte, oder einer, der Wettkämpfe oder gute Zeiten anstrebt.

Für Anfänger und Wiedereinsteiger

Haben Sie sich in den letzten Jahren wenig bewegt und auch keine andere Sportart betrieben? Dann machen Sie bei Ihrem Arzt einen sportmedizinischen Gesundheitscheck. Der gibt Ihnen die Sicherheit, dass alles in Ordnung ist und Sie sich nach Herzenslust bewegen dürfen. Ein Zusatznutzen: Sie wissen Ihre korrekte maximale Herzfrequenz und können auf das Rechnen verzichten (s. S. 65).

Damit Sie sich und Ihren Körper langsam an die neue Aufgabe gewöhnen können, kaufen Sie sich ein Paar gute Laufschuhe, ziehen Sie elastische und möglichst atmungsaktive Kleidung an und starten Sie mit dem Trottingprogramm wie ab Seite 126 dargestellt. Dieses ist eine ganz sanfte Form des Intervalltrainings, die realistisch von Ihrem bisherigen »Sitzleben« ausgeht und Ihnen ein angenehmes Naturerlebnis bietet. Mit diesem regelmäßigen Training fällt es Ihnen leicht, die Motivation aufrechtzuerhalten und den inneren Schweinehund zu besiegen. So wird die neue Bewegung zu einem schönen Freizeitvergnügen, und Sie schaffen eine gute Grundlage für das Laufen. Das Programm ist variabel angelegt, sodass Sie seine Phasen langsamer oder schneller durchlaufen können, wenn es nicht so gut oder deutlich besser klappt als erwartet.

Wenn Sie mit dem Trotting die Basis gelegt haben, nehmen Sie das Gesundheitsjoggen in Angriff und befinden sich damit auf dem direkten Weg zum Dauerlauf. Das Programm auf Seite 131 führt Sie wieder in Intervallen an Ihr Ziel, nämlich 45 Minuten ausdauerndes Laufen in gemäßigtem Tempo.

Erst wenn Sie sich richtig fit und deutlich unterfordert fühlen, sollten Sie zunächst Ihre Strecke verlängern und gelegentlich Geländesowie moderate Tempowechsel einstreuen. Wenn Sie ab und zu ein intensiveres Intervall einbauen, kann Ihr Organismus bei der Energiegewinnung langfristig schneller und besser zwischen der Verwertung von Kohlenhydraten und Fett hin- und herschalten.

Eine Pulsuhr ist zwar kein Muss, aber gerade Einsteigern gibt sie Sicherheit, weil sie die Belastung genau anzeigt und die Trainingsfortschritte objektiv spiegelt, die sonst nur am eigenen Leib zu spüren sind.

Ob Sie mit oder ohne Pulsuhr trainieren, beachten Sie immer die wichtigste Regel: Laufen, ohne zu schnaufen! Denn nur, wenn Sie noch flüssig sprechen können, erhalten Ihre Muskeln genügend Sauerstoff und können damit Fett verbrennen. So sorgen Sie dafür, dass Sie eine längere Strecke ohne Leistungsabfall zurücklegen können.

Laufen als Ausgleich und Ergänzung zu anderen Sportarten

Wenn Sie schon eine andere Sportart ausüben, haben Sie vermutlich eine gute Grundfitness. Das Programm fürs Gesundheitsjoggen (s. S. 131) ist dann das Richtige für Sie. Nach wenigen Wochen können Sie 45 Minuten am Stück laufen. Dann schauen Sie, ob Ihnen weiterhin nach Fitnessläufen ist oder vielleicht nach mehr. Falls Sie der Ehrgeiz packt, fordern Sie sich nicht zu früh heraus, sondern bleiben Sie mindestens noch drei Monate beim »normalen« Dauerlauf. Dann sind Ihre Gelenke und Sehnen wirklich gut an die Belastung angepasst, bevor Sie diese noch steigern.

Für Gesundheits- und Fitnesssportler

Wenn Sie schon länger laufen, mögen Sie das Laufen mittlerweile, und vermutlich fordert Ihr Körper es ein, wenn Sie eine Weile pausieren. Sie wollen dann einfach raus, weil Sie sich dabei und danach besser fühlen, weil Sie den Stress hinter sich lassen können und sich nach dem Lauf darüber freuen, dass Sie sich bewegt haben. Das Ziel des Gesundheitssportlers ist das persönliche Wohlbefinden während und nach der Belastung. Das ist gut so, denn damit haben Sie eine dauerhafte Motivation, um lebenslang weiterzulaufen, und legen eine solide Basis für Ihre Gesundheit.

Verlassen Sie sich ruhig auf Ihr Bauchgefühl und gehen Sie weiterhin zwei- bis viermal pro Woche für mindestens 30 Minuten joggen. Natürlich darf es auch gerne länger sein. Wenn Sie nur langsam genug – wirklich langsam! – laufen, ist es für Sie auch kein Problem, eine lange Strecke von zehn Kilometern zurückzulegen. Probieren Sie es einmal aus! Irgendwann werden Sie sicher am Ende Ihrer Trainingszeit das Gefühl haben, Sie könnten noch eine Stunde so weiterlaufen. Das könnten Sie tatsächlich, denn Ihr Organismus hat sich an diese Belastung angepasst. Er freut sich jetzt über Veränderungen und neue Reize. Beides können Sie ihm leicht bieten:

- Laufen Sie in hügeligerem Gelände.
- Joggen Sie eine deutlich längere Strecke.
- Laufen Sie eine gewohnte Strecke in etwas schnellerem Tempo.

Laufen Sie als Fitnesssportler gewohnte Strecken auch mal in etwas schnellerem Tempo.

■ Laufen Sie in Intervallen etwas schneller.

■ Sprinten Sie zwischendurch.

Es genügt, einen Lauf pro Woche zu modifizieren. Gehen Sie die Veränderungen spielerisch an und schauen Sie, ob es Ihnen Spaß macht. Wenn nicht, lassen Sie es sein und laufen Sie weiter wie bisher. Wenn ja, erfinden Sie weitere Variationen und genießen Sie Ihre Läufe.

Das ist schnelles Laufen

Es kommt nicht darauf an, wie schnell Sie laufen, sondern dass Sie es überhaupt tun, und zwar möglichst regelmäßig. Aber das Thema Geschwindigkeit interessiert Sie vermutlich trotzdem. Als Anhaltspunkte für die Bewertung des Tempos gelten folgende Werte, wobei die Zeit pro Kilometer im Training bei einer Laufdauer von 60 Minuten angegeben ist. Die Gesamtdauer zählt, denn natürlich kann man zwischendurch mal einen Kilometer schneller laufen.

■ bis 3:30 min/km: Spitzensportler

■ bis 4:30 min/km: Leistungssportler

■ bis 6:00 min/km: ambitionierte Läufer

■ > 6:00 min/km: Gesundheits- und Fitnesssportler

Machen Sie sich nichts draus, wenn Sie wie viele Gesundheitsläufer zur langsamsten Gruppe zählen! Beim Joggen ist zunächst die Strecke an sich das Ziel. Das heißt, es kann fürs Erste gar nicht langsam genug sein, denn dann ist es gesund und wohltuend. Das gilt im Grundsatz auch für alle ehrgeizigen Läufer.

Für ambitionierte Läufer mit Leistungswunsch

Zählt für Sie, wie schnell Sie laufen? Möchten Sie sich mit anderen in Wettkämpfen messen? Haben Sie mit Pulsuhr, Wearable oder App immer Ihre Zeiten im Blick? Dann sind Sie beim Laufen nach einem Trainingsplan und beim Intervalltraining im Programm »Joggen für Könner« richtig.

Ab und zu darf es eine HIT-Einheit sein, aber nicht für mehr als 20 Prozent Ihrer Trainingsläufe. Die Basis bildet mit 80 Prozent auch bei einem hohen Leistungsanspruch das Laufen nach der Dauermethode in gemäßigtem Tempo. Die Langläufer nennen das »Kilometerfressen«, denn lange Läufe in moderatem Tempo schulen genau die Fähigkeiten, die sie für einen Wettkampf benötigen:

■ Die Muskulatur wird immer toleranter gegen Ermüdung.

■ Das Herz-Kreislauf-System arbeitet zunehmend ökonomischer.

■ Der Sauerstoffgehalt des Bluts steigt.

All dies gilt besonders für Läufer am Beginn der Wettkampfkarriere. Wir heben das so hervor, weil unerfahrene Wettkämpfer besonders ehrgeizig sind und am liebsten schon während des Trainings immer deutlich schneller laufen würden. Das brächte sie jedoch nicht weiter, sondern würde bald zur Überlastung und zum Übertraining führen.

Am besten setzen Sie sich zunächst Nahziele und steigern die Intensität nicht zu schnell.

Wenn Sie zuerst die Laufstrecke verlängern und im zweiten Schritt die Intensität erhöhen, also das Tempo, vermeiden Sie vorzeitige Leistungseinbußen und Enttäuschungen. Probieren Sie auch das Aquajoggen. Es steigert Ihre Leistung auf sanfte Weise (s. S. 116 f.).

Viel bringt nicht viel: Vermeiden Sie Übertraining

Ehrgeizige Sportler, die sich an anderen messen, trainieren viel, um besser zu werden. Sie vergessen dabei, dass der Körper dringend Pausen braucht. In diesen Auszeiten baut er sich um und passt sich an die steigende Belastung an. Bekommt er diese Pausen nicht, passiert statt der Leistungssteigerung das Gegenteil: Die Leistung fällt ab, und zwar deutlich.

Sichere Anzeichen für Übertraining sind:

■ keine Lust aufs Laufen oder überhaupt auf Bewegung,

■ Muskelkater über mehrere Tage,

■ Gewichtszunahme trotz viel Bewegung bei unverändertem Essverhalten,

■ Reizbarkeit und Nervosität,

■ andauernde starke Müdigkeit,

■ Gelenkschmerzen,

■ häufige Erkältungen oder Verletzungen.

Wenn Sie unter einem oder mehreren dieser Symptome leiden, schrauben Sie Ihr Trainingspensum deutlich herunter. Ignorieren Sie das nicht, sonst geht irgendwann gar nichts mehr, und Sie müssen zwei bis drei Monate komplett pausieren!

Abnehmwillige

Wollen Sie laufen, um abzunehmen? Das ist für viele eine gute Idee, allerdings gilt es dabei einiges zu beachten. Zunächst sollten Sie natürlich feststellen, ob Sie übergewichtig sind, und, falls ja, in welchem Ausmaß. Dazu dient der Body-Mass-Index (BMI; englisch für Körpermasse-Index), der das Verhältnis von Körperhöhe und -gewicht ausdrückt.

Den Body-Mass-Index berechnen und bewerten

Ausgehend von Ihrer Größe – angegeben in Metern! – und Ihrem Gewicht in Kilogramm können Sie Ihren BMI mit der folgenden Formel genau errechnen:

$$\frac{\text{Körpergewicht in kg}}{(\text{Körpergröße in m})^2}$$

Sie multiplizieren also die Körpergröße mit sich selbst. Ihr Gewicht dividieren Sie durch das Ergebnis: Sind Sie 1,75 Meter groß und wiegen 90 Kilogramm, rechnen Sie 90 geteilt durch 1,75 im Quadrat. Ihr BMI beträgt dann 29,4.

Die Weltgesundheitsorganisation kategorisiert das Gewicht anhand des BMI so:

17,0–18,5	leichtes Untergewicht
18,5–25,0	Normalgewicht
25,0–30,0	Übergewicht
30,0–35,0	Adipositas Grad I
35,0–40,0	Adipositas Grad II
> 40,0	Adipositas Grad III

Nur langsam haben Sie Erfolg

Die Fettpolster bauen Sie nur ab, wenn Sie sich mäßig (!) belasten. Ihre Zellen müssen während der Bewegung immer genügend Sauerstoff bekommen, sonst ist ihnen der Zugriff auf die gespeicherten Fette versperrt. Sie müssen also im aeroben Bereich trainieren.

Ein sicheres Zeichen für die richtige Belastung ist, dass Sie dabei gut sprechen können. Ihr Puls sollte bei 40 bis 60 Prozent der maximalen Herzfrequenz liegen (s. S. 66). Das erreichen Sie mit dem Trotting-Programm, dem »kleinen Laufen« für Einsteiger, und später mit dem Gesundheitsjoggen (s. S. 126 und 133). Allerdings eignet sich das Trotten nur bei Übergewicht bis zu einem BMI von 40.

Bei höherem BMI würde das Laufen die Bänder und Gelenke überlasten, die bei jedem Schritt das Dreifache der Körpermasse abfedern müssen. In diesem Fall beginnen Sie mit Gehen und wechseln zwischen langsamem und schnellerem Tempo. Versuchen Sie, täglich eine Gesamtzeit von 30 Minuten zu erreichen. Wenn Sie das aus Zeitgründen mal nicht hinkriegen oder es Sie anfangs doch zu sehr belastet, gehen Sie dreimal über den Tag verteilt je 10 Minuten am Stück. Klappt das gut, verlängern Sie Ihre Strecke erst auf 45, später auf 60 Minuten. Danach sind Sie bereit für das Trotting-Programm, und es wird Ihnen jetzt vermutlich ziemlich leichtfallen. Eine wunderbare Alternative zu Gehen, Trotten und Joggen – gerade bei starkem Übergewicht – ist das Aquajogging (s. S. 116 f.).

So hilft Laufen beim Abnehmen

Beim Joggen lassen Sie bis zu 80 Prozent Ihrer Muskeln arbeiten und verbrauchen dadurch im Vergleich zu den meisten anderen Sportarten mehr Kalorien. Jeder Ihrer Muskeln benötigt für seine Bewegung Energie, die der Körper bei Kalorienüberschuss in den Fettzellen an Bauch, Hüften und Oberschenkeln sowie unter der Haut gespeichert hat. Bei Übergewicht sind ebendiese Speicher zu voll und stellen das Problem dar.

Trotzdem liegt der Hauptnutzen des Laufens, anders als oft behauptet, nicht in der Fettverbrennung beim Training, sondern darin, dass die Ankurbelung des Stoffwechsels den Grundumsatz steigert, also den Energieverbrauch des Körpers in Ruhe. Auch im Privat- und Berufsleben bedeutet das einen vermehrten Abbau von Körperfett – genau das Erwünschte! Dieser Effekt ist der eigentliche Zugewinn für die Gesundheit und Ihr Patentrezept im Kampf gegen das Übergewicht! Das Ziel ist, dem Körper die Fettverbrennung überhaupt erst wieder beizubringen. Das ist ein Lernprozess für den Organismus, der leider nur langsam voranschreitet!

Keine Panik, wenn Sie erst zunehmen

Für viele Abnehmwillige beginnt das bewegungsreichere Leben mit einem Schock: Statt weniger zeigt die Waage noch mehr Kilos an! Wenn Sie nicht mehr Kalorien als vorher zu sich genommen haben, ist das aber kein Grund zur Sorge! Muskelzellen sind etwa 13 Prozent schwerer als Fettzellen, und gerade wer bei null anfängt, nimmt in den ersten Wochen rasant an Muskelmasse zu. Die schlägt sich zwar in der Anzeige der Waage mit einem höheren Gewicht nieder, aber Ihre Hosen werden davon nicht enger – die passen noch oder sind schon weiter geworden. Und Sie sehen insgesamt straffer aus.

Statt auf die Waage zu steigen, sollten Sie sich also in den ersten Wochen lieber an Ihrer Kleidung orientieren. So ersparen Sie sich manche Frustration. Bald können Sie den Gürtel ein Loch enger schnallen, aber erst wenn sich nach einigen Wochen Ihr Stoffwechsel durch das Laufen verbessert und auf einem höheren Niveau eingependelt hat, können Sie den Effekt auch auf der Waage ablesen. Bis dahin brauchen Sie Geduld. Schneller nehmen Sie ab, wenn Sie Ihre Ernährung zumindest ein wenig umstellen und neben der Ausdauer auch Ihre Muskelkraft trainieren (s. nächste Seite).

LAUFEN ALLEIN GENÜGT NICHT: SO KLAPPT DAS ABNEHMEN

Wenn Sie mehr als zwei oder drei Kilo abnehmen möchten, brauchen Sie eine Strategie, die aus drei Bausteinen besteht:

- Ernährungsumstellung,
- Muskeltraining,
- Ausdauertraining (Laufen).

Das klingt schwierig und nach richtig viel Arbeit, aber so schlimm ist es gar nicht. Genau wie beim Gehen, Trotten oder Laufen verändern Sie Ihre Ernährungsgewohnheiten nach und nach. Auch beim Muskeltraining reichen anfangs zehn Minuten aus.

ZEHN REGELN FÜR DAUERHAFTEN ERFOLG

1. Decken Sie Ihren Mindestenergiebedarf

Essen Sie mindestens so viel, dass der Grundumsatz Ihres Körpers gedeckt ist, der für die lebenserhaltenden Funktionen unverzichtbar ist. Sie errechnen ihn, indem Sie von Ihrer Körpergröße in Zentimetern 100 abziehen und den Rest mit 24 multiplizieren. Männer müssen das Ergebnis noch mit 1,1 multiplizieren, weil sie mehr Muskelmasse haben, die mehr Fett verbrennt.

2. Essen Sie weniger, als Sie verbrauchen

Addieren Sie zu Ihrem Grundumsatz 200 Kalorien. So viel verbrauchen Sie mit Alltagsaktivitäten. Wenn Sie sich zusätzlich jeden Tag mindestens eine halbe Stunde bewegen, addieren Sie weitere 100 Kalorien. Das Ergebnis ist die Menge Kalorien, bei der Sie sicher abnehmen werden.

3. Tauschen Sie aus

Wenn Sie »gehaltvolle« Lebensmittel wie Pommes oder Kuchen zumindest teilweise durch Obst, Gemüse und Salate ersetzen, bleiben Sie länger satt und nehmen mehr gesunde Vitalstoffe zu sich.

4. Essen Sie im Biorhythmus

Sie sollten morgens kohlenhydratreich, mittags bunt gemischt (auch Süßes) und abends eiweißreich essen. Das hilft Ihrem Stoffwechsel.

5. Verzichten Sie auf Zwischenmahlzeiten

Dann muss Ihr Körper nicht ständig verdauen, und Sie können die Energie besser für Alltag, Beruf, Familie und Sport nutzen.

6. Trinken Sie viel Wasser

Täglich mindestens 30 Milliliter Wasser pro Kilogramm Körpergewicht sorgen dafür, dass Ihr Blut flüssig bleibt und Ihre Zellen gut mit Sauerstoff und Nährstoffen versorgen kann. Schon dadurch fühlen Sie sich fitter.

7. Stärken Sie Ihre Muskeln

Ziehen Sie dafür die ab Seite 177 beschriebenen Kräftigungsübungen heran. So haben Sie nicht nur den passenden Ausgleich zum Gehen, Trotten oder Laufen, sondern stärken auch Ihren Stoffwechsel nachhaltig. Denn die Muskulatur ist und bleibt Ihr größtes Stoffwechselorgan.

8. Laufen Sie, aber nicht zu schnell

Ausdauertraining erhöht die Zahl der Mitochondrien, der Mini-Brennöfen in Ihren Zellen, und kurbelt dadurch Ihren Stoffwechsel an. Dieser arbeitet dann nicht nur beim Training, sondern auch in Ruhe viel effektiver. Das funktioniert jedoch nur, solange die Zellen genug Sauerstoff haben, also bei aerober Belastung. Wenn Sie japsen oder keuchen, ist das nicht der Fall.

9. Entspannen Sie sich und schlafen Sie ausreichend

Zu viel Stress und zu wenig Schlaf – mit einer derart unausgewogenen Lebensweise bringen Sie Ihren Hormonhaushalt und die Stoffwechselprozesse durcheinander. Dann funktioniert das Abnehmen nicht.

10. Wichtig: Geben Sie sich Zeit

Lösen Sie sich unbedingt von dem Gedanken, in kurzer Zeit sehr viel Gewicht verlieren zu können. Das funktioniert niemals dauerhaft und endet unweigerlich im Jo-Jo-Effekt. Zwei Kilo pro Monat sind gesund.

Aquajogging: Laufen im Wasser

Aquajoggen ist eine tolle Alternative zum Laufen und eine Abwechslung für alle Läufertypen: für Genuss- und für Gesundheitsläufer, denen es im Sommer zu heiß, bei Regen zu unangenehm und im Winter zu kalt oder glatt ist, für Wettkampfläufer zur Leistungssteigerung, für Übergewichtige und für Menschen mit Gelenkproblemen als gelenkschonende Ausdauersportart. Aber Vorsicht bei Herzbeschwerden oder hohem Blutdruck! Bei diesen Beschwerden sollten Sie zuerst mit Ihrem Arzt sprechen, denn der Wasserdruck verstärkt den venösen Rückstrom zum Herzen und senkt so den Puls.

Aquajoggen hat viele Vorteile:

■ Die Knochen, Gelenke sowie der Halte- und Bewegungsapparat werden entlastet.

Aquajogging entlastet den Halte- und Bewegungsapparat.

■ Im Wasser werden die Muskeln nicht durch äußere Kräfte gedehnt, wie es beispielsweise in der Landephase beim Laufen ganz natürlich passiert. Daher entstehen keine Mikroverletzungen, die zu Muskelkater führen.

■ Das Herz-Kreislauf-System kann intensiv trainiert werden.

■ Rücken und Arme werden stärker trainiert.

Man läuft nicht etwa auf dem Grund des Schwimmbeckens, sondern »frei schwebend«. Ein spezieller Gürtel oder eine Weste gibt Ihnen so viel Auftrieb, dass Sie ohne Bodenkontakt aufrecht im Wasser ähnlich wie an Land laufen können – natürlich ohne dabei vorwärtszukommen. Da Sie sich nicht mit den Füßen abstoßen können, ähnelt die Bewegung einer Mischung aus Laufen und Radfahren mit leichter Vorneigung des Oberkörpers Arme und Beine bewegen sich wie sonst gegengleich, was aber vielen Menschen gar nicht leichtfällt, weil Arme und Beine gegen den Wasserwiderstand bewegt werden müssen.

Auf das Training im Wasser können Sie, egal zu welcher Gruppe von Läufern Sie gehören, Ihr jeweiliges Landprogramm übertragen. Da Ihnen das Wasser nur dann Widerstand bietet, wenn Sie sich bewegen, und dieser mit Ihrem Tempo steigt, können Sie Ihre Belastung gut regulieren. Eine wasserdichte Pulsuhr ist dabei eine große Hilfe, denn man bemerkt seinen Leistungsabfall im Wasser viel später als an Land. Fürs Abnehmen und Gesundheitsjoggen gilt auch im nassen Element der Leitsatz »Laufen, ohne zu schnaufen«.

Wichtig: Wegen des Auftriebs im Wasser ist beim Aquajoggen der Maximalpuls um 5 bis 20 Schläge niedriger als sonst. Das ist individuell verschieden, weshalb Sie am besten Ihren Ruhepuls an Land mit dem im Wasser vergleichen, und zwar in Ihrer Aquajoggingposition. Die Differenz der beiden Werte ziehen Sie von Ihrem üblichen Belastungspuls an Land ab, um jenen fürs Wasser zu bekommen.

Aquajoggen kann sehr anstrengend sein, doch ohne die richtige Technik können Sie nicht die gewünschte Intensität erreichen. Daher verpufft der Großteil der gesundheits- und leistungsfördernden Wirkung. Deshalb sollten Sie sich unbedingt zu Beginn des Trainings richtig beraten und instruieren lassen. Wenn Sie das Aquajogging beherrschen, sorgt eine Vielzahl von Varianten für Abwechslung. Probieren Sie den Kniehebelauf, den gleitenden Lauf, Wasserboxen, Klatschen … und haben Sie Spaß an diesen neuen Bewegungen.

Kinder: Ohne Spaß geht gar nichts

Rennen, hüpfen, laufen, springen – Bewegung liegt Kindern im Blut (s. S. 19 f.). Wenn Sie als Eltern das vielseitig fördern – allerdings ohne zu fordern –, tun Sie Ihrem Kind langfristig etwas sehr Gutes. Eine abwechslungsreiche und altersgerechte motorische Ausbildung legt den Grundstein dafür, dass Ihr Kind auch später gerne Sport treibt. Gleichzeitig legt sie den Grundstein für eine gesunde Lebensweise im Sinne der Work-Life-Balance. Wer früh die Freude an der Bewegung erlebt, kann später durch Sport den stressigen Anforderungen des Erwachsenenlebens einen gesunden, entspannenden Ausgleich entgegensetzen.

Im Vordergrund muss immer der Spaß stehen, sonst verlieren Kinder ganz schnell die Motivation. Das gilt für alle sportlichen Betätigungen, nicht nur fürs Laufen. Joggen über mehrere Kilometer ist für Kinder unter 15 schon aus physiologischen Gründen ungeeignet. Die Knochen müssen erst fest werden, die Temperaturregelung des Organismus durch Schwitzen muss sich ebenso entwickeln wie die Fähigkeit, mithilfe von Sauerstoff die Energiespeicher anzuzapfen. Trotzdem spricht nichts gegen ein altersgerechtes Training. Damit können Kinder ihren Schulstress abbauen, Übergewicht vorbeugen, spätere »echte« Dauerläufe vorbereiten und vor allem – Spaß haben!

Kleine Kinder von fünf bis acht Jahren: Laufspiele sind Trumpf

Gut geschulte Trainer wechseln bei den Kleinen oft die Geschwindigkeit, sodass anstrengendere Laufphasen immer von Geh- oder kurzen Stehpausen unterbrochen werden. Das entspricht dem natürlichen Laufen in diesem Alter und hat nicht nur zum Ziel, mehr Muskelgruppen und unterschiedliche Anteile der Muskeln zu aktivieren, sondern auch der Langeweile vorzubeugen. Die Möglichkeiten reichen von Spielen mit Seilen, Bällen oder Reifen über Nachmach-Übungen, bei denen der Trainer vorwegläuft, -hüpft oder -geht, bis zur Einbindung von Musikuntermalung und

117

Spielthemen wie z. B. »auf Safari«: Laufe wie ein Tiger, eine Giraffe …

Bei der Arbeit mit Kindern gilt die Devise »lieber häufig kürzere Bewegungs- und Laufangebote als lange Einheiten ohne Pausen«. Zusätzlich zu einem bewegungsreichen Alltag können wöchentlich 20 bis 30 Laufminuten zusammenkommen. Die längste Strecke am Stück sollte maximal anderthalb Kilometer sein. Die Kinder haben ein sehr gutes Gespür dafür, wann ihnen die sportliche Belastung zu viel ist. Das sollten Sie immer respektieren, denn Sie müssen beachten, dass die Entwicklung bei einem Fünfjährigen noch längst nicht so weit ist wie bei einem Achtjährigen. Die Unterschiede sind bei dieser Altersgruppe erheblich!

Auf Wettkämpfe verzichten: Entgegen allen sportwissenschaftlichen Erkenntnissen werden für die Kleinen bereits Wettkämpfe mit Drei-, Vier- und Fünfkilometerdistanzen angeboten. Das Beste ist, darauf zu verzichten und mit dem Trainer zu besprechen, dass er die Kinder gar nicht erst darauf hinweisen soll. Wenn Ihr Kind aber unbedingt mitlaufen will, weil auch die Freunde dabei sind, machen Sie ihm klar, dass es jederzeit aufhören kann, wenn es keine Lust mehr hat, sich unwohl fühlt oder ihm etwas wehtut. Es besteht allerdings immer die Gefahr, dass Kinder weiterlaufen, um sich keine Blöße zu geben. Beobachten Sie als Eltern Ihre Kinder nach Wettläufen kritisch auf Anzeichen von Überlastung.

Laufen mit Kindern soll vor allem eines: Spaß machen!

Kinder von neun bis zwölf Jahren: rennen, rennen, rennen

Auch etwas größere Kinder mögen es vor allem ganz schnell oder ganz langsam. Sie sollten in erster Linie 800 Meter möglichst schnell laufen und sich abwechslungsreich aufwärmen und abkühlen. Ausnahmsweise geht ein gleichmäßiger Dauerlauf über vier bis fünf Kilometer. Insgesamt darf der Trainingsumfang nach und nach ausgebaut werden.

Wenn Ihr Kind von sich aus – nur dann! – großes Interesse an einem »Minimarathon« über drei Kilometer oder ähnlichen Wettkämpfen zeigt, ist dies jetzt bei regelmäßigem, kindgerechtem Training und guter Vorbereitung bedenkenlos machbar. Auch in diesem Alter sollten Sie Ihrem Kind die Sicherheit vermitteln, dass es jederzeit aufhören kann, ohne sich vor jemandem zu schämen.

Pubertät: zwischen allen Stühlen

Ab 13 oder 14 Jahren ist die körperliche Leistungsfähigkeit zwar am größten, zugleich aber das Wachstum am stärksten. Die Knochen sind noch nicht fest genug, um hohe Belastungen schadlos zu verkraften, und die Muskeln können die Knochen noch nicht nachhaltig schützen. Deshalb dürfen die Strecken zwar länger, aber nicht zu lang sein. Strecken bis 800 bis 1000 Meter sowie Athletik und Schnelligkeit sollten im Mittelpunkt stehen. Lange Strecken bis zehn Kilometer dürfen vorkommen, aber nur selten. Bei 30, maximal 40 Kilometern pro Woche ist wirklich Schluss! Das gilt besonders für die Mädchen, deren hormonelle Entwicklung durch zu viel Training gestört wird. Dann drohen Entwicklungsverzögerungen.

Um langfristig Freude am ausdauernden Laufen zu entwickeln, muss das Training vielseitig und abwechslungsreich sein. Nach wie vor bereitet es in der Gruppe am meisten Freude. Geeignete Trainingsformen sind die Dauer- und Intervallmethode, vor allem in gemäßigten Geschwindigkeiten, aber ab und zu auch mal schneller. Wettkämpfe sind jetzt erlaubt, sollten aber nicht im Mittelpunkt stehen.

Adoleszenz: Jetzt darf gezielt trainiert werden

Erst ab etwa 15 Jahren ist der Körper in der Lage, die Anforderungen des regelmäßigen Dauerlaufens problemlos zu erfüllen. Nun dürfen alle Trainingsmethoden angewendet werden: vom moderaten Dauerlaufen bis zum High Intensity Training, am besten kombiniert mit Kraftübungen. Dabei sollte es selbstverständlich sein, dass die Anforderungen langsam steigen, beginnend mit drei Trainingseinheiten. Ab hier orientiert man sich am Training der Erwachsenen, hält aber die Abwechslung noch viel stärker im Blick, um die Motivation zu erhalten. Je nachdem, ob Wettkämpfe angestrebt werden, können es pro Woche zwischen 30 und 80 Kilometern Strecke werden. In der Adoleszenz ist die Schnelligkeit größer als die Ausdauer. Ehrgeizige junge Läufer sind deshalb besser damit beraten, sich auf die kürzeren Distanzen bis zehn Kilometer zu konzentrieren, statt so jung schon in Richtung Marathon zu schielen.

Senioren

Dass es auch im reiferen Alter noch möglich und sinnvoll ist, mit dem Lauftraining zu beginnen, haben Sie vielleicht bereits auf Seite 24 gelesen. Die gesundheitlichen Vorteile entfalten sich auch dann immer noch, und das Naturerlebnis sowie die Begegnung mit anderen Laufbegeisterten wissen ältere Menschen oft mehr zu schätzen als jüngere.

Besonders wenn Sie sich für unser ganzheitliches Lauftraining inklusive der Übungen entscheiden, trainieren Sie auch Ihre Beweglichkeit, Koordination und Kraft. Damit erhalten Sie sich Ihre Lebensqualität im Alltag. Sie können sich weiterhin gut strecken oder bücken und sind weniger auf Hilfe angewiesen. Stürze verlieren ihren Schrecken, weil Sie immer noch gut reagieren und sich beim Stolpern fangen können. Sie beugen mit dem Laufen also nicht nur Krankheiten und Gebrechlichkeit vor, sondern auch Hilfsbedürftigkeit. Das ist doch motivierend, oder? Es kann außerdem sehr aufbauend sein, als 60-jähriger Ausdauersportler deutlich leistungsfähiger zu sein als ein untrainierter 35-Jähriger, und so fitte Senioren sind heute keine Seltenheit mehr!

Vor dem Start sollte ein Gesundheitscheck stehen. Dann haben Sie beim Joggen keine unnötigen Sorgen über falsche oder zu starke Belastungen. Je nachdem, ob Sie blutiger Anfänger sind, bereits eine andere Sportart treiben oder vielleicht Übergewicht haben, gehen Sie dann so vor, wie es in den entsprechenden Kapiteln beschrieben ist.

Die Regeneration wird wichtiger

Ausdauer- und Krafttraining funktionieren auch noch im hohen Alter, weil unsere Zellen sich immer regenerieren, als hätten sie keine biologische Uhr. Mit voranschreitendem Alter funktioniert die Erneuerung allerdings etwas langsamer und vielleicht nicht mehr ganz so effektiv, denn nun werden weniger Wachstumshormone und Testosteron gebildet, die für die Regeneration wichtig sind. Aus diesem Grund benötigt der Organismus etwas mehr Zeit für die Regeneration. Dabei gilt der Grundsatz: Je intensiver die Trainingseinheit ausgefallen ist, desto länger müssen Sie für die Regeneration einplanen. Normalerweise erholt man sich von langsamen bis moderaten Laufbelastungen jedoch schnell genug, um etwa zwei Monate nach Trainingsbeginn täglich laufen zu können.

Achten Sie am besten immer auf Ihr Bauchgefühl und treten Sie bei einem Unwohlsein lieber einmal kürzer. Das heißt, Sie laufen dann deutlich langsamer oder brechen den Lauf ganz ab. Das sollten Sie immer bei folgenden Anzeichen tun:

🟧 Sie atmen sehr schnell und intensiv.

🟧 Sie schwitzen plötzlich heftig.

🟧 Zwischen Mund und Nase zeigt sich ein blasses Mund-Nasen-Dreieck.

🟧 Sie können sich plötzlich nicht mehr gut auf den Beinen halten.

🟧 Plötzlich treten Schmerzen auf.

🟧 Ihr Gesicht ist auffällig rot oder sehr blass.

🟧 Ihre Bewegungen werden zunehmend unkontrollierter und holpriger.

Ob Leistungs- oder Gesundheitssportler: Jeder profitiert vom Wandern in luftigen Höhen.

Jungbrunnen Höhenwanderung

Nach neuesten wissenschaftlichen Untersuchungen stellt besonders das Wandern in Höhen zwischen 1000 und 2500 Metern einen wahren Jungbrunnen dar, weil es die sogenannte Erythropoese, also die Blutneubildung, anregt. Der Leistungssport macht sich das Höhentraining schon lange zunutze. Aber jeder kann davon profitieren.

Da der Sauerstoffgehalt der Luft mit der Höhe deutlich abnimmt, muss der Körper zunächst mehr arbeiten, um sich an die neue Stoffwechsellage anzupassen. Der Organismus reagiert darauf mit einem deutlichen Anstieg der Zahl der roten Blutkörperchen. Gleichzeitig jedoch erhöht sich die Gesamtzahl aller Blutkörperchen nicht, und das ist für die Fließeigenschaften des Blutes äußerst günstig. Die neu gebildeten Blutkörperchen sorgen für eine raschere Zellerneuerung und optimieren die Sauerstoffanlieferung und -abgabe an das Gewebe. Auch das Endothel, die innerste Wandschicht der Gefäße, profitiert von dem Höhentraining und wird stabiler und durchlässiger zugleich. Deshalb ist Wandern in der Höhe besonders Diabetikern oder Bluthochdruckpatienten sehr zu empfehlen.

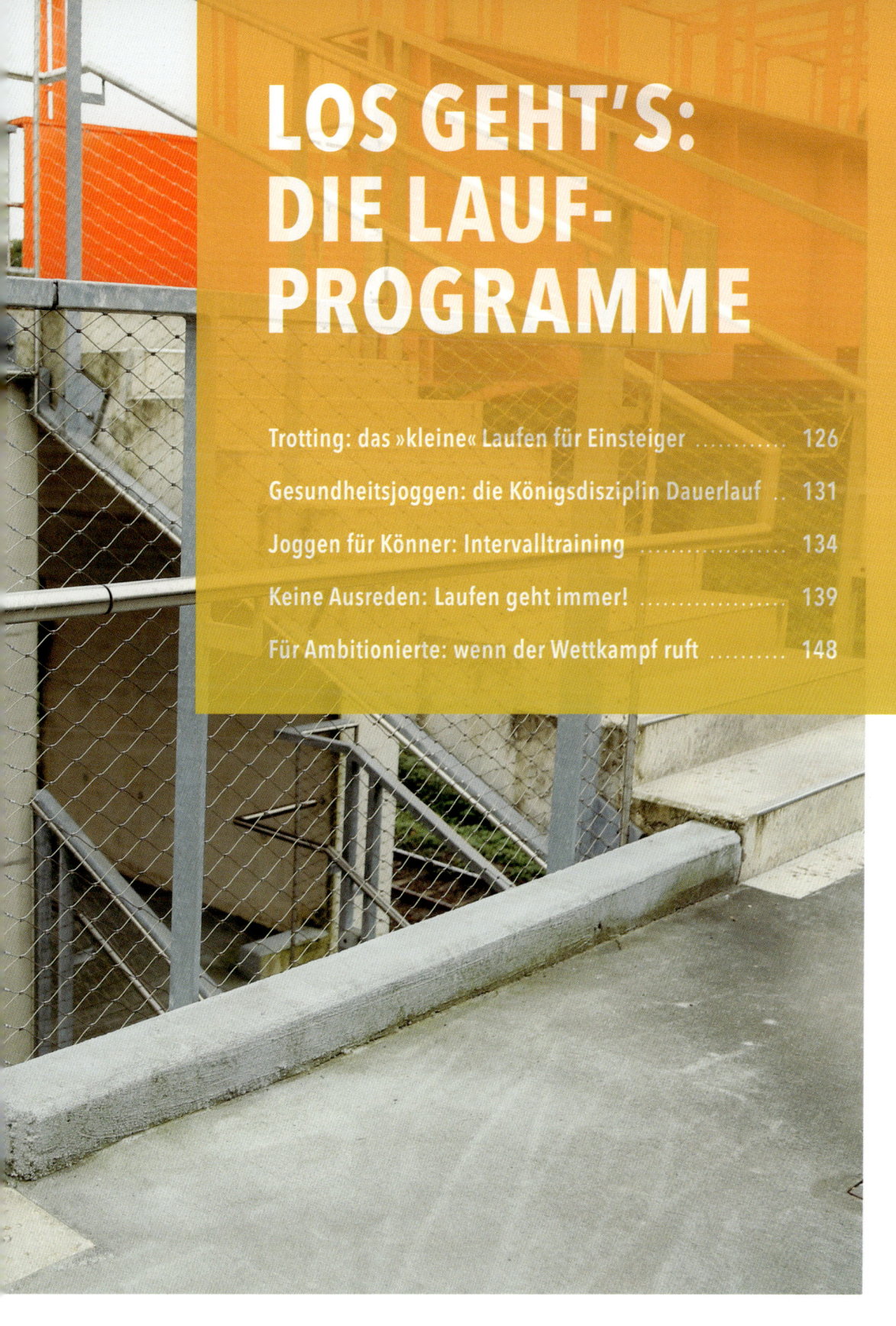

LOS GEHT'S: DIE LAUF-PROGRAMME

Ulrike Schöber: Wenn ich mir das passende Trainingsprogramm ausgesucht habe, wie schaffe ich es dann am besten, wirklich dranzubleiben? Gibt es besondere Motivationstipps vom Profi?

Ingo Froböse: Das Wichtigste ist, dass man sich auf das Laufen freut. Also bitte niemals zu schnell laufen. Dann wehrt sich der Körper und wird zum Feind des Kopfs, der vielleicht weiterlaufen will. Nicht zu schnell zu viel wollen ist eine wichtige Motivationshilfe. Und warum sollte es denn so wichtig sein, immer schneller zu werden? Laufpartner helfen auch in der schlechten Jahreszeit oder bei Formtiefs über die Unlust hinweg. Aber der wichtigste Ansporn ist und bleibt der Spaß am Laufen.

Ulrike Schöber: In den ersten Wintern bin ich nicht gejoggt, war aber natürlich regelmäßig mit dem Hund unterwegs. Zu meiner Überraschung fiel mir das Anfangen im Frühjahr gar nicht so schwer wie erwartet. Das Laufen klappte von Anfang an sehr gut. Liegt das daran, dass ich nur langsame Gesundheitsläuferin bin oder »merkt sich« der Körper für drei bis vier Monate, was er kann?

Ingo Froböse: Der Körper vergisst (fast) nie etwas! Zwar wird die Leistungsfähigkeit nach einer längeren Winterpause deutlich geringer sein, aber das Laufen als solches hat der Organismus in der Zeit sicher nicht verlernt. Bei Muskeln sprechen wir sogar davon, dass sie einen »Memory-Effekt« besitzen, der das einmal Gekonnte ganz schnell aus der Versenkung holt. Also fängt man im Frühjahr nie mehr ganz bei null an. Außerdem freut sich der Körper, wenn er endlich wieder raus darf!

Ulrike Schöber: Wenn ich mir die Berichte über Marathons anschaue, wundere ich mich immer wieder, was derart viele Menschen dazu antreibt, 42,195 Kilometer nicht nur zu gehen, sondern sogar zu laufen, und zwar meist fast ausschließlich über Asphalt und oft noch dazu in der prallen Sonne. Das erscheint mir als Tortur, und deshalb nehme ich für eine so lange Strecke lieber das Fahrrad. Bin ich vielleicht einfach nur zu faul?

Ingo Froböse: Nein, gar nicht. Ich war ja auch Wettkämpfer und bin es heute innerlich immer noch. Aber was ich bei den unzähligen Laufwettbewerben oder gar Marathons sehe oder im Internet finde, übertrifft selbst mein Verständnis. Es ist und bleibt mir ein Rätsel, warum so viele Läufer sich völlig falsch einschätzen, überfordern oder das Laufen überhaupt zum Mittelpunkt des Lebens werden lassen.

Es ist richtig, dass wir als Läufer geboren werden, aber eben nicht als Marathonläufer, und das ist ein großer Unterschied! Denn physiologisch betrachtet ist der Marathonlauf für die meisten keine angemessene Belastung. Er dauert zu lange und ist zu weit, als dass Sie ihn unbeschadet überstehen könnten. Nach dem Kölner Marathon suchen uns immer wieder Läufer mit katastrophalen Blutwerten und Entzündungsparametern auf, für die der Lauf körperlich eine Katastrophe war. Das einzig Vernünftige am Marathon ist das vorherige Training und nicht der lange Lauf gegen die Uhr! Aber viele haben vorher nicht einmal ausreichend trainiert!

Woher kommt das nur? Ist der Marathon zu einer Art Lebensziel geworden? Muss man ihn einmal gemacht haben? Marathonlaufen ist jedenfalls zu einem Happening geworden, und das ist verhängnisvoll, denn dadurch werden zu viele Läufer animiert, ihren Körper zu schinden, denken dabei aber, dass sie ihm etwas Gutes tun! Kein Wunder, dass die meisten nach ihrem ersten Marathon für den Laufsport verloren sind. Das ist sehr schade.

Maßhalten ist also beim Laufen die oberste Maxime! Gerade dazu ist ein Marathon aber nicht geeignet, und deshalb verzichten wir in diesem Buch bewusst auf einen Trainingsplan dafür. Lediglich einen Halbmarathon akzeptiere ich als adäquate Belastung und Beanspruchung für anspruchsvolle Läufer.

Ulrike Schöber: Eine Freundin fragt mich oft, ob ich nicht mit ihr an einem der kürzeren Volksläufe teilnehmen möchte. Das wollte ich bis jetzt nie. Ich finde diese laufenden Massen etwas unheimlich. Aber wenn ich wollte, müsste ich dann für einen Fünf- oder Zehnkilometerlauf extra trainieren, weil ich normalerweise nur im langsamen Gesundheitstempo jogge?

Ingo Froböse: Für jemanden, der schon so lange joggt, ist so ein Lauf vielleicht eine schöne Abwechslung und mit Sicherheit eine neue Erfahrung. Wenn die Basisausdauer schon da ist, empfiehlt es sich, einige Wochen vor dem Wettkampf längere Läufe einzustreuen. So kann man seine Leistung gezielt steigern.

Trotting: das »kleine« Laufen für Einsteiger

Laufen soll Spaß machen, denn nur dann bleiben Sie wirklich auf Dauer dabei und können von den vielen Vorteilen profitieren, die wir Ihnen eingangs ab Seite 27 beschrieben haben. Wer sich gleich zu Anfang überfordert, verliert sehr wahrscheinlich bald die Lust zu laufen, weil Erfolgserlebnisse fehlen. Doch besonders Anfänger und Wiedereinsteiger neigen unbewusst dazu, weil ihr inneres Bild vom Laufen mit einer gewissen Geschwindigkeit verknüpft ist, und zwar meist mit der von Könnern, die sie leichtfüßig und elegant beim Sonntagsspaziergang an sich vorbeiziehen sehen. Die anderen sind »lahme Enten«, zu denen man nicht gehören will.

Machen Sie sich frei von solchen Vorstellungen. Sie sind meistens völlig falsch! Bei Untersuchungen im Kölner Stadtwald haben wir herausgefunden, dass viele Freizeitläufer oft deutlich zu schnell unterwegs waren und damit ihre Gesundheit keineswegs förderten. Denn eine Überlastung stresst den Körper so, dass er Cortisol ausschüttet, das wiederum das Immunsystem beeinträchtigt. Die langsamen Läufer dagegen machen es völlig richtig. Sie achten auf ihre Grenzen und tun etwas für ihr Wohlbefinden. Gerade zu Beginn können Sie gar nicht langsam genug laufen.

Joggen setzt eine gewisse körperliche Fitness voraus. Deshalb empfehlen wir nicht nur Anfängern und Übergewichtigen, sondern auch Wiedereinsteigern, die zuletzt vor Jahren gelaufen sind und sich deshalb schnell überfordern, das Trotting. Damit gewöhnen Sie Ihren Organismus auf behutsame Weise an die neue Belastung, denn Trotten liegt in der Geschwindigkeit zwischen Walken und Joggen. Sie sollen sich nämlich nicht auspowern, sondern am Ende das Gefühl haben: Ich könnte noch länger. Wenn Sie das Trotting-Programm absolviert haben, sind Sie bereit, die nächste Stufe in Angriff zu nehmen: das Joggen.

Zwischen Gehen und Joggen: die Technik

Trotting (englisch für Traben) ist schneller als Gehen und langsamer als Laufen. Deshalb können Sie damit Ihren Körper – vor allem Ihr Herz-Kreislauf-System und den Bewegungsapparat, speziell die Gelenke – behutsam auf die stärkeren Kräfte einstellen, die ihn beim Joggen erwarten. Denn beim Laufen gibt es eine Flugphase ohne Bodenkontakt, in der beide Füße in der Luft sind. Diese verstärkt die

Kräfte bei der »Landung« so, dass Ihre Gelenke das Zwei- bis Dreifache des Körpergewichts abfangen müssen.

Beim Gehen setzen Sie den Fuß mit der Ferse auf und rollen ihn zu den Zehen hin ab. Es gibt keine Flugphase, denn immer ist ein Fuß am Boden. Anders beim Trotten: Weil Sie den Fuß etwas anders aufsetzen, und zwar flach auf den Boden, entsteht eine ganz kurze Flugphase. Dabei halten Sie die Knie ein klein wenig gebeugt, damit Fußgewölbe und Beinmuskulatur den Stoß beim Landen gut abfedern können. Sie rollen weiter über die Fußsohle und drücken sich mit dem Fußballen aktiv ab. Dann führen Sie das hintere Bein dynamisch nach vorne, indem Sie aktiv das Knie heben. Den angewinkelten Unterschenkel setzen Sie eher passiv nach. Diese Art der Vorwärtsbewegung ist für Ihren Bewegungsapparat sehr ökonomisch und überlastet ihn nicht.

Je stärker Sie sich mit dem Ballen vom Boden abdrücken, umso intensiver wird übrigens die Belastung, und umso mehr nähern Sie sich der Lauftechnik des Joggens an.

Um die Beinarbeit optimal zu fördern, beachten Sie folgende Hinweise zur Körperhaltung:

- Halten Sie Ihren Oberkörper gerade, aber nicht steif!
- Heben Sie die Brust leicht an.
- Ihr Kopf verlängert die Wirbelsäule gerade nach oben.
- Halten Sie Ihren Blick geradeaus.
- Lassen Sie Ihre angewinkelten Arme locker gegengleich mitschwingen: rechtes Bein und linker Arm vorne bzw. umgekehrt.

In dieser Haltung geben Sie Ihrer Lunge genug Platz für eine tiefe Einatmung, und Ihre Arme geben Schwung und balancieren gleichzeitig die Bewegung aus. Probieren Sie diese »stolze« Haltung doch gleich einmal aus. Sie werden merken, dass sie auch schon im Sitzen ein gutes Gefühl von Größe vermittelt, das selbstbewusst macht und gute Laune bereitet.

Trotting oder Traben.

Das Trotting-Programm: in zwölf Wochen zur Grundfitness

Gehen, Trotten und Laufen haben den großen Vorteil, dass Sie dafür nur Ihre Schuhe und Sportklamotten anzuziehen brauchen und in der Regel direkt vor der Haustür loslegen können. Damit Ihnen das Trotten aber wirklich Spaß macht und Sie dabeibleiben, sollten Sie sich eine Strecke suchen, die Ihnen gefällt. Oder besser mehrere, damit die Abwechslung nicht zu kurz kommt.

Nehmen Sie sich für zwölf Wochen an je drei, besser sogar vier Tagen je 35 bis 50 Minuten Zeit zum Trotten. Damit das wirklich klappt, trotten Sie in Begleitung. Wollen Sie das nicht, verabreden Sie sich mit sich selbst und tragen die Termine in Ihren Kalender ein. Am besten wählen Sie jede Woche die gleichen Tage, also etwa Dienstag und Donnerstag abends und am Sonntag nachmittags. Ein Rhythmus hat den großen Vorteil, dass er in nur einem Monat zur Routine wird. So kommt es gar nicht erst zu der Frage »Soll ich jetzt los oder später oder besser morgen …?«. Solche Fragen führen zu Aufschieberitis, und die guten Vorsätze bleiben nur Vorsätze. Genau das ist das Hauptproblem der vielen Menschen, die mit dem Laufen liebäugeln, aber im wahrsten Sinne des Wortes nicht in die Schuhe kommen.

Aber das ist ab heute nicht mehr Ihr Problem. Sie fangen jetzt an und brauchen sich nicht einmal fürs Trotten aufzuwärmen, denn das ist bei dieser gleichförmigen und eher langsamen Art der Bewegung nicht notwendig.

Phase 1: In den ersten zwei bis vier Wochen variieren Sie das Tempo so, dass Sie – als noch völlig untrainierter Einsteiger – ein Pensum von 30 Minuten Trotten schaffen:

■ Beginnen Sie mit 10 Minuten langsamem Trotting zum Aufwärmen.

■ Dann trotten Sie 5 Minuten schneller.

■ Es folgen 10 Minuten langsames Tempo.

■ Trotten Sie nochmals 5 Minuten schneller.

■ Zum Abschluss gehen Sie 3 bis 5 Minuten und dehnen sich 5 Minuten.

Je nach Ihrem Fitnessgrad zu Beginn gelingt Ihnen dieses Intervall-Trotten vielleicht schon nach zwei Wochen oder eben nach drei bis vier. Nehmen Sie sich wirklich die Zeit, die Sie brauchen, und gehen Sie erst zu Phase 2 über, wenn Sie die 30 Minuten Trotting ohne Mühe bewältigen.

Phase 2: In den folgenden zwei Wochen versuchen Sie, die langsamen Intervalle zugunsten der schnellen zunächst zu verkürzen und dann ganz abzubauen, sodass Sie 30 Minuten am Stück trotten können. Das kann in der ersten Woche so aussehen:

■ Beginnen Sie mit 5 Minuten langsamem Trotting zum Aufwärmen.

■ Dann trotten Sie 10 Minuten schnell.

■ Nun folgen 5 Minuten langsames Tempo.

■ Trotten Sie nochmals 10 Minuten schnell.

■ Zum Abschluss gehen Sie 3 bis 5 Minuten und dehnen sich 5 Minuten.

Sie können die Intervalle individuell variieren. Versuchen Sie dafür in der zweiten Woche, mit mittlerer Geschwindigkeit durchzutrotten.

Tragen Sie die Lauftermine in Ihren Terminkalender ein.

Auch dabei ist es absolut kein Beinbruch, falls Sie mehr Zeit dafür benötigen, denn jeder Körper ist anders.

Erst wenn Sie mit dieser Belastung problemlos klarkommen, gehen Sie zu Phase 3 über.

Phase 3: Für die nächste Belastungsstufe trotten Sie wieder in Intervallen:

■ Sie beginnen mit 20 Minuten in moderater Geschwindigkeit.

■ Dann steigern Sie das Tempo für die nächsten 5 Minuten deutlich.

■ Es folgen nochmals 20 Minuten in moderatem Tempo. Super! Nun haben Sie 45 Minuten Trotting geschafft!

■ Zum Herunterfahren des Kreislaufs schließen Sie mit 3 bis 5 Minuten Gehen ab.

■ Zuletzt 5 Minuten Dehnübungen.

Trainieren Sie auf diese Art zwei Wochen lang und probieren Sie dann Phase 4.

Wichtig: Wenn Sie nicht genug Puste haben, um unterwegs flüssig zu sprechen, drosseln Sie die Geschwindigkeit.

Phase 4: Bleiben Sie für die folgenden drei Wochen auf diesem Level:

■ Trotten Sie 45 Minuten am Stück im mittleren Tempo.

■ Schließen Sie wieder mit 5 Minuten Gehen zum Herunterfahren ab.

■ Zuletzt 5 Minuten Dehnübungen.

Sie haben nun schon sehr viel geschafft und können stolz darauf sein. Herzlichen Glückwunsch! Jetzt sind Sie so weit und können zum Laufprogramm wechseln.

129

TROTTING:
DAS PROGRAMM IM ÜBERBLICK

Zielgruppe: Anfänger, Wiedereinsteiger, Übergewichtige
Ausrüstung: Laufschuhe, elastische Kleidung
Belastung: im aeroben Bereich; das heißt, Sie sollten problemlos sprechen können
Tipp: Nehmen Sie sich unbedingt die Zeit, die Ihr Körper benötigt, um sich an die neue Belastung zu gewöhnen.

TRAININGSAUFBAU

PHASE	DAUER	HÄUFIGKEIT	INTENSITÄT
Phase 1 (2–4 Wochen)	35 Minuten	3-4-mal pro Woche	2 × 10 Minuten langsames Tempo 2 × 5 Minuten schnelles Tempo Abschluss: 3–5 Minuten Gehen, 5 Minuten Dehnen
Phase 2 (2 Wochen)	35 Minuten	3-4-mal pro Woche	2 × 5 Minuten langsames Tempo 2 × 10 Minuten schnelles Tempo Abschluss: 3–5 Minuten Gehen, 5 Minuten Dehnen
Phase 3 (2 Wochen)	55 Minuten	3-4-mal pro Woche	2 × 20 Minuten moderates Tempo 1 × 5 Minuten zügiges Tempo Abschluss: 5 Minuten Gehen, 5 Minuten Dehnen
Phase 4 (3 Wochen)	55 Minuten	3-4-mal pro Woche	45 Minuten mittleres Tempo Abschluss: 5 Minuten Gehen, 5 Minuten Dehnen

Gesundheitsjoggen: die Königsdisziplin Dauerlauf

Haben Sie das Trotting-Programm erfolgreich hinter sich gebracht oder mit anderen Sportarten Ihre Fitness auf eine gute Basis gestellt und wollen Ihre Ausdauer durch Laufen weiter verbessern? Dann sind Sie beim Gesundheitsjoggen richtig. Ähnlich wie beim Trotten steigern Sie Ihre Belastung und damit Ihre Leistungsfähigkeit auch beim Laufen durch unterschiedlich anstrengende Intervalle, die Sie nach und nach in Richtung Joggen ausdehnen. Dieses langsame Vorgehen ist sehr wichtig, weil sich Ihr Organismus an die deutlich stärkeren Stoßbelastungen gewöhnen muss. Von null auf hundert bringt Ihnen bei diesem Entwicklungsprozess gar nichts – außer Problemen mit den Gelenken, Bändern und Sehnen.

Seien Sie bitte Ihrer Gesundheit zuliebe selbstkritisch, wenn Sie in dieses Programm einsteigen. Falls Sie merken, dass die Belastung in der ersten Phase zu hoch ist, dann probieren Sie es lieber mit Phase 3 oder 4 des Trotting-Programms. Erst wenn Phase 4 gut klappt, steigen Sie hier wieder ein.

Trainieren Sie ganzheitlich

Wie schon auf Seite 92 erwähnt, gehört zu einer guten Fitness nicht nur Ausdauer-, sondern auch Krafttraining. Dadurch werden die Muskeln in ihrer Ganzheit gefordert und gefördert, sodass sie Ihnen in jeder Situation gute Dienste leisten. Deswegen sollten Sie Ihr Gesundheitsjoggen mindestens einmal wöchentlich durch die Kräftigungsübungen ab Seite 177 ergänzen. Damit Sie das nicht vergessen, haben wir sie in den Überblicksplan auf Seite 133 mit aufgenommen. Legen Sie das Training der Muskulatur möglichst immer auf einen lauffreien Tag.

Laufen mit Musik

Viele hören unterwegs Musik. Mit dem richtigen Rhythmus steigern sie einer Studie der Londoner Brunel-Universität zufolge sogar ihre Ausdauer. Dafür muss der Takt 120 bis 140 Schläge pro Minute betragen, und man muss die Musik mögen. Dann läuft man im Takt mit und spürt die Müdigkeit nicht so. Seien Sie bitte vorsichtig: Es ist schön, wenn Ihnen das Laufen mit Musik leichter fällt und Sie mache Strecke weniger langweilig finden. Trotzdem sollten Sie Ihre Leistungsgrenze wahrnehmen. Sonst riskieren Sie eine Überforderung.

Phase 1: Für zwei bis vier Wochen sind Sie 35 Minuten unterwegs und schließen mit 5 Minuten Stretching ab:

■ Sie beginnen mit 5 Minuten Trotten in mittlerem Tempo.

■ Dann wechseln Sie für 10 Minuten in lockeres Joggen.

■ Es folgen weitere 5 Minuten Trotten in mittlerem Tempo.

■ Daran schließen Sie wieder 10 Minuten lockeres Joggen an.

■ Abschließend gehen Sie zum Herunterfahren 5 Minuten.

■ Die Regeneration leiten Sie mit 5 Minuten Dehnen ein.

Wenn Sie beim Joggen merken, dass Sie nicht genug Puste haben, um bequem sprechen zu können, drosseln Sie das Tempo deutlich oder gehen zum Trotten über und verkürzen die Laufeinheiten auf 7 oder 8 Minuten. Verlängern Sie erst wieder auf 10 Minuten, wenn das klappt. Gehen Sie erst zu Phase 2 über, wenn Sie diese 10-Minuten-Intervalle Joggen gut bewältigen.

Phase 2: Im Verlauf von weiteren zwei bis vier Wochen verlängern Sie Ihre Joggingzeit und gönnen sich nach der Belastung wie gehabt 5 Minuten zum Dehnen:

■ Beginnen Sie zum Aufwärmen mit 5 Minuten Trotting in mittlerem Tempo.

■ Dann joggen Sie locker 20 Minuten am Stück.

■ Danach trotten Sie nochmals 5 Minuten langsam.

■ Zum Abschluss dehnen Sie 5 Minuten Ihre Muskeln, damit sie sich erholen können.

Phase 3: In den folgenden drei Wochen legen Sie jeweils zwei längere Laufintervalle ein und joggen zweimal 20 Minuten:

■ Sie starten mit 20 Minuten lockerem Joggen.

■ Darauf folgen 5 Minuten Trotten in mittlerem Tempo.

■ Es folgen noch einmal 20 Minuten lockeres Joggen.

■ Zum Auslaufen gehen Sie abschließend 5 Minuten.

■ Den Abschluss bilden 5 Minuten Dehnen.

Phase 4: Jetzt haben Sie den Dauerlauf erreicht. Herzlichen Glückwunsch!

■ Sie laufen in lockerem Tempo 45 Minuten am Stück.

■ Im Anschluss gehen Sie noch 5 Minuten.

■ Dehnen Sie sich zuletzt 5 Minuten.

Wenn Sie nur einmal in der Woche diese 45 Minuten laufen, ist das für Ihre Gesundheit bereits ein erheblicher Gewinn. Mit drei bis vier Einheiten jedoch sind Sie auf der sicheren Seite, und das Laufen fällt Ihnen dann insgesamt leichter.

Vielleicht wird es Ihnen mit der Zeit ein wenig langweilig, und Sie möchten sich noch etwas mehr herausfordern, eventuell sogar an einem Wettkampf wie einem Fünfkilometerlauf teilnehmen. Dann probieren Sie das Intervalltraining für Könner oder beherzigen Sie die Tipps gegen Langeweile beim Laufen auf Seite 138.

GESUNDHEITSJOGGEN: DAS PROGRAMM IM ÜBERBLICK

Zielgruppe: erfahrene Trotter und Sportler aus anderen Bereichen
Ausrüstung: Laufschuhe und -kleidung
Belastung: im aeroben Bereich; das heißt, Sie sollten problemlos sprechen können –
Motto: Langsam laufen und gesund bleiben!
Tipps: Ist Ihnen dieses Training zu anstrengend, probieren Sie Phase 3 und 4 vom
Trotting. Wollen Sie sich am Ende des Programms steigern, verlängern Sie erst die
Strecke, bevor Sie das Tempo erhöhen. Dauerlauf sollte die Haupt-Trainingsform jedes
Läufers sein. 70 bis 80 Prozent aller Einheiten sollten als Dauerlauf durchgeführt werden!

TRAININGSAUFBAU

PHASE	DAUER	HÄUFIGKEIT	INTENSITÄT
Phase 1 (2–4 Wochen)	40 Minuten	3-4-mal pro Woche	2 × 5 Minuten Trotten, mittleres Tempo 2 × 10 Minuten Joggen, lockeres Tempo Abschluss: 5 Minuten Gehen, 5 Minuten Dehnen
	20 Minuten	1-mal pro Woche	Kräftigungsübungen
Phase 2 (2–4 Wochen)	35 Minuten	3-4-mal pro Woche	2 × 5 Minuten Trotten, mittleres Tempo 1 × 20 Minuten Joggen, lockeres Tempo Abschluss: 5 Minuten Dehnen
	30 Minuten	1-mal pro Woche	Kräftigungsübungen
Phase 3 (3 Wochen)	55 Minuten	3-4-mal pro Woche	2 × 20 Minuten Joggen, lockeres Tempo 1 × 5 Minuten Trotten, mittleres Tempo Abschluss: 5 Minuten Gehen, 5 Minuten Dehnen
	30 Minuten	1-mal pro Woche	Kräftigungsübungen
Phase 4 (3 Wochen bevor Sie sich weiter steigern, oder für immer)	55 Minuten	3-4-mal pro Woche	45 Minuten Joggen, lockeres Tempo Abschluss: 5 Minuten Gehen, 5 Minuten Dehnen
	30 Minuten	1-mal pro Woche	Kräftigungsübungen

Joggen für Könner: Intervalltraining

Bei diesem Programm für fortgeschrittene Läufer und Könner wechselt lockeres mit zügigem und schnellem Tempo. Auch Auspowern inklusive Schnaufen ist nun erlaubt und sogar erwünscht. Während beim lockeren Gesundheitsjoggen die Dauerbelastung im Vordergrund steht, steigern Sie mit Intervalltraining zum einen die Fähigkeit Ihres Körpers, sich an neue Belastungen anzupassen, und zum anderen Ihre Laufleistung. Dieses Programm eignet sich deshalb für alle, die noch mehr für ihre Gesundheit tun wollen, und für diejenigen, die an Wettkämpfen teilnehmen wollen.

Das bringt Intervalltraining für die Gesundheit

Viele Menschen sind im Alltag körperlich kaum oder nur sehr gleichförmig gefordert. Gesundheitsjoggen ist schon deshalb ein großes Plus. Der Körper aber wird umso fitter, je öfter wir ihn auf neue Weise fordern, denn so lernt er, sich schnell anzupassen. Wenn Sie im Training gezielte Reize setzen, spüren Sie den Effekt auch im Alltag. Sie kommen etwa besser mit großer Hitze klar oder auch mit dünner Höhenluft. Sie atmen tiefer, Ihr Blut kann mehr Sauerstoff transportieren, und Ihre Lauftechnik wird geschmeidiger.

Beim Intervalltraining muss sich der Kreislauf auf Tempowechsel einstellen, und der Stoffwechsel muss unterschiedliche Energiequellen anzapfen. Da Sie phasenweise in den anaeroben Bereich (s. S. 71) wechseln, schaltet der Organismus zwischen der Verbrennung von Fett im aeroben und Kohlenhydraten im anaeroben Modus hin und her. Im anaeroben Bereich verbrennen Sie die meisten Kalorien. Darauf sollten Sie aber nur bei leichtem Übergewicht setzen. Bei starkem Übergewicht ist Intervalltraining ungeeignet, weil es den Körper überfordern und die passiven Systeme wie die Gelenke überbeanspruchen würde.

Mit Intervallen Zeit sparen

Wenn Sie nicht immer Zeit haben, drei- bis viermal die Woche 45 bis 60 Minuten zu laufen, ist Intervalltraining eine zeitsparende Alternative. Wenn Sie nur 30 Minuten, aber dafür mit intensiven Sprints zwischendurch laufen, haben Sie den gleichen Effekt für Ihren Organismus. Langfristig jedoch kommen Sie nicht um den Dauerlauf herum!

Welcher Trainingsreiz bringt welchen Effekt?

Damit ein Trainingsreiz die Leistung steigert, muss er eine gewisse Intensität haben. Bereits 1895 entwickelte der Anatom Wilhelm Roux die Reizstufenregel, die bis heute gilt. Er unterschied vier Kategorien:

- Unterschwellige Reize sind wirkungslos.
- Schwach überschwellige Reize erhalten das aktuelle Leistungsniveau.
- Stark überschwellige Reize lösen eine Anpassung des Körpers aus und steigern die Leistung.
- Zu starke Reize überfordern den Körper und beeinträchtigen das Leistungsniveau. Man spricht dann von Übertraining.

Bei Anfängern steigern schon relativ niedrige Reize die Leistung. Je leistungsfähiger ein Sportler ist, desto höher und gezielter müssen die Reize sein, um Verbesserungen zu erreichen. Jeder Körper hat allerdings seine individuelle Leistungsobergrenze. Ist die ausgeschöpft, geht es auch mit neuen Reizen nicht weiter.

Das bringt Intervalltraining für die sportliche Leistung

Bei den Sprints des Intervalltrainings verlassen Sie Ihre Komfortzone und belasten sich deutlich stärker. Das nennt die Sportwissenschaft einen überschwelligen Trainingsreiz. Solche Impulse braucht Ihr Körper, wenn Sie Ihre Leistung steigern wollen.

Der Organismus gewöhnt sich an gleichbleibende Belastungen wie dreimal wöchentlich 60 Minuten Laufen und bleibt dann auf diesem Niveau stehen. Ein anstrengender Sprint über 500 Meter regt den Organismus an, sich umzuorientieren und anzupassen. Der Trainingsreiz muss aber immer zur individuellen Fitness passen! Ist er zu stark, wirkt er kontraproduktiv, überfordert den Organismus und verringert das Leistungsniveau sogar.

Phase 1: Trainieren Sie vier Wochen lang dreimal wöchentlich. Davon sollten Sie einmal einen lockeren Dauerlauf von 45 Minuten (plus 5 Minuten abschließendes Gehen sowie 5 Minuten Dehnen) ohne Intervalle absolvieren sowie zwei verschieden aufgebaute kürzere Trainingseinheiten, und zwar zunächst diese:

- Sie beginnen zum Aufwärmen mit sehr langsamem Joggen für 5 Minuten. Bei Kälte sollten Sie mehr Zeit einplanen oder vorher noch 5 Minuten sanft stretchen.
- Dann laufen Sie 10 Minuten zügiges Tempo.
- Daran schließen sich 5 Minuten Joggen in lockerem Tempo an.
- Dann 5 Minuten sehr langsames Laufen.
- Den Abschluss bilden 5 Minuten Dehnungsübungen.

Nun machen Sie einen Tag Laufpause und nutzen ihn für Kräftigungsübungen (s. ab S. 177).

Es folgt die nächste Trainingseinheit, die zum ersten Mal Sprintphasen umfasst:

■ Sie laufen sich 10 Minuten locker ein.

■ Dann sprinten Sie für 30 Sekunden. Wählen Sie das Tempo so, dass Sie es durchhalten können, und gehen Sie dabei in den Vorfußlauf.

■ Es folgen 3 Minuten lockeres Tempo.

■ Machen Sie weitere 3 Intervalle aus 30-Sekunden-Sprints und 3-minütigen lockeren Joggingeinheiten.

■ Zum Auslaufen joggen Sie weitere 5 Minuten in lockerem Tempo.

■ Abschließend dehnen Sie sich 5 Minuten. Nach dieser Intervalleinheit sollten Sie immer einen Tag Pause einlegen. Nach vier Wochen nehmen Sie die nächste Stufe in Angriff.

Phase 2: In den nächsten vier Wochen bleibt das Prinzip des Trainings gleich, auch was den Dauerlauf betrifft. Aber Sie steigern Ihr Pensum bei den Intervall-Läufen ein wenig:

■ Zum Aufwärmen joggen Sie sehr langsam für 5 Minuten.

■ Es folgen 15 Minuten Laufen in zügigem Tempo.

■ Daran schließen Sie 5 Minuten in lockerem Tempo an.

■ Fahren Sie mit 5 Minuten langsamem Auslaufen herunter.

■ Zuletzt 5 Minuten Dehnen.

Nach einem Tag Laufpause, an dem Sie Ihre Muskulatur kräftigen, absolvieren Sie wieder die zuletzt beschriebene Intervalleinheit, jedoch etwas verlängert:

■ Sie laufen sich 10 Minuten warm.

■ Dann wechseln Sie 6-mal zwischen 30 Sekunden Sprint und 3 Minuten lockerem Tempo hin und her.

■ Zum Auslaufen joggen Sie wiederum mindestens 5 Minuten in lockerem Tempo.

■ Zum Schluss dehnen Sie sich 5 Minuten.

Phase 3: Zur letzten Steigerung des Intervallprogramms gehört, dass Sie den lockeren Dauerlauf auf 50 bis 60 Minuten verlängern. Die zweite Einheit der Woche gestalten Sie so:

■ Sie laufen sich 5 Minuten locker ein.

■ Dann wechseln Sie für 20 Minuten ins zügigere Tempo.

■ Es folgen 5 Minuten lockeres Laufen.

■ Dann 5 Minuten sehr langsames Laufen.

■ Den Abschluss bildet 5 Minuten Dehnen.

Nach dem Tag Laufpause verlängern Sie die Sprinteinheit folgendermaßen:

■ Sie beginnen wieder mit dem lockeren Einlaufen für 10 Minuten.

■ Wechseln Sie 8-mal zwischen 30 Sekunden Sprint und 2 bis 3 Minuten Laufetappen.

■ Dann 5 Minuten sehr langsames Laufen.

■ Den Abschluss bildet 5 Minuten Dehnen.

Nach vier Wochen ist Ihr Fitnesslevel so gut, dass Sie sich an einen Fünf- oder Zehnkilometerlauf wagen können. Das Programm passt aber auch sehr gut, wenn Sie lebenslang auf einem hohen Level fit bleiben wollen. Damit Ihnen nicht langweilig wird, beherzigen Sie am besten die Tipps auf Seite 138.

INTERVALLTRAINING: DAS PROGRAMM IM ÜBERBLICK

Zielgruppe: erfahrene Läufer, die sich fordern und auf Wettbewerbe vorbereiten wollen

Ausrüstung: Laufschuhe und -Kleidung, Pulsuhr

Belastung: sowohl im aeroben als auch im anaeroben Bereich

Tipps: Achten Sie unbedingt auf einen sauberen Laufstil, damit Ihre Gelenke gesund bleiben. Vernachlässigen Sie das Dehnen nach dem Laufen auf keinen Fall, damit sich Ihr Körper optimal regenerieren kann. Machen Sie die Kräftigungsübungen an den Tagen zwischen den Laufeinheiten. Auch damit fördern Sie Ihre Laufleistung.

TRAININGSAUFBAU

PHASE	DAUER	HÄUFIGKEIT	INTENSITÄT
Phase 1 (4 Wochen)	30 Minuten	1-mal pro Woche	1 × 5 Minuten Joggen, sehr langsames Tempo 1 × 10 Minuten Joggen, zügiges Tempo 1 × 5 Minuten Joggen, lockeres Tempo Abschluss: 5 Minuten Joggen, sehr langsames Tempo, 5 Minuten Dehnen
	34 Minuten	1-mal pro Woche	1 × 10 Minuten Joggen, lockeres Tempo 4 × 30 Sekunden Sprinten 4 × 3 Minuten Joggen, lockeres Tempo Abschluss: 5 Minuten Joggen, lockeres Tempo, 5 Minuten Dehnen
	55 Minuten	1-mal pro Woche	45 Minuten Joggen, lockeres Tempo Abschluss: 5 Minuten Gehen, 5 Minuten Dehnen
	20–30 Minuten	2-mal pro Woche	Kräftigungsübungen

PHASE	DAUER	HÄUFIGKEIT	INTENSITÄT
Phase 2 (4 Wochen)	35 Minuten	1-mal pro Woche	1 × 5 Minuten Joggen, sehr langsames Tempo 1 × 15 Minuten Joggen, zügiges Tempo 1 × 5 Minuten Joggen, lockeres Tempo Abschluss: 5 Minuten Joggen, sehr langsames Tempo, 5 Minuten Dehnen
	41 Minuten	1-mal pro Woche	1 × 10 Minuten Joggen, lockeres Tempo 6 × 30 Sekunden Sprinten 6 × 3 Minuten Joggen, lockeres Tempo Abschluss: 5 Minuten Joggen, lockeres Tempo, 5 Minuten Dehnen
	55 Minuten	1-mal pro Woche	45 Minuten Joggen, lockeres Tempo Abschluss: 5 Minuten Gehen, 5 Minuten Dehnen
	30 Minuten	2-mal pro Woche	Kräftigungsübungen
Phase 3 (4 Wochen oder für immer)	40 Minuten	1-mal pro Woche	1 × 5 Minuten Joggen, sehr langsames Tempo 1 × 20 Minuten Joggen, zügiges Tempo 1 × 5 Minuten Joggen, lockeres Tempo Abschluss: 5 Minuten Joggen, sehr langsames Tempo, 5 Minuten Dehnen
	40–48 Minuten	1-mal pro Woche	1 × 10 Minuten Joggen, lockeres Tempo 8 × 30 Sekunden Sprinten 8 × 2–3 Minuten Joggen, lockeres Tempo Abschluss: 5 Minuten Joggen, lockeres Tempo, 5 Minuten Dehnen
	55–65 Minuten	1-mal pro Woche	45–55 Minuten Joggen, lockeres Tempo Abschluss: 5 Minuten Joggen, sehr langsames Tempo, 5 Minuten Dehnen
	30 Minuten	2-mal pro Woche	Kräftigungsübungen

NUR KEINE LANGEWEILE: VARIATIONEN IM TRAINING

Laufen Sie immer dieselbe Strecke im selben Tempo, wird es monoton. Gehirn und Körper brauchen stets neue Reize, um fit und munter zu bleiben. Das Gehirn bildet neue Synapsen, und der Körper wird anpassungsfähiger. Flechten Sie also Variationen ein:

- ein anderes Gelände (s. S. 94)
- Intervalle
- Fahrtspiele (s. S. 106)
- kurze Sprints
- Querfeldeinläufe
- Laufpartner wechseln
- Aquajogging (s. S. 116 f.)

Keine Ausreden: Laufen geht immer!

Zum Glück verläuft unser Leben nicht immer gleichförmig und planbar, sondern hält auch reichlich Überraschungen und Ausnahmesituationen für uns parat – von positiven wie Urlaubserlebnissen bis zu negativen wie Krankheiten. Wenn unsere Alltagsroutine über den Haufen geworfen wird, ist es oft schwierig, trotzdem regelmäßig Sport zu treiben. Da das Laufen vor allem draußen stattfindet, kommen die wechselnden Jahreszeiten und die Unwägbarkeiten des Wetters hinzu.

All das sollte Sie nicht davon abhalten, regelmäßig aktiv zu sein. Mit den Tipps auf den nächsten Seiten und ein wenig Flexibilität bleiben Sie trotzdem bei der Stange. Das Dranbleiben empfehlen wir ganz besonders Einsteigern. Lassen Sie Ihr Training nur ganz selten ausfallen! Denn je häufiger Sie das machen, umso größer ist die Versuchung, es wieder zu tun. Der Kampf gegen den inneren Schweinehund wird dadurch anstrengender statt leichter. Und den hatten Sie doch erst vor Kurzem mit Ihrem Trainingsbeginn gewonnen! Wenn Sie dann einige Wochen und Monate regelmäßig gelaufen sind, wird sich Ihr Körper schon so an diese wohltuende Aktivität gewöhnt haben, dass Sie darauf auch in speziellen Lebenslagen nicht werden verzichten wollen.

Drinnen statt draußen

Zwar passt der bekannte Spruch »Es gibt kein schlechtes Wetter, sondern nur falsche Kleidung« auch beim Joggen, doch es gibt Wetterlagen, bei denen Sie Ihr Training besser nach drinnen verlegen:
- mäßiger bis schwerer Sturm (Gefahr herabstürzender Äste, Dachteile, umstürzender Bäume …)
- Starkregen
- Gewitter
- Hagel
- Glatteis

Selbst wenn es Sie in den Füßen juckt, sollte Ihnen Ihre Sicherheit wichtiger sein. Nutzen Sie dann drinnen Laufband (s. S. 147 f.), Ergometer, Trampolin oder Treppen (s. S. 142).

Hitze: Vorsicht, Überlastung!

Je nachdem, wie Sie ganz allgemein auf Hitze reagieren, werden Sie das Laufen bei Wärme im Sommer oder in heißen Gefilden mehr oder weniger zu schätzen wissen. Aber weil es im Sommer lange hell ist und Sommerzeit herrscht, können Sie Ihr Training immerhin auf die kühleren Morgen- oder Abendstunden legen. Auch luftige, atmungsaktive Kleidung kann vieles ausgleichen (s. S. 57).

Wenn Sie wie die meisten Menschen kein ausgesprochener Hitzetyp sind, sollten Sie in jedem Fall die Sonne in den Mittagsstunden zwischen 12 und 15 Uhr meiden und bei Temperaturen ab 25 Grad vorsichtig sein. Vermindern Sie dann die Intensität und die Dauer der Belastung, denn Ihr Körper benötigt einen großen Teil seiner Energie, um die überschüssige Wärme abzutransportieren. Große Hitze und starke Belastung zwingen ihn dazu, doppelt zu arbeiten, weil er einerseits Blut zur Kühlung unter die Haut transportieren und andererseits die Muskeln damit versorgen muss, die es wegen ihres erhöhten Sauerstoffbedarfs vermehrt benötigen. Deshalb muss das Herz deutlich mehr Blut pro Zeiteinheit durch den Körper pumpen, und die Herzfrequenz steigt, obwohl Sie vielleicht wegen der Hitze langsamer und kürzer laufen.

Laufen Sie am besten morgens vor 8 Uhr, denn dann ist es am kühlsten. Außerdem steigt auch die Ozonbelastung im Laufe des Tages immer weiter an.

Ambitionierte Läufer sollten bei Hitze auf High Intensity Training, Sprints und Tempoläufe komplett verzichten.

Gut gerüstet auf die Strecke

Eine Pulsuhr hilft Ihnen, bei Hitze die Belastung richtig einzuschätzen, weil sie Ihnen objektiv anzeigt, ob Ihr Trainingspuls erreicht ist, obwohl Sie glauben, nur zu schleichen oder noch gar nicht lange unterwegs zu sein.

Schützen Sie Ihre Haut und tragen Sie für Laufstrecken in offenem Gelände Sonnenmilch auf. Cremen Sie sich mindestens eine halbe Stunde vor dem Start ein.

Tragen Sie eine Sonnenbrille, um Ihre Augen vor der Strahlung zu schützen.

Falls Sie keine Cap als Sonnenschutz benötigen, verzichten Sie darauf. So kann Ihre Körperwärme auch am Kopf gut entweichen, unserem »Hauptventil« dafür.

Wenn Sie eher zu den »Kältemenschen« gehören, suchen Sie sich möglichst eine schattige Strecke im Wald. Dort benötigen Sie eventuell ein Insektenschutzmittel.

Trinken, trinken, trinken!

Dass Sie nach dem Joggen genug trinken, um den Flüssigkeitsverlust durchs Schwitzen auszugleichen, ist klar. Doch sollten Sie gerade bei Hitze möglichst auf gekühlte Getränke verzichten, auch wenn es so schön »zischt«. Ihr Organismus erzeugt nämlich Wärme, um die kalte Flüssigkeit auf Betriebstemperatur zu bringen, und daher schwitzen Sie noch mehr. Trinken Sie nicht nur zimmerwarme, sondern sogar leicht angewärmte Getränke.

Genauso wichtig ist das Trinken vor dem Lauftraining, denn damit füllen Sie Ihre Flüssigkeitsspeicher vorbeugend auf. Mit einem großen Glas nicht zu kaltem Wasser (etwa 300 Milliliter) liegen Sie richtig.

Während des Laufens zu trinken, ist erst ab einer Dauer von einer Stunde nötig. Dann trinken Sie möglichst alle 15 bis 20 Minuten einige kleine Schlucke.

Laufen im Winter – eine erfrischende Lichtdusche

Viele pausieren im Winter mit dem Laufen. Das ist schade, und zwar aus drei Gründen:

■ Die Ausdauer wird in der Zeit der Untätigkeit schlechter, und Sie fangen im Frühjahr auf einem niedrigeren Level wieder an.

■ Der Organismus bekommt nicht nur weniger Sauerstoff, sondern an den kurzen Wintertagen auch weniger Licht und wird dadurch immer schlapper.

■ Der Wechsel aus dem warmen Zimmer in die kalte Winterluft regt das Immunsystem an und beugt Infektionen vor.

Wenn Sie zumindest an zwei freien Tagen, also in der Regel am Wochenende, tagsüber joggen, sorgt das Licht nicht nur für eine bessere Vitamin-D-Bildung (wichtig für Knochen und Immunsystem), sondern auch dafür, dass nicht so viel Melatonin ausgeschüttet wird. Dieses Schlafhormon ist mitverantwortlich dafür, dass wir im Winter weniger agil sind. Tageslicht unterdrückt die Melatoninproduktion. Auch an lauffreien Tagen sollten Sie deshalb mindestens 30 Minuten draußen sein, beispielsweise in der Mittagspause. Die frische, kalte Luft und der Sauerstoff machen Sie zusätzlich munter und stärken Ihre Abwehrkräfte.

Sich richtig auf Frost einstellen

Nach einem Lauf bei strengem Frost sind Sie nicht nur die Heldin oder der Held für Ihre Familie, Freunde und Sie selbst, sondern Sie werden sich danach wahrscheinlich noch besser fühlen als sonst. Denn das Joggen ist genau das richtige Kontrastprogramm zum vielen Sitzen in Räumen mit sauerstoffarmer Heizungsluft.

Beachten Sie die folgenden Gesichtspunkte:

■ Wählen Sie Ihre Laufstrecke passend, wenn es windig ist. Dem Wind ausgesetzte Abschnitte, wegen ihrer Lage im Sommer angenehm, sind fürs Joggen bei Minustemperaturen nicht empfehlenswert, weil die Kälte Sie durch den Windchill noch stärker auskühlt.

■ Passen Sie Ihre Ausrüstung für jeden Lauf der Witterung an (s. ab S. 55).

■ Bedenken Sie bei der Wahl der Kleidung, dass Ihnen nach 10 bis 15 Minuten warm wird. Ziehen Sie sich deswegen so an, dass Sie leicht fröstelnd starten.

■ Ziehen Sie während des Laufens nichts aus, weil Sie schwitzen! Sonst ist eine Erkältung fast schon programmiert.

■ Atmen Sie nur durch die Nase ein, damit sie die kalte Luft vorwärmen kann, bevor diese in Ihre Bronchien gelangt. Viele Läufer ziehen sich zusätzlich eine Bandana als Atemschutz über die Nase.

■ Geben Sie Ihrem Körper mehr Zeit zum Warmwerden – entweder indem Sie Ihre Aufwärmübungen langsamer als normalerweise steigern oder indem Sie zu Beginn ausreichend lange gehen, trotten und langsam Laufen.

■ Vermindern Sie die Belastung um fünf bis zehn Herzschläge pro Minute, denn Ihr Organismus strengt sich sowieso schon mehr an, um die Kälte auszugleichen.

■ Verzichten Sie auf plötzliche Steigerungen des Tempos. Erhöhen Sie es langsam, damit sich die Muskeln darauf einstellen können.

■ Ihre Geschwindigkeit sollte zum jeweiligen Untergrund passen, denn unter einer Schneedecke können sich Löcher oder Eisflächen verstecken. Für den Winter gibt es Laufschuhe mit Spikes und »Schneeketten« für Laufschuhe, die für einen besseren Halt sorgen.

■ Durch Schnee zu joggen macht Spaß, ist aber für Muskeln, Bänder und Sehnen ähnlich anstrengend wie durch Sand. Stellen Sie sich mit Streckenlänge und Tempo darauf ein, indem Sie kürzer und langsamer laufen.

■ Trinken Sie vorher und nachher genauso viel wie sonst, denn zum einen schwitzen Sie, auch wenn Sie es nicht so merken wie im Sommer, und zum anderen trocknet Kälte den Körper zusätzlich aus.

Atmung bei Kälte: Es geht das hartnäckige Gerücht um, dass man bei Kälte während des Joggens nicht richtig atmen könne. Schon der Blick auf die zahlreichen ausdauerbetonten Wintersportarten widerlegt diese Legende. Zum Beispiel Skilanglauf oder Biathlon werden oft bei extrem niedrigen Temperaturen auf höchstem Niveau betrieben.

Gesunde Läufer, die normalerweise keine Probleme mit der Atmung haben, werden auch bei strengem Frost keine bekommen. Wer jedoch empfindliche Bronchien hat oder gar unter Asthma leidet, sollte unter etwa minus 10 Grad keinen Outdoorsport mehr treiben. Denn auch bei Nasenatmung ist die Luft dann immer noch sehr kalt, wenn sie in den Bronchien und der Lunge ankommt. Das macht gesunden Atemwegen nichts aus, geschädigten aber durchaus.

Alternativen für zu Hause im Winter und bei Schlechtwetter

Lieben Sie weder nasses oder kaltes Wetter noch das Laufband im Fitnessstudio, wollen aber auch den Winter über Ihre Ausdauer erhalten? Dann probieren Sie es doch mal mit Treppen- oder Trampolintraining.

Treppenlaufen: Eine Treppe mit etwa 20 Stufen ist ein ideales »Trainingsgerät« und überall verfügbar, wenn Sie nicht ausgerechnet in einem Bungalow wohnen. Gehen Sie die Treppe sechsmal hintereinander mit aktivem Armschwung zügig hinauf und locker hinunter. Einsteiger machen unten jedes Mal eine halbe Minute Verschnaufpause, Fortgeschrittene gehen direkt wieder hoch und drücken sich bei jedem Schritt ganz bewusst ab.

Mini-Trampolin: Diese Anschaffung kann sich lohnen, denn Untersuchungen der NASA haben ergeben, dass 10 Minuten Laufen auf dem Mini-Trampolin genauso effektiv sind wie 30 Minuten Joggen. Beim Trampolinlaufen werden die Gelenke besonders geschont. Es ist daher auch für Übergewichtige als Einstieg gut geeignet. Zudem ist es ein sehr wirksames Mittel gegen schlechte Laune.

Laufen mit Erkältung?

Die Medizin hat in den letzten Jahren ihre Meinung geändert. Früher riet man sehr davon ab, mit Erkältung zu laufen, weil sich die Viren durch den angekurbelten Kreislauf stärker im Körper verbreiten und sogar eine Herzmuskelentzündung hervorrufen könnten. Inzwischen empfiehlt man Ihnen sogar leichte (!) Belastung an der frischen Luft, wenn Sie keine Tabletten nehmen, sich trotz Erkältung frisch genug fühlen und Lust aufs Laufen haben. Aber Sie dürfen nur sehr gemäßigt joggen! Wenn Sie die Erkältung mitten in der Vorbereitung auf einen Wettkampf erwischt, seien Sie besonders selbstkritisch, bevor Sie trotzdem loslaufen. Vielleicht will Ihr Körper Ihnen gerade sagen, dass er eine Pause benötigt. Dann sollten Sie dieses Warnzeichen ernst nehmen und sich eine Auszeit geben.
Unbedingt aufs Laufen verzichten sollten Sie, wenn Sie Fieber oder Eiterherde haben!
Das müssen Sie auskurieren, bevor Sie wieder trainieren. Die ersten ein bis zwei Wochen danach gehen Sie es bitte ruhig an und steigern sich langsam.

Endlich wieder joggen: Einstieg nach längerer Pause

Wie gesagt ist der Winter kein Grund dafür, sein Lauftraining zu unterbrechen. Trotzdem legen vor allem Gesundheits- und Fitnessläufer im Winter oft eine Pause ein. Ein anderer häufiger Grund für eine Trainingspause ist eine Erkrankung. In solchen längeren Pausenphasen »entwöhnt« sich der Körper relativ schnell, weshalb Sie langsam wieder anfangen müssen.

Nach einer Winterpause

Wenn Sie es im Winter doch nicht geschafft haben, zu laufen oder sich mit Alternativen fit zu halten, können Sie im Frühjahr nicht genau dort wieder mit dem Training einsetzen, wo Sie aufgehört haben. Ihr Körper hat zwar nicht alles verlernt, weshalb Sie nicht bei null beginnen müssen. Aber einen Gang herunterschalten müssen Sie, selbst wenn Sie nun wieder hoch motiviert sind. Ihr Organismus benötigt ein wenig Zeit, um sich aufs Neue an die Belastung zu gewöhnen. Machen Sie sich das in den ersten vier bis acht Wochen immer wieder klar, wenn Sie sich unterwegs vielleicht wie eine lahme Ente fühlen und endlich durchstarten möchten. Durch übertriebenen Ehrgeiz würden Sie sich jetzt überlasten oder gar verletzen und hätten mehr verloren als gewonnen. Starten Sie deshalb nach Ihrer Pause in moderatem Tempo und joggen Sie zunächst nicht länger als 45 Minuten. Das oberste Gebot heißt wieder: laufen, ohne zu schnaufen. Wenn das zunächst nicht klappt, drosseln Sie Ihr Tempo noch etwas oder schieben Sie Gehphasen ein. Dehnen Sie Ihre Muskeln am Schluss gründlich, damit Ihr Körper sich gut erholen kann.

Nach Krankheiten

Wenn Sie wegen einer Krankheit länger nicht laufen konnten, fragen Sie Ihren Arzt, wann Sie wieder joggen dürfen. Klären Sie genau, wie stark und wie lange Sie sich belasten dürfen. Bleiben Sie guten Gewissens unter den empfohlenen Werten, wenn Ihr Körpergefühl es Ihnen rät. Manche Läufer müssen auf oder sogar unter Anfängerniveau wieder starten. Das ist hart, aber besonders wenn Sie vor der Krankheit leistungsorientiert gelaufen sind, dürfen Sie sich nicht überfordern!

Je nach Erkrankung sollte man sich in den ersten Monaten des Wiedereinstiegs öfter medizinisch durchchecken lassen. Ein Einstieg auf dem Laufband kann sinnvoll sein, weil Sie die Belastung genau dosieren können.

Joggen im Urlaub

Leistungsorientierte Läufer trainieren natürlich auch im Urlaub. Manche buchen sogar ein Trainingslager, um sich zu steigern. Für diese Gruppe ist es wichtig, sich im Urlaub nicht zu überlasten, sondern sich auch bewusst Zeit zum Faulenzen zu nehmen und das Nichtstun zu genießen! Der Organismus wird sich für so eine Phase der Regeneration (s. ab S. 155) mit besserer Leistung bedanken.

Manche Gesundheitsläufer kommen gar nicht auf die Idee, im Urlaub zu laufen, und versäumen damit etwas. Denken Sie nur an Läufe im Wassersaum des Strands bei Sonnenuntergang! Aber auch mit Wandern, Radtouren und Schwimmen (nicht nur Planschen!) können Sie Ihre Form einigermaßen halten.

Überschätzt: Formverluste im Urlaub

Der durchschnittliche Urlaub der Deutschen dauert 12,5 Tage lang, und der Trend geht zu kürzeren Reisen. Wenn Sie in dieser kurzen Zeit keinen Ausdauersport treiben, hat das Folgen. Nach sieben bis zehn Tagen lassen Ausdauer und Tempo messbar nach, aber der Verlust liegt bei nur 5 bis 10 Prozent. Belasten Sie sich dagegen über drei Wochen halb so stark wie sonst, verringert sich Ihre Fitness nur um 3 bis 5 Prozent. Dabei ist es egal, ob Sie laufen oder Rad fahren oder wandern.

Faulenzen oder sich erholen?

Zwei Wochen träge am Strand zu liegen ist für manchen das Nonplusultra im Urlaub. Viele Studien haben jedoch nachgewiesen, dass ein aktiv gestalteter Urlaub sehr viel erholsamer ist. Denn durch die Bewegung baut der Körper Stresshormone ab, die Sie aus dem Alltag mit an den Strand gebracht haben. Sie erholen sich am besten und haben auch zu Hause noch lange etwas davon, wenn Sie auf eine Mischung aus Aktivität, Ausspannen und Faulenzen setzen. Machen Sie also keine 25-Kilometer-Wanderung am ersten Tag, sondern zunächst einen entspannten, langen Spaziergang. Kombinieren Sie Ihre liebsten Wassersportarten mit langen Spaziergängen. Das geht am Strand ganz wunderbar!

Hunde und Laufen

Die meisten Hunde sind ideale Laufpartner. Sie laufen gern und ausdauernd, sie brauchen sowieso regelmäßig Bewegung und haben immer Zeit. Zudem sorgen sie für moderates Tempo, denn Sie sollten immer genug Luft haben, um den Hund rufen zu können. Wer auf einsamen Wegen oder abends unterwegs ist, dem vermittelt der Hund das Gefühl von Sicherheit. Niemand weiß, dass er lammfromm ist. Vor allem freuen sich Hunde wie Bolle, wenn ihr Besitzer mal etwas flotter unterwegs ist. Hunden ist das Gassitempo der Zweibeiner immer etwas zu langsam. Langsames bis mittleres Lauftempo entspricht ihnen gut. Passen Sie Ihr Tempo dem des Hundes an, fördern Sie auch die Bindung im Mensch-Hund-Team.

So geht es Mensch und Hund beim gemeinsamen Joggen gut: Wenn Sie Ihren Hund zum Laufen mitnehmen, wird er fitter und altert genau wie Sie langsamer. Bevor Sie gemeinsam Gas geben, gilt es einiges zu bedenken:

■ Ihr Hund sollte mindestens ein Jahr alt sein, bevor Sie ihn zum Training mitnehmen.

■ Der Hund muss gesund sein. Sind Sie sich nicht sicher, ob ihn das Lauftraining überfordert, fragen Sie Ihren Tierarzt.

■ Genau wie Sie braucht Ihr Hund eine Weile, um sich an die neue Belastung zu gewöhnen. Wenn Sie beide als Anfänger ins Training einsteigen, passt das wunderbar.

■ Auch bei Gesundheitsläufern, die dreimal pro Woche fünf bis zehn Kilometer in gemä-

ßigtem Tempo laufen, wird ein gesundes Tier keine Probleme bekommen.

■ Falls Sie als ambitionierter Läufer einen ungeübten Hund mitnehmen, beschränken Sie das zunächst auf Ihre Regenerationsläufe. Später können Sie das steigern.

Optimal sind Gegenden, wo Ihr Vierbeiner ohne Leine laufen darf. Dort kann er sein Tempo selber wählen, unterwegs mal schnüffeln und im flotten Galopp aufholen oder auch vorausrennen. Voraussetzung ist allerdings ein guter Grundgehorsam.

Bei Leinenpflicht brauchen Sie eine Joggingleine. Eine Kombination aus Bauchgurt und elastischer Leine empfiehlt sich. Damit haben Sie einerseits die Hände frei und können Ihre Arme schwingen lassen, andererseits gibt es

Ulrike Schöbers Laufpartner Mambo.

keinen starken Ruck, wenn Ihr Hund einmal vorspringt. Zu Anfang und am Ende sollten Sie dem angeleinten Hund Gelegenheiten geben, sich zu erleichtern und auch hier und da zu schnüffeln. Längeres Gehen am Schluss kommt diesen Bedürfnissen des Tiers entgegen. Ihre Geschwindigkeit wählen Sie so, dass Sie immer genug Luft haben, um zu reagieren, wenn Ihnen andere Hunde begegnen oder vielleicht Wild aufspringt. Viele Hunde haben aber auch großen Spaß an einem kleinen Sprint zwischendurch.

»Schaffen Sie sich doch einen Hund an!«

Diesen Satz hören viele Patienten vom Arzt, wenn er ihnen nahebringen will, wie wichtig regelmäßige Bewegung für die Gesundheit ist. Das sollte aber nie der einzige Grund dafür sein, sich einen Hund ins Haus zu holen. Wenn Sie sich einen anschaffen, sollten Sie ihn wirklich wollen, und er sollte in Ihr Leben passen! Machen Sie sich bewusst, dass er deutlich mehr Zeit verlangt als nur die zum Gassigehen, dass er Dreck macht, dass er auch nach der Anschaffung Geld kostet, dass er Sie (hoffentlich) viele Jahre Ihres Lebens begleiten wird … und dass er irgendwann so alt wird, dass er nicht mehr mit Ihnen joggen kann. Das gemeinsame Laufen sollte bei der Überlegung »Hund – ja oder nein« gar keine Rolle spielen. Es ist nur ein Goodie, aber ein ganz wertvolles!

Der will doch nur spielen: Begegnungen mit Hunden unterwegs

»Der tut nichts, der will doch spielen!« Diesen Satz haben viele Läufer schon gehört und verflucht, wenn ihnen ein Hund in den Weg gesprungen ist oder sie vielleicht verfolgt hat. Tatsächlich ist das aber meist die Wahrheit: Hunde lieben das Laufen, und einander hinterherzurennen gehört zu ihrem natürlichen Spielverhalten. Deshalb ist für manche Hunde alles, was sich schnell bewegt, interessant – leider auch Jogger.

Dabei geht es den meisten Hunden normalerweise ums Verfolgen, nicht ums Beißen. Deshalb ist Ignorieren des Hundes das Verhalten der Wahl. Also nicht zum Hund hinsehen! Laufen Sie einfach Ihr Tempo weiter. Der fremde Hund begleitet Sie vielleicht eine Weile, bis er sich zum Umkehren entschließt. Wenn Sie das nicht mochten, werden Sie langsamer und damit für den Hund langweiliger. Falls er immer noch nicht abdreht, bleiben Sie nach einer Weile stehen und schauen nicht etwa den Hund an, sondern deutlich an ihm vorbei. Schon sind Sie uninteressant.

Abruptes Anhalten aus vollem Lauf und den Blick wütend auf den Hund oder den hinterherhechelnden Besitzer zu richten, ist hingegen ganz falsch: Ein Hund könnte das als Bedrohung empfinden und Sie dann eventuell bellend umkreisen, um Sie in Schach zu halten. Was gar nichts bringt, ist Gasgeben. Ein Hund ist nämlich zum einen immer schneller als Sie, zum anderen findet er das erst recht spannend und läuft umso begeisterter hinter Ihnen her.

Auf dem Laufband im Fitnessstudio

Eine Studie der Universität Exeter hat ergeben, dass Laufen in der freien Natur mehr positive Effekte auf den Körper hat als das Joggen auf dem Laufband. Das überrascht uns Lauferfahrene nicht wirklich. Es dürfte daran liegen, dass die Sinne im Freien nachhaltiger angesprochen werden. Trotzdem ist Joggen auf dem Laufband nicht nur besser, als gar nicht zu laufen, sondern es gibt genügend Aspekte, die für das Indoortraining sprechen:

■ Sie können unabhängig von Witterung und Tageslicht laufen.

■ Man ist sicher vor Angreifern und Hunden.

■ Sie treffen im Fitnessstudio immer auf Gleichgesinnte.

■ Sie können durch die Einstellung des Bands Ihre Belastung genau steuern.

■ Moderne Laufbänder sind gedämpft und dadurch gelenkschonender als die meisten Outdoorstrecken.

■ Sie können direkt nach dem Laufen die zum Studio gehörende Sauna zur effektiven Regeneration nutzen.

Besonders im Winter und bei schlechtem Wetter ist das Laufbandtraining eine gute Möglichkeit, seine Leistungsfähigkeit nicht nur zu bewahren, sondern auch zu steigern. Bei entsprechender Einstellung des Bands können Sie auch Intervalle und Fahrtspiele (s. S. 106) laufen. Damit vermeiden Sie das Gefühl der Monotonie, das auf dem Band leider recht schnell aufkommt.

Manches ist anders als draußen

Auf dem Laufband fehlen nicht nur die frische Luft und die anregenden Sinneseindrücke der Natur. Im Freien laufen Sie immer gegen den Luftwiderstand an, der drinnen fehlt, weil Sie auf der Stelle laufen. Die dadurch fehlende Anstrengung können Sie auf dem Laufband durch die Steigungsfunktion simulieren.

■ Als Gesundheitssportler sind Sie mit einer leichten Steigung von nur 1 bis 1,5 Prozent gut beraten.

■ Für 3 Prozent sollten Sie schon recht gut trainiert sein.

■ Ambitionierte Läufer gehen für 3 bis 4 Minuten auch schon mal bis 15 Prozent hoch, sollten aber danach immer wieder längere flache Etappen laufen, damit sich die Muskeln, Bänder und Gelenke erholen können.

Durch die simulierte Steigung können Sie sehr effektiv ihre Kraftausdauer trainieren, die Sie für längere Wettkampfstrecken benötigen, denn Stoffwechsel und Beinmuskulatur sind dabei besonders gefordert.

Viele Studien haben nachgewiesen, dass Läufer auf Maschinen kleinere Schritte machen, den Oberkörper etwas weiter nach vorne neigen und aus diesem Grund schneller laufen. Erwarten Sie nicht, dass Sie dieses Tempo auch in freier Wildbahn laufen können, wenn Sie wieder draußen trainieren. Denn der Fußabdruck, der härtere, unebene Boden, der Luftwiderstand und manchmal auch Gegenwind bremsen Sie. In der Addition fallen diese kleinen Einflüsse durchaus ins Gewicht.

Das erste Mal auf dem Laufband

Als Anfänger auf dem Laufband sollten Sie sich von einem Trainer das Einstellen, die Sicherheitsvorkehrungen und vor allem die Stopp-Taste erklären lassen. Anfangs ist es sehr irritierend, wenn einem das Band buchstäblich den Boden unter den Füßen wegzieht. Auch das Orientierungsgefühl benötigt eine Weile, um zu akzeptieren, dass Sie sich zwar laufend bewegen, aber nicht von der Stelle kommen. Genauso gewöhnungsbedürftig ist die Gleichförmigkeit des Tempos. Sie können nicht spontan langsamer laufen, weil Sie sich umsehen wollen, sondern müssen dazu eigens die Geschwindigkeit des Bandes drosseln. Beginnen Sie mit fünf sehr langsamen Minuten, gefolgt von fünf etwas schnelleren, bevor Sie Ihr normales Tempo laufen. So wärmen Sie sich langsam auf und werden gleichzeitig mit dem Gerät vertraut.

Für Ambitionierte: wenn der Wettkampf ruft

Stadtlauf, Volkslauf, Lichterlauf, Frauenlauf, Krebslauf, Adventslauf, Colour Run, Charity Run … Zu vielen Themen und Anlässen finden Lauf-Events statt, darunter manche mit gemeinnützigem Aspekt. Meistens werden bei einer Veranstaltung unterschiedlich lange Distanzen angeboten. Manchmal gibt es auch gleichzeitig einen separaten Wettbewerb für Walker oder Inlineskater.

Wenn Sie an so einem Event teilnehmen wollen, suchen Sie sich den passenden Lauf aus und bereiten sich darauf vor. Obwohl die Voraussetzungen und Ziele von Straßenläufern, Zehnkilometerläufern oder Halb-Marathonis sehr unterschiedlich sind, gibt es doch einige Gemeinsamkeiten, die für die Vorbereitung auf Läufe aller Distanzen gelten. Dazu zählt, dass es im Training drei Belastungsstufen geben muss, wenn man einen Lauf mit Wettkampfcharakter erfolgreich absolvieren will.

Langsamer Dauerlauf (50 bis 65 Prozent der Hf_{max} = maximalen Herzfrequenz): Dies ist ein ruhiger Lauf über meist 60 bis zu 120 Minuten in einem entspannten Tempo, bei dem man ohne Mühe ein Gespräch führen kann.

Mittlerer/moderater Dauerlauf (66 bis 80 Prozent der Hf_{max}): Dieses Tempo nennen die ambitionierten Läufer ihr Wohlfühltempo im Training, weil sie die Dynamik des Laufens deutlich spüren, aber gleichzeitig nur wenig ermüden und sich in der Muskulatur wenig Laktat bildet. Die Dauer eines solchen Laufs beträgt meist 120 Minuten.

Schneller/zügiger Dauerlauf (81 bis 85 Prozent der Hf_{max}): Diese seltenste Belastungsform ist der sehr schnelle Dauerlauf, der nur bis maximal 30 Minuten durchgehalten werden kann. Er sollte besser nur 10 bis 20 Minuten eingeplant werden. Sie können ihn auch als HIT durchführen, indem Sie 10 Minuten in mittlerem Tempo, 10 Minuten schnell und zum Schluss noch einmal 10 Minuten in mittlerem Tempo absolvieren.

Aus diesen drei Bausteinen sollte sich Ihr normales Training zusammensetzen, egal welches Ziel Sie anpeilen. Unmittelbar vor einem Rennen über eine längere Distanz können und müssen Sie es mit leichten Steigerungsläufen auf der Bahn oder auch am Berg ergänzen. Das gilt auch, wenn Sie eine bestimmte Zeit erreichen wollen. Sehr ambitionierte Läufer sollten zur Durchbrechung der Laufmonotonie öfter Bergabläufe durchführen, allein schon damit die Schrittfrequenz einen Stimulus erfährt!
Wie Sie Ihr Vorbereitungstraining konkret je nach Laufdistanz aufbauen sollten, lesen Sie in den folgenden drei Unterkapiteln.

So trainieren Sie für einen Fünfkilometerlauf

Mit der Fünfkilometerdistanz liebäugeln vor allem ehrgeizigere Laufeinsteiger, die sich fordern wollen. Wenn Sie 45 Minuten sicher am Stück laufen können, sind Sie weit genug, um sich gezielt auf einen Lauf über fünf Kilometer vorzubereiten. Wenn Sie die 30-Minuten-Marke anpeilen, genügen weiterhin zwei bis drei Trainingseinheiten pro Woche, die Sie allerdings nicht mehr nur mit Dauerlaufen ausfüllen, sondern auch bewusst mit Tempoeinheiten. Beginnen Sie damit zwei Monate vor dem Lauf-Event.

Woche 1 und 2

■ 1-mal: langsamer Dauerlauf 30 Minuten, 5 Minuten auslaufen

■ 2-mal: 5 Minuten einlaufen, mittlerer Dauerlauf 20 Minuten, 5 Minuten auslaufen

Woche 3

■ 1-mal: langsamer Dauerlauf 45 Minuten, 5 Minuten auslaufen

■ 1-mal: 5 Minuten einlaufen, mittlerer Dauerlauf 20 Minuten, 5 Minuten auslaufen

■ 1-mal: 5 Minuten einlaufen, 3-mal 3 Minuten schnell laufen, dazwischen 2 Minuten langsames Tempo, 5 Minuten auslaufen

Woche 4 bis 6

■ 1-mal: langsamer Dauerlauf 45 Minuten

■ 1-mal: 5 Minuten einlaufen, mittlerer Dauerlauf 30 Minuten, 5 Minuten auslaufen

■ 1-mal: 5 Minuten einlaufen, 2-mal 5 Minuten schnell laufen, dazwischen 2 Minuten mittleres Tempo, 5 Minuten auslaufen

Woche 7

🟧 2-mal: 5 Minuten einlaufen, mittlerer Dauerlauf 40 Minuten, 5 Minuten auslaufen

🟧 1-mal: 5 Minuten einlaufen, 3-mal 4 Minuten schnell laufen, dazwischen 2 Minuten mittleres Tempo, 5 Minuten auslaufen

Woche 8 (vor dem Wettkampf)

🟧 2-mal: 5 Minuten einlaufen, mittlerer Dauerlauf 25 Minuten, 5 Minuten ziemlich schnell (einen Endspurt simulieren); danach auslaufen, bis Sie wieder ruhig atmen

🟧 Direkt vor dem Wettkampf unbedingt zwei Ruhetage einplanen!

Wichtig: Legen Sie Ihre Trainingstage möglichst so, dass Sie dazwischen immer einen lauffreien Tag haben. Machen Sie an zwei dieser Tage Kraftübungen, nicht jedoch vor dem Rennen. Dehnen Sie nach jeder Laufeinheit.

So trainieren Sie für einen Zehnkilometerlauf

Möchten Sie als ambitionierter Läufer eine Strecke von zehn Kilometern unter 60 Minuten laufen? Planen Sie dafür drei Monate Vorbereitung ein und laufen Sie Ihre längste Strecke, den langsamen Dauerlauf, in jeder Trainingsphase 5 Minuten länger, sodass Sie die Strecke nach zwölf Wochen locker schaffen.

Woche 1 bis 3

🟧 1-mal: langsamer Dauerlauf 50 Minuten

🟧 1-mal: 5 Minuten einlaufen, moderater Dauerlauf 40 bis 45 Minuten, 5 Minuten auslaufen

🟧 1-mal: 10 Minuten einlaufen, Fahrtspiel 15 bis 20 Minuten (am besten in hügeligem Gelände, sodass sich unterschiedliches Tempo ergibt), 5 Minuten auslaufen

Woche 4 bis 6

🟧 1-mal: langsamer Dauerlauf 55 Minuten

🟧 1-mal: 5 Minuten einlaufen, moderater Dauerlauf 50 Minuten, 5 Minuten auslaufen

🟧 1-mal: 10 Minuten einlaufen, Fahrtspiel 25 Minuten, 5 Minuten auslaufen

Woche 7 bis 10

🟧 1-mal: 5 Minuten einlaufen, moderater Dauerlauf 50 Minuten, 5 Minuten auslaufen

🟧 1-mal: 10 Minuten einlaufen, Fahrtspiel 20 bis 25 Minuten, 10 Minuten auslaufen

🟧 1-mal: 5 Minuten einlaufen, 3-mal 4 Minuten schnell laufen, dazwischen 2 Minuten langsames Tempo, 5 Minuten auslaufen

Woche 11 und 12

🟧 1-mal: 5 Minuten einlaufen, moderater Dauerlauf 55 Minuten, 5 Minuten auslaufen

🟧 1-mal: 5 Minuten einlaufen, Fahrtspiel 30 Minuten, 10 Minuten auslaufen

🟧 1-mal: 5 bis 10 Minuten einlaufen, 5-mal 4 Minuten schnelles, dazwischen 2 Minuten mittleres Tempo, 5 Minuten auslaufen

🟧 Direkt vor dem Wettkampf unbedingt zwei Ruhetage einplanen!

Wichtig: Legen Sie Ihre Trainingstage möglichst so, dass Sie dazwischen immer einen lauffreien Tag haben. Machen Sie an zwei dieser Tage Kraftübungen, nicht jedoch vor dem Rennen. Dehnen Sie Ihre Muskulatur nach jeder Laufeinheit.

Beachten Sie die Startzeit

Informieren Sie sich schon im Vorfeld über die Startzeit der Veranstaltung. Falls das Rennen nicht in Ihre übliche Laufzeit fällt, stellen Sie Ihr Training entsprechend um und gewöhnen Sie sich daran, zur geplanten Tageszeit zu laufen.

So trainieren Sie für einen Halbmarathon

Hatten Sie Spaß an Läufen über fünf und zehn Kilometer und möchten sich an die nächste Schwierigkeitsstufe oder Leistungsklasse wagen? Das ist der Halbmarathon. Ihnen als Routinier ist längst klar, dass es ohne sehr gute Grundlagenausdauer nicht geht, und die gilt es zu trainieren, um die 21,0975 Kilometer eines Halbmarathons heil zu überstehen.

Für so hohe Anforderungen reichen drei Trainingseinheiten pro Woche meist nicht mehr aus. Sie beginnen drei Monate vor dem Event mit vier Läufen pro Woche und steigern sich nach und nach auf sechs.

Die Einheiten sind unterschiedlich intensiv, und es ist wichtig, dass Sie sich nicht zwei anstrengende Läufe mit höherem Tempo hintereinander abverlangen. Ihr Körper benötigt den ruhigeren Tag dazwischen unbedingt zur Regeneration. Andernfalls überfordern Sie sich, und es kann Ihnen passieren, dass Sie ausgerechnet im Wettkampf langsamer statt schneller werden.

Woche 1 bis 3

- 2-mal: langsamer Dauerlauf 60 bis 80 Minuten
- 2-mal: moderater Dauerlauf 45 Minuten

Woche 4 bis 6

- 2-mal: langsamer Dauerlauf 75 bis 90 Minuten
- 2-mal: moderater Dauerlauf 70 Minuten
- 1-mal: 10 Minuten einlaufen, schneller Dauerlauf 10 bis 20 Minuten; 10 Minuten auslaufen, bis Sie wieder ruhig atmen.

Nach dieser Einheit immer ein Ruhetag!

Woche 7 bis 10

- 2-mal: langsamer Dauerlauf 120 Minuten
- 2-mal: moderater Dauerlauf 90 Minuten
- 2-mal: eine der beiden folgenden Einheiten, damit Sie im Training Abwechslung haben: 10 Minuten langsamer Dauerlauf, moderater Dauerlauf 10 Minuten, schneller Dauerlauf 10 Minuten, langsamer Dauerlauf 10 Minuten

oder:

5 Minuten einlaufen, moderater Dauerlauf 10 Minuten, langsamer Dauerlauf 30 Minuten, schneller Dauerlauf 10 Minuten, 10 Minuten auslaufen, bis Sie wieder ruhig atmen

Nach einer dieser beiden Einheiten sollte der Ruhetag liegen, nach der anderen sollte ein Tag mit langsamem Tempo liegen.

Woche 11 und 12

Das Training darf unmittelbar vor dem Halbmarathon nicht zu anstrengend sein, damit sich Ihre Energiespeicher füllen können. Deshalb wird ein Lauf durch Radfahren ersetzt.

- 1-mal: langsamer Dauerlauf 120 Minuten
- 2-mal: moderater Dauerlauf 120 Minuten

■ 1-mal: langsamer Dauerlauf 10 Minuten, moderater Dauerlauf 10 Minuten, schneller Dauerlauf 10 Minuten, langsamer Dauerlauf 10 Minuten

oder:

5 Minuten einlaufen, moderater Dauerlauf 10 Minuten, langsamer Dauerlauf 30 Minuten, schneller Dauerlauf 10 Minuten, 10 Minuten auslaufen, bis Sie wieder ruhig atmen

■ 1-mal: 30 Minuten Radfahren (75 bis 80 Prozent der Hf_{max})

■ Der Tag direkt vor dem Rennen ist Ruhetag!

Wichtig: Legen Sie einen lauffreien Tag hinter die intensive Einheit. Machen Sie Ihre Kraftübungen am lauffreien Tag und an einem Tag mit einer langsamen Einheit.

Gute Organisation im Vorfeld

Ein Lauf-Event unterscheidet sich von Ihrem Training vor allem durch eine psychologische Herausforderung, für die Sie nicht trainieren können: die Aufregung. Auch viele routinierte Läufer leiden am Wettkampffieber.

Die Aufregung lässt Ihr Herz deutlich schneller schlagen. Zu Ihrer normalen Pulsfrequenz addieren sich 5 bis 8 Schläge. Neben einem gezielten Training hilft auch eine gute organisatorische Vorbereitung, die Aufregung zu minimieren und »Ihren« Event für Sie zu einem persönlichen Erfolg zu machen. Denn nichts ist ärgerlicher, als vor Aufregung etwas vergessen zu haben.

■ Beachten Sie die Wettervorhersage und packen Sie das passende Lauf-Outfit am Vorabend ein.

■ Nehmen Sie Klamotten zum Wechseln nach dem Lauf mit.

■ Schlafen Sie ausgiebig. Falls Sie vor Aufregung nicht schlafen können, machen Sie kein Drama daraus.

■ Schneiden Sie Ihre Zehennägel.

■ Kleben Sie blasengefährdete Stellen an den Füßen mit Pflaster ab und, falls nötig, auch die Brustwarzen.

■ Frühstücken Sie drei Stunden vor dem Start.

■ Seien Sie rechtzeitig am Wettkampfort, damit Sie sich in Ruhe orientieren können und nicht unnötig in Hektik und Stress geraten. Bei großen Events werden die Startnummern oft am Vorabend ausgegeben. Auch das erspart Stress.

Benutzen Sie für den Lauf nur Bewährtes. Das gilt für Schuhe und Kleidung genauso wie für Getränke und Energieriegel. Was Ihnen andere Läufer kurz vorher empfehlen, probieren Sie später im Training fürs nächste Mal aus, aber nicht im Wettkampf!

Das Allerwichtigste: Teilen Sie sich Ihren Lauf gut ein und laufen Sie Ihr eigenes Tempo, damit Ihre Kraft ausreicht. Machen Sie sich innerlich unabhängig von den Läufern, die vor Ihnen sind oder Sie überholen. Dann laufen Sie mit sich statt gegen sich und werden am Ende zufrieden sein, weil Sie ein gutes Gefühl haben. Darauf kommt es an und nicht auf die gelaufene Zeit! Viel Erfolg!

DIE ZEHN BESTEN TIPPS FÜR ERFOLGREICHE DAUERLÄUFER

1. Laufen Sie langsam: Nur so profitieren Sie wirklich gesundheitlich vom Laufen. 80 Prozent der Läufer sind zu schnell unterwegs, wie Untersuchungen der Deutschen Sporthochschule Köln ergeben haben. Auch ein Sprint als Abschluss zerstört die positiven Wirkungen, weil Ihr Organismus dann schon müde ist.

2. Laufen Sie in Ihrem Tempo: Die richtige Geschwindigkeit ist sehr individuell. Lassen Sie sich nicht zu schnellerem Joggen verführen, wenn Sie mit anderen laufen.

3. Übertreiben Sie nicht: Belastung und Erholung müssen im richtigen Verhältnis stehen, damit das Laufen positiv wirkt. Zu anstrengendes Training führt zu schlechterer Leistung statt zu besserer. Bedenken Sie, dass auch Ihr Alltag in Familie und Beruf Belastungen beinhaltet, und kalkulieren Sie diese mit ein.

4. Trinken Sie genug: Trinken Sie schon vor dem Joggen ein Glas Wasser, damit Ihrem Körper genug Flüssigkeit zur Verfügung steht.

5. Laufen Sie nicht gegen Ihren Biorhythmus: Die besten Zeiten sind vor- und nachmittags. Wenn Sie abends laufen, kann das zu Schlafstörungen führen. Falls es zeitlich nicht anders geht, probieren Sie es nach 20 Uhr mit langsamerem Tempo.

6. Laufen Sie regelmäßig: Drei- bis viermal pro Woche 45 Minuten sind besser als einmal wöchentlich 70 Minuten oder länger.

7. Laufen Sie individuell: Sie sind nicht nur als Mensch, sondern auch als Läufer ein Individuum. Prüfen Sie deshalb Empfehlungen daraufhin, ob sie zu Ihnen passen. Probieren Sie ruhig etwas aus, aber am Ende laufen Sie so, wie es Ihnen guttut – zu Ihrer Lieblingszeit, auf Ihrem bevorzugten Boden, in Ihrer liebsten Umgebung.

8. Setzen Sie neue Reize: Lassen Sie Ihre Läufe nicht monoton werden, sondern wechseln Sie alle zwei bis drei Wochen die Trainingsmethode.

9. Stärken Sie Ihre Füße: Nicht nur beim Laufen, sondern auch im Alltag profitieren Sie von einer Kräftigung der Füße. Laufen Sie viel barfuß und machen Sie gezielte Übungen wie ab Seite 98 beschrieben.

10. Lassen Sie sich regelmäßig sportmedizinisch untersuchen: Für Anfänger ist ein medizinischer Check sowieso Pflicht, aber auch vor dem ersten Wettkampf und bei intensivem Training ist er sinnvoll.

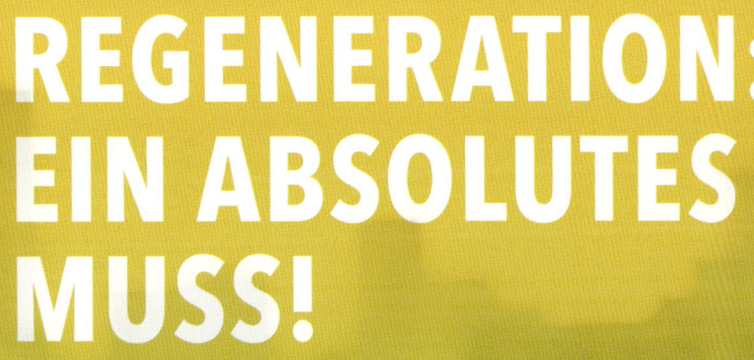

REGENERATION: EIN ABSOLUTES MUSS!

Ulrike Schöber: Ich kenne viele Läufer und Läuferinnen, die jeden Tag ihre fünf bis sieben oder auch zehn Kilometer laufen. Ist das gesund?

Ingo Froböse: »Gesund« ist ein vielschichtiger Begriff. Wenn sie das Laufen für ihren Kopf brauchen, dann kann diese tägliche Strecke sogar gesund, weil stressabbauend sein. Aber für die Leistung und das Training ist das sicher zu viel. Ein bis zwei Tage Pause sind auch für den Körper eine Erholung, die er braucht. Daher schlage ich vor, dass immer mindestens an einem Tag pro Woche nicht gelaufen werden sollte. Wer gar nicht ohne Sport auskommt, der kann dann ja Muskeltraining machen.

Ulrike Schöber: Aber was ist mit den engagierten Läufern, die sich vielleicht sogar gerade auf einen Wettkampf vorbereiten. Verlieren die nicht an Leistung, wenn sie nicht laufen?

Ingo Froböse: Nein, ganz im Gegenteil! Wer ohne Pausen durchläuft, verliert irgendwann an Leistung, weil er seinen Organismus überfordert. Dann streikt der Körper, und es kommt zum sogenannten Übertraining, dem Burn-out des Läufers. Dagegen wird niemand durch einen oder zwei Ruhetage schlechter, sondern sogar besser. Das liegt daran, dass unser Organismus Zeit braucht, um seine Energiespeicher zu füllen, zerstörte Muskelfasern zu reparieren und sich einer höheren Belastung anzupassen.

Ulrike Schöber: Wie wichtig ist für den Körper ein fester Rhythmus? Bringt es etwas, im Urlaub jeden Tag zu laufen und dann im Alltag nur einmal pro Woche, weil man keine Zeit für mehr hat?

Ingo Froböse: Wir Menschen sind bekanntlich Gewohnheitstiere, und unser Körper ist ein echter »Rhythmiker«. Am liebsten hat er es, wenn wir ihn in regelmäßigen Abständen belasten. Mal eine kurze Zeit ganz viel und dann fast gar nichts – das bringt wenig. Der Erfolg ergibt sich primär aus der Regelmäßigkeit ohne Übertreibung. Deswegen sollte man lieber versuchen, sich viele kleine Zeitfenster im Alltag freizuschaufeln, als in 14 Tagen alles nachholen zu wollen.

Nach dem Laufen: Wie fühlt sich der Körper an?

Wie fühlen Sie sich nach dem Sport? Gut und wohlig müde, aber nicht geschafft oder gar erschöpft? Es sollte jedenfalls ein angenehmes Gefühl sein, denn das Laufen soll – theoretisch jedenfalls – immer Spaß machen! Manchmal klappt das leider nicht, wenn es im Training einmal nicht so gut läuft oder die zehn Kilometer quälend waren.

Aber in der Regel sollten Sie nach Ihrem Training ein positives Gefühl haben, die getane Arbeit leicht in den Beinen spüren und zufrieden mit sich und Ihrer »Leistung« sein. Ist es so, machen Sie alles richtig!

Die Ermüdung nach dem Laufen fühlt sich nicht immer gleich an, denn nicht jeden Tag sind wir gleich gut drauf. Das Phänomen der Tagesform gibt es wirklich. Sie lässt uns die gleiche Anstrengung und Ermüdung unterschiedlich stark empfinden. Mal könnten wir nach dem Joggen noch Bäume ausreißen, an einem anderen Tag fallen wir ermattet aufs Sofa. Das ist ganz normal. Allerdings dürfen schlechte Empfindungen nicht zu häufig oder gar regelmäßig auftreten! Dann müssen Sie auf jeden Fall Ihr Training hinsichtlich Intensität und Umfang überprüfen. Denn auch Sportler kennen den Burn-out, nur dass er Übertraining heißt (s. S. 111)!

Wie die Ermüdung entsteht

Eine angenehme Ermüdung nach dem Sport ist gut, weil sie zeigt, dass der Körper auf die Belastung reagiert. Es hat sich also gelohnt, die Laufschuhe anzuziehen! Zwar können sich die Anzeichen von Ermüdung sehr individuell ausprägen, es handelt sich aber nahezu immer um eine muskuläre, also periphere Ermüdung. Im Unterschied dazu wird beim Übertraining eine zentrale Ermüdung vom Zentralnervensystem ausgelöst.

Die Beine fühlen sich »schwer« und irgendwie anders an. Das liegt daran, dass die Muskulatur mehr Energie brauchte, als der Körper bereitstellen konnte, und dass er deshalb ohne Sauerstoff anaerob Energie produzieren musste. Das führt zur sogenannten Azidose. Der pH-Wert des Bluts sinkt dabei unter den Neutralpunkt von 7,0 in den sauren Bereich.

Dieses veränderte Milieu äußert sich in schweren Beinen oder einer deutlich verstärkten Muskelspannung. Das passiert bei Anfängern genauso wie bei Fortgeschrittenen, und es ist ein natürlicher Prozess, mit dem sich der Körper an das Training anpasst. Der Unterschied ist, dass diese Veränderungen umso später auftreten, je geübter Sie sind. Biochemisch

Die angenehme Ermüdung nach dem Laufen zeigt, dass der Körper auf die Belastung reagiert.

haben sich im Körper durch die Belastung die folgenden Punkte verändert.

■ **Anhäufung von Laktat:** Zunehmende Belastung erhöht den Laktatspiegel in den Zellen und im Blut. Das senkt den pH-Wert, was die Aktivität der Enzyme verringert. In der Folge wird weniger Energie produziert.

■ **Ansammlung von Harnstoff:** Die Harnstoffkonzentration im Blut steigt an, weil verstärkt körpereigenes Eiweiß zur Bereitstellung von Energie verstoffwechselt wird. An diesem Wert lässt sich erkennen, wie sehr der Körper seine Reserven mobilisiert.

■ **Reduktion von Hormonen und Enzymen:** Durch länger dauernde sportliche Belastungen wird die Bildung der Katecholamine reduziert, zu denen Adrenalin und Noradrenalin gehören. Ermüdung ist die Folge.

■ **Physikalisch-chemische Reaktionen des Organismus:** Dazu zählt, dass sich bei langen Läufen die Durchlässigkeit der Zellmembra-

nen ändert. Zudem treten Veränderungen an den Mitochondrien ein, den Kraftwerken der Zelle. Auch die Eiweißstrukturen der Muskelfasern zeigen dann Aufspleißungen und andere Abnutzungserscheinungen.

■ **Übertragungsfehler:** Die Übertragungsermüdung schränkt die Koppelung zwischen Nerven und Muskeln ein, was die Kontraktionsfähigkeit der Muskeln beeinträchtigt.

Alle diese Prozesse – und es gibt noch einige mehr – laufen gleichzeitig und von uns unbemerkt ab, aber sie sind es, die uns nach dem Sport so wohlig müde machen. Wenn Sie nicht übertreiben, ist alles schnell reversibel, denn unser Körper repariert das alles rasch und vollständig. Dafür müssen wir ihm allerdings genügend Zeit geben und so die Regeneration ermöglichen. Wenn Sie am nächsten Morgen aufstehen und sich auf die nächste Laufeinheit freuen, dann haben Sie alles richtig gemacht!

Warum Regeneration so wichtig ist

Das Wichtigste vorweg: Ein Ruhetag ist keine Sünde! Er schadet dem Leistungsniveau nicht. Das zu verstehen ist besonders für Einsteiger und leistungsorientierte Läufer von großer Bedeutung für Gesundheit, Leistungsfähigkeit und allgemeines Wohlbefinden. Wie so oft kommt es auch beim Laufen auf die richtige Dosis an. Viel hilft nicht viel! Im Gegenteil: Laufen Sie zu viel, machen Sie mehr kaputt, als Sie gewinnen. Ihr Körper benötigt unbedingt Auszeiten, um die Belastungen verarbeiten zu können. Nur in den Pausen kann er seine verbrauchten oder gar zerstörten Strukturen reparieren und den Trainingsreiz verarbeiten. Obwohl wir es nicht spüren, ist unser Organismus in der Zeit der vermeintlichen Untätigkeit sehr beschäftigt:

- Er baut Stoffwechselprodukte ab.
- Er beschleunigt die Produktion von muskelaufbauenden Stoffen.
- Er stellt sein biochemisches Gleichgewicht wieder her, das die Stoffwechselprozesse beim Laufen aus der Balance gebracht haben.
- Er bringt sein neurovegetatives System, das die unwillkürlichen Körperfunktionen steuert, wieder auf das normale Niveau.
- Er sorgt dafür, dass sich die Muskeln nicht dauerhaft verspannen.

Außerdem ist eine vollständige Erholung des Körpers die beste Vorbeugung gegen Verletzungen und Entzündungen. Wenn Sie ihm dafür immer (!) die notwendige Zeit geben, benötigt er gar nicht lange, und Sie sind bald wieder frisch. Verzichten Sie aber auf diese Pausen, droht eine tiefere Erschöpfung, und zwar nicht nur auf körperlicher Ebene, sondern auch auf seelischer. Dann hätten Sie sich mit dem Laufen mehr geschadet als genützt.

Der Open-Window-Effekt

Zu intensives Laufen ist Stress für Ihren Körper. Er reagiert darauf mit der Ausschüttung des Stresshormons Cortisol, das Ihr Immunsystem bei seiner Arbeit massiv hemmt und unterdrückt. Es kann seine Schutz- und Abwehrfunktion für Sie nicht mehr ausüben und Eindringlinge unschädlich machen. Das »Fenster« ist dann für alle Viren und Bakterien geöffnet, die des Wegs kommen. Sie sind ungeschützt und werden in der Folge krank. Eine Virusinfektion kann sich ausbreiten, und das nur, weil Sie es mit dem Laufen übertrieben haben. Schützen Sie also Ihr Immunsystem und laufen Sie langsam und ruhig!

Ohne Regeneration keine Leistungssteigerung

Insbesondere vielen ehrgeizigen Läufern fällt es schwer, ihrem Körper die notwendige Erholungszeit zu geben. Gehören Sie zu dieser Gruppe? Vielleicht fällt Ihnen das Erholen leichter, wenn Sie wissen, dass Sie Ihre Leistung wirklich nur verbessern können, wenn Sie sich Pausen gönnen. Das Stichwort dazu lautet »Superkompensation«. Ihr Organismus stellt nach dem Training nicht nur das Gleichgewicht wieder her und repariert sich, sondern er legt noch eine Schippe drauf. Er sorgt für zusätzliche Mitochondrien (die Mini-Kraft-werke in den Zellen), damit Sie beim nächsten Mal Ihre Energiespeicher besser mobilisieren können. Beim Ausbessern der mikrokleinen Muskelrisse bei Muskelkater lagert er gleich etwas mehr Eiweiß ein, sodass der Muskel leistungsfähiger wird. Das sind nur zwei Beispiele, die zeigen, dass Regeneration die Basis für höhere Leistungsfähigkeit ist.

Trainingsfreie Tage sind für alle Sportler so wichtig, dass die gesamte Anstrengung ohne eine solche Pause völlig umsonst gewesen wäre! Schlimmer noch: Die Leistung entwickelt sich dann sogar negativ, und Sie werden trotz Training nur langsamer. Es gilt also: Ohne Erholung keine Leistungssteigerung!

Gönnen Sie sich Trainingspausen und geben Sie Ihrem Körper Zeit, sich zu regenerieren.

Laufpause und Regeneration: Die Dauer zählt

Je besser Sie trainiert sind, desto schneller verläuft der biochemische Wiederaufbau nach einer Belastung. Beispiel Muskelkater: Je besser Sie werden, umso seltener haben Sie Muskelkater. Trainieren Sie mehrere Tage in Folge, sollten immer 20 bis 22 Stunden dazwischenliegen. Das gilt für alle Läufertypen. Zwischen zwei Einheiten an einem Tag sollten sechs Stunden vergehen und dann etwa zwölf bis zur nächsten Morgeneinheit.

Natürlich erfordern verschiedene Belastungsarten verschieden lange Regenerationszeiten, und zwar unabhängig von Ihrem Leistungsniveau. Wenn Sie entweder ruhig oder aber intensiv Ihre Ausdauer stärken, benötigt Ihr Körper danach zur Kompensation unterschiedlich lange Regenerationsphasen. Kommt begleitendes Muskel- oder Techniktraining hinzu, kann die Regeneration noch länger dauern (s. Tabelle).

Regenerationsprozesse und -zeiten je nach Trainingsbelastung

Regenerationsprozess	Trainingsbelastung		
	Moderater Dauerlauf mit 60 % der Hf_{max}: Sprechen möglich	**Ruhige Intervalle** mit 60–80 % der Hf_{max}: Sprechen schwierig	**HIT/intensive Intervalle** mit 80–90 % der Hf_{max}: Sprechen nicht möglich
laufende Regeneration	bei 40–60 % Intensität findet laufende Regeneration statt	geringe Regeneration bei niedrigen Belastungen	unbedeutend
Schnellregeneration (sehr unvollständig)	unbedeutend	nach 1,5 Stunden	nach 2–3 Stunden
90–95 % Regeneration (unvollständig mit guter Leistungsfähigkeit)	bei 70–90 % Intensität nach ca. 12 Stunden	nach 12 Stunden	nach 12–24 Stunden
vollständige Regeneration aller Stoffwechselprozesse	bei 70–90 % Intensität nach ca. 24–36 Stunden je nach Trainingszustand	nach 24–36 Stunden	nach 48–72 Stunden (wichtig für sensomotorisches Training!)

Der richtige Rhythmus von Training und Regeneration

Als Anfänger sollten Sie maximal jeden zweiten Tag trainieren. Ambitionierte Läufer brauchen pro Woche mindestens einen, besser zwei Ruhetage für die physische und psychische Regeneration. Der Wochenplan sieht je nach Läufertyp etwas unterschiedlich aus.

Trainingsrhythmus für Anfänger
- Montag: Ruhetag
- Dienstag: Trainingstag
- Mittwoch: Ruhetag
- Donnerstag: Trainingstag
- Freitag: Ruhetag
- Samstag: Ruhetag
- Sonntag: Trainingstag

Rhythmus für Gesundheits- und Fitnessläufer
- Montag: Ruhetag
- Dienstag: Trainingstag
- Mittwoch: Ruhetag
- Donnerstag: Trainingstag
- Freitag: Ruhetag
- Samstag: Trainingstag
- Sonntag: Trainingstag

Rhythmus für ambitionierte Läufer
- Montag: Trainingstag
- Dienstag: Trainingstag
- Mittwoch: Trainingstag
- Donnerstag: Trainingstag
- Freitag: Trainingstag
- Samstag: Ruhetag
- Sonntag: Trainingstag
- Eventuell kann und muss in der Mitte der Trainingstage ein weiterer Ruhetag eingeschoben werden.

Wenn die Wochenenden flexibel gestaltet werden können, bietet sich in der wettkampffreien Jahreszeit auch der Rhythmus drei zu eins an. Dabei wird drei Tage nacheinander zunehmend intensiver trainiert, und auf den dritten intensiven Tag folgt ein Ruhetag.

Erholungswoche für ambitionierte Läufer

Vor allem nach Wettkämpfen benötigt der Organismus mehr Erholungszeit. Lösen Sie sich dann von Ihrem üblichen Trainingsrhythmus und legen Sie mindestens eine Regenerationswoche ein. Die könnte so aussehen:
- Sonntag: Wettkampf
- Montag: ganz ruhiger Regenerationslauf oder Spaziergang
- Dienstag: langsamer Dauerlauf mit 60 bis 65 Prozent der maximalen Herzfrequenz
- Mittwoch: langsamer Dauerlauf
- Donnerstag: ganz ruhiger Regenerationslauf oder Spaziergang
- Freitag: mittlerer Wohlfühl-Dauerlauf mit etwa 70 Prozent der maximalen Herzfrequenz
- Samstag: langsamer Dauerlauf

Direkt nach einer harten Beanspruchung sollte immer ein ruhiger Tag folgen! Das gilt nicht nur für Wettkämpfe, sondern auch für intensives Training. Der Körper muss sich immer an die neue Belastung anpassen!

Gezielte Regeneration: wirksame Maßnahmen

Natürlich ist es in Ordnung, sich nach dem Laufen einfach nur heiß zu duschen und dann den Abend auf dem Sofa zu genießen. Aber egal ob Sie als Anfänger Ihre erste Laufeinheit geschafft oder als Fortgeschrittener ein anstrengendes Fahrtspiel hinter sich haben – gerade nach ungewohnten Belastungen erholt sich Ihr Organismus besser, wenn Sie sich eine gezielte Regenerationsmaßnahme gönnen, und zwar am besten spätestens etwa zwei bis drei Stunden nach der Belastung. Schon eine wechselwarme Dusche fördert die Erholung besser als nur das heiße Duschen.

Viele Studien haben übereinstimmend gezeigt, dass aktive Regenerationsmethoden den Vorgang der Erholung deutlich intensiver fördern und beschleunigen als passive Mittel und Verfahren. Während des Dauerlaufs sammelt sich in den Muskeln Laktat an (das Salz der Milchsäure; s. dazu S. 71), das zur Ermüdung führt. Aktive Maßnahmen beseitigen es deutlich schneller, und entsprechend früher ist man erholt. Die Studien haben nachgewiesen, dass aktive Maßnahmen die Durchblutung bis zu dreimal mehr verstärken als passive.

■ Wärme und Kälte und andere passive Maßnahmen erhöhen die muskuläre Durchblutung um das Fünffache.

■ Aktive Maßnahmen wie langsames Auslaufen oder Schwimmen erhöhen die muskuläre Durchblutung um das bis zu Vierzehnfache. Wenn Sie zu den ambitionierten Läufern mit einem umfangreichen Trainingspensum gehören, sollten Sie möglichst oft auf die aktive Regeneration setzen. Gesundheitsläufer bevorzugen meist die passiven Methoden – und das dürfen sie guten Gewissens!

Wechselduschen fördern die Erholung.

Passive Erholung: ein Genuss für Körper und Seele

Es gibt so viele passive Regenerationsmaßnahmen, dass Sie sich je nach Zeitbudget und Neigung leicht die passende aussuchen können.

Kälte und Wärme

Sowohl mit Kälte als auch mit Wärme aktivieren Sie Ihren Stoffwechsel und erhöhen so den Abtransport von Stoffwechselprodukten wie Laktat. Allerdings ist ein warmes Wannenbad, dem Sie vielleicht einen muskelentspannenden Fichtennadelzusatz zusetzen, im Alltag leichter machbar als ein Eiswasserbad – und wird von vielen als angenehmer empfunden.

Kälte hat im Unterschied zu Wärme jedoch den Effekt, dass sie die Mikroentzündungen, die anstrengendes Training hervorruft, stark abmildern kann. Das lindert den Muskelkater oder verhindert ihn sogar ganz.

Auch Saunieren bewirkt in den ersten zwei Stunden nach einem intensiven Lauf eine Erholung der Muskulatur. Zusätzlich entstresst und beruhigt es die Psyche nachhaltig.
Wichtig: Vor einem Wettkampf oder vor wichtigen Trainingseinheiten ist es besser, mindestens zwei bis drei Tage nicht zu saunieren, weil die Sauna stark beruhigen kann, was eventuell die Leistung beeinträchtigt.

Massage und Elektrostimulation

Die Massage ist unter allen physikalischen Regenerationsverfahren bestimmt das effektivste. Durchblutungsförderung, Flüssigkeits-verschiebung und Stoffwechselanregung stehen dabei im Zentrum. Transkutane elektrische Nervenstimulation (englisch: *transcutaneous electrical nerve stimulation/TENS*) kann alternativ oder ergänzend angewendet werden.

Schlaf

Schlafen ist die natürlichste Regenerationsmaßnahme von allen, und Schlaf sollten Sie sich regelmäßig und reichlich gönnen – gerade in Trainingsphasen.

Kompression?

Seit einigen Jahren ist es modern, den Stoffwechsel nach Ausdauerbelastungen durch Druckverbände oder Kompressionsbekleidung zu unterstützen. Studien kommen zu unterschiedlichen Ergebnissen. Wenn überhaupt, zeigen sich nur geringe Regenerationseffekte. Gehen Sie damit kritisch um und lassen Sie sich nichts Teures aufschwatzen.

Aktive Erholung: Abwechslung für Körper und Seele

Für viele Sportler klingt aktive Regeneration nach Anstrengung. Aber sie ist nicht nur für Ihren Organismus, sondern auch für Ihre Psyche eine schöne Abwechslung zum üblichen Training oder zu den hohen Belastungen eines Wettkampfs, zumal Sie aus zahlreichen unkomplizierten Methoden auswählen können. Dazu zählt beispielsweise die Faszienmassage mit der Rolle (s. S. 184 f.).

Schwimmen drückt das Laktat förmlich aus den Muskeln und Gefäßen heraus.

Auslaufen

Auch wenn es nach einem anstrengenden Trainingslauf oder Wettkampf zunächst etwas grausam klingt: 10 bis höchstens 20 Minuten langsames, ruhiges Laufen nach einem anstrengenden Training oder Wettkampf erhöht die Stoffwechselrate und beschleunigt den Abbau von Laktat deutlich. Die Regeneration setzt dabei sofort ein!

Wichtig ist, dass Sie Ihr Cool-down wirklich langsam und ruhig durchführen. Die Herzfrequenz darf auf keinen Fall über 120 bis 130 Schläge pro Minute steigen. Ambitionierten Sportlern empfehlen wir unser Trotting, weil dabei die Gefahr, zu schnell zu laufen, schon wegen der Lauftechnik minimal ist.

Schwimmen

Leichte Bewegung im Wasser ist gerade für Läufer eine tolle Möglichkeit der Regeneration, denn der hydrostatische Druck des Wassers drückt sowohl aus den Muskeln als auch aus den Venen und Lymphgefäßen die Stoffwechselprodukte wie das Laktat förmlich heraus. Das dürfen Sie »gemütlich« mit den Armen auf einem Schwimmbrett tun, indem Sie nur die ermüdeten Beine leicht und locker bewegen. Oder Sie machen Aquajogging (s. S. 116 f.) und laufen im Wasser mit einem Auftriebsgürtel locker und entspannt.

Wichtig: Das Wasser darf nicht zu kalt sein! Mindestens 28 Grad, besser aber 30 bis 32 Grad sollten es für die Regeneration sein.

Regenerationszeit nach Wettkämpfen

Viele ambitionierte Läufer unterschätzen, wie lange der Organismus nach einem Wettkampf für die Regeneration benötigt:

- Zehnkilometerlauf: 4 bis 6 Tage
- Halbmarathon: 8 bis 12 Tage
- Marathon: 4 bis 6 Wochen

Diese Zeiten sollten Sie bei der Planung der Wettkämpfe berücksichtigen.

Entspannungstechniken

Methoden wie die progressive Muskelentspannung nach Jacobson, das autogene Training oder die Atementspannung wirken nicht nur auf die Muskulatur und den gesamten Körper entspannend, sondern auch auf den Geist. Das können Sie gegen Stress in Familie und Beruf genauso nutzen wie in angespannten Situationen vor oder nach einem Wettkampf.

Eine bewährte Entspannungstechnik: progressive Muskelentspannung.

Flüssigkeits- und Nährstoffverluste ausgleichen

Gesunde Ernährung und viel Wasser sind für jeden wichtig, der gesund bleiben möchte. Läufer und Sportler haben natürlich einen besonders großen Bedarf an Wasser und Nährstoffen aller Art.

Wenn Sie in der ersten Stunde nach der Belastung das Richtige trinken und essen, erleichtern Sie die Regeneration ungemein, denn mit viel Flüssigkeit sind die enzymatischen Bedingungen zur Verarbeitung der Nährstoffe am besten. Sie erreichen damit:

- ein schnelles Auffüllen der Kohlenhydratspeicher in den Muskeln und der Leber,
- einen schnellen Ausgleich der Flüssigkeitsverluste und des Elektrolythaushalts (zu den Elektrolyten gehören Natrium, Magnesium, Kalzium),
- den Wiederaufbau von zerstörten oder verbrauchten Zellbestandteilen, Blutkörperchen und Muskelproteinen sowie
- eine Unterstützung des Immunsystems bei der Aufbauarbeit.

Wichtig: Die Basis für erfolgreiches Laufen und optimale Regeneration ist grundsätzlich eine ausgewogene, vielfältige und hochwertige Ernährung. An Tagen mit Wettkämpfen oder anstrengenden Trainingseinheiten können Sie lediglich Sofortmaßnahmen durchführen. Die Basis müssen Sie im Alltag legen. Was Sie für eine »läufergesunde« Ernährung beachten sollten, lesen Sie ab Seite 191.

DREI FAVORITEN FÜR DEN ALLTAG: WECHSELDUSCHEN, AUSLAUFEN, LOCKERES DEHNEN

Wechselduschen: Direkt nach dem Laufen zu duschen ist mehr als nur eine Sache der Hygiene! Wenn Sie bestimmte Dinge beachten, ist die Dusche ein Regenerationsbeschleuniger. Dazu gilt es zunächst, nicht zu heiß (unter 40 Grad) zu duschen, denn bei zu heißem Wasser wird in erster Linie die Haut besser durchblutet. Also bevorzugen Sie eine warme Dusche und lassen Sie den Wasserstrahl ruhig mehrere Minuten auf bestimmte Körperpartien wie die Wadenmuskeln einwirken. Wird die Haut rot, ist das ein Zeichen für den aktivierten Stoffwechsel der Muskulatur. Ein Wechsel der Temperatur verstärkt diesen Effekt. Deswegen sollten Sie zum Ende des Duschens in den letzten 20 bis 30 Sekunden das kalte Wasser aufdrehen. Dieser Effekt lässt sich noch steigern, wenn Sie häufiger zwischen Wärme und Kälte wechseln. Nach ein bis zwei Minuten angenehm warmem Wasser folgt für 30 Sekunden kaltes. Das wirkt nicht nur regenerativ, sondern härtet ab, trainiert die Flexibilität der Blutgefäße und ist vor allem günstig, schnell und einfach anzuwenden.

Auslaufen: Speziell für die Regeneration nach intensiven oder ermüdenden Läufen spreche ich mich immer für ein leichtes Auslaufen wie auf Seite 165 beschrieben aus. Gerade nach einem Marathon oder Halbmarathon sind diese allseits ungeliebten »Ausläufe« der erste Einstieg in eine sofortige Erholung. Die Auswirkungen des Rennens werden deutlich abgeschwächt!

Lockeres Dehnen: Nach dem Laufen dehne ich immer meine belasteten Muskeln, besonders die Waden- und Schienbeinmuskeln sowie die hintere und vordere Oberschenkelmuskulatur. Dabei geht es nicht darum, mehr Beweglichkeit zu bekommen, sondern den Stoffwechsel durch das lockere Dehnen zu aktivieren. Die Muskelspannung wird verringert und die Durchblutung der geschundenen Muskeln angeregt. Ich favorisiere nach dem Laufen ein leicht dynamisches Dehnen, bei dem ich die Dehnposition zunächst 6 bis 10 Sekunden halte und dann leicht und locker wippe. Sie können das übrigens wunderbar unter der Dusche machen, weil dort die Wärme die Dehnung erleichtert. Geeignete Dehnübungen finden Sie ab Seite 171.

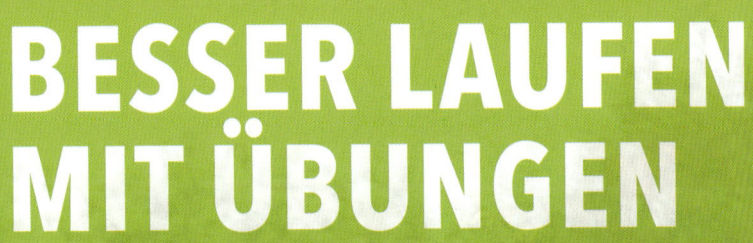

BESSER LAUFEN MIT ÜBUNGEN

Ulrike Schöber: Nun hat man sich schon zum Laufen aufgerafft und tut das mehrmals wöchentlich, und das reicht immer noch nicht? Sind zusätzliche Übungen wirklich nötig?

Ingo Froböse: Oh ja, denn die Ausdauer – und nur die trainieren wir beim Laufen – ist nur die eine Seite der Medaille Gesundheit, Fitness und Leistung. Die andere Seite ist das Muskeltraining. Entgegen herkömmlicher Ansicht trainiert das Laufen die Muskulatur kaum. Der Trainingsreiz beim Laufen, also der Widerstand, gegen den die Muskeln arbeiten, ist dafür einfach zu gering. Da starke Muskeln aber für jede körperliche Leistung und für die Gesundheit unerlässlich sind, muss man sie gezielt trainieren. Das dauert gar nicht allzu lange und ist für alle vom Gesundheitsläufer bis zum Leistungsjogger eine absolute Pflichtaufgabe, die leider oft vergessen wird.

Ulrike Schöber: Ich gehe einmal pro Woche zum Pilates. Da werden in einer Stunde alle Muskelgruppen gründlich durchgearbeitet. Reicht das als Ergänzung zum Laufen?

Ingo Froböse: Pilates ist eine ganz hervorragende Trainingsform. Übungen daraus habe ich auch in mein Trainingsprogramm eingebaut. Deshalb reicht es aus, wenn für die Muskeln vielleicht noch eine zweite kleinere Trainingseinheit – früher nannten wir es Gymnastik – zu Hause oder in einem Fitnessstudio ausgeführt wird. Denn zweimal pro Woche sollten die Muskeln zu ihrem Recht kommen.

Ulrike Schöber: Wie sieht es mit anderen Sportarten aus? Gibt es welche, die eine besonders gute Ergänzung zum Laufen sind?

Ingo Froböse: Zum Thema Ausdauer passen natürlich Wandern, Skilanglauf und Skating, weil dabei die gleichen Muskelgruppen beansprucht werden wie beim Laufen. Schwimmen und Radfahren trainieren auch sehr gut die Ausdauer. Mit einem Crosstrainer im Fitnessstudio kann man recht gut überwintern. Auch Aquajogging kann in der kalten Jahreszeit oder bei Verletzungen helfen, die Form zu halten. Ergänzend ist für mich Muskeltraining das Wichtigste. Jeder muss für sich herausfinden, wie er es am besten macht. Ob an Geräten im Studio oder bei einem Kurs, das muss man ausprobieren.

Dehnung: unverzichtbar nach dem Laufen

Ist das Dehnen vor oder nach dem Laufen besser? Auf diese immer wiederkehrende Frage gibt es eine klare Antwort: Beides ist gut, aber unverzichtbar ist es nach dem Laufen. Vorher regt es »nur« den Stoffwechsel an und wärmt den Körper auf, aber nach der Anstrengung unterstützt das Stretching wirksam die Regeneration. Deshalb sollten Sie es nach dem Laufen auf keinen Fall vernachlässigen!

Je nach Ziel verschieden dehnen

Auch über die Frage, ob dynamisches oder statisches Dehnen besser ist, gibt es reichlich Diskussionen. Dabei ist es ganz einfach: Die Art und Weise des Stretchings hängt vom Zeitpunkt ab, also davon, was es bezweckt:

■ Vor dem Laufen dehnen Sie nur dynamisch und wärmen damit Ihre Muskeln auf.

■ Nach dem Laufen dehnen Sie nur statisch und fördern so die Erholung Ihrer Muskulatur.

Beim dynamischen Stretching gehen Sie kontrolliert, sanft und nur kurz in die Dehnung, lassen los und dehnen dann noch einmal. Das machen Sie mehrmals wippend hintereinander. Dadurch mobilisieren Sie die Muskulatur und regen Ihr Herz sowie Ihren Kreislauf an. Die meisten Läufer lassen das Dehnen vor der Laufeinheit ausfallen. Für Gesundheitssportler und bei leichten Trainingsläufen ist das kein Problem, wenn sie entsprechend mehr Zeit fürs Einlaufen einplanen und ganz langsam loslaufen. Wollen Sie sich aber bei Ihrem Lauf herausfordern oder an einem Wettkampf teilnehmen, sollten Sie immer Zeit fürs Aufwärmen und Mobilisieren einplanen.

Nie jedoch sollten Sie das Stretchen nach dem Laufen ausfallen lassen! Sie helfen damit Ihren ermüdeten Muskeln bei der Entspannung und Erholung. Damit das wirklich funktioniert, dehnen Sie sie im Anschluss ans Laufen immer statisch. Dazu bringen Sie die Muskulatur auf Spannung und halten die Position mindestens 20 Sekunden, besser 30, erfahrene Sportler gerne auch länger. Sie können die Dehnung während dieser Phase mithilfe des eigenen Körpergewichts sanft etwas »nachziehen«. Aber bitte auf keinen Fall ruckartig wippen! Das wäre kontraproduktiv, denn es würde die Rezeptoren stimulieren, die Ihre Muskeln dann wieder anspannen würden.

Beim Dehnen nach dem Laufen führen Sie jede Übung zwei- bis dreimal aus.

171

Dehnung Wadenmuskulatur

Da die Wadenmuskulatur über zwei Gelenke läuft, nämlich Knie- und Sprunggelenk, wird sie zweifach gedehnt, und die Wadendehnung gliedert sich entsprechend in zwei Teile:

Gebeugtes Knie

■ Machen Sie einen Ausfallschritt. Beide Füße stehen flach auf dem Boden. ▶ 1

■ Legen Sie das Gewicht auf das vordere Bein, bis Sie in der hinteren Wadenmuskulatur, vor allem unten in der Achillessehne, ein deutliches Ziehen spüren. ▶ 2

Gestrecktes Knie

■ Wechseln Sie aus dieser Position direkt in die Dehnung für die gesamte Wadenmuskulatur. Beugen Sie dazu das zuvor gestreckte Bein.

Dehnung vorderer Oberschenkel

Die Muskulatur des vorderen Oberschenkels ist die größte Muskelpartie. Ihre vier Teile laufen über Knie- und Hüftgelenk. Sie heben bei jedem Schritt unser Körpergewicht hoch.

■ Stellen Sie sich gerade hin, winkeln Sie ein Bein an und greifen Sie mit der Hand der gleichen Seite den Fußrücken. Bei Bedarf halten Sie sich mit der anderen Hand zum Beispiel an einem Baum oder einer Parkbank fest.

■ Ziehen Sie nun den Fuß weiter ans Gesäß heran, bis sie eine deutliche Dehnung im vorderen Oberschenkel fühlen. Beide Knie sollten dabei parallel zueinander bleiben und die Dehnung durch das deutliche Strecken der Hüfte nach vorne intensiviert werden.

Dehnung Oberschenkelrückseite

Die Oberschenkelrückseite stützt die Hüfte beim Strecken, hilft aber auch beim Beugen der Knie mit, weil sie sich ebenfalls über Knie- und Hüftgelenk zieht. Im Gegensatz zur Oberschenkelvorderseite wird sie häufig vernachlässigt und verkümmert durch vieles Sitzen.

■ Legen Sie ein Bein auf eine Erhöhung wie eine Parkbank oder einen Zaun und strecken Sie das Knie durch.

■ Kommen Sie mit dem Oberkörper nach vorne, bis Sie ein Ziehen im hinteren Oberschenkel spüren. Je weiter Sie Ihr Gewicht nach vorne verlagern, desto stärker ist die Dehnung. Trotzdem bitte nicht übertreiben. Es sollte etwas brennen, mehr nicht.

Dehnung äußere Hüftmuskeln

Die äußeren Hüftmuskeln halten das Becken in der Horizontalen und hindern die Hüfte etwa im Einbeinstand am Abkippen des Beckens.
- Kreuzen Sie im Stehen die Beine.
- Gehen Sie langsam in die Kniebeuge; halten Sie sich bei Bedarf fest.
- Das übergeschlagene Knie zieht aktiv in Richtung Boden. Je tiefer Sie kommen, desto intensiver wird der Dehnreiz.

Mobilisation Sprunggelenk – Kreiseln um die Fußspitze

Das Laufen belastet Ihre Sprunggelenke stark. Mit dieser Übung halten Sie sie beweglich.
- Stellen Sie sich mit hüftbreiten Beinen hin.
- Setzen Sie die rechte Fußspitze auf und kreisen Sie mit dem Fuß langsam und bewusst 8-mal in die eine Richtung und 8-mal in die andere.
- Danach wechseln Sie das Bein und kreisen mit dem anderen Fuß.

Mobilisation Schultergelenk – Armkreisen

Die Arme unterstützen den Schwung und den Rhythmus beim Laufen. Verspannte Schultern beeinträchtigen den ganzen Bewegungsablauf.

■ Stellen Sie sich mit hüftbreiten Beinen hin.

■ Heben Sie die gestreckten Arme hoch und lassen Sie sie langsam und kontrolliert vorwärts kreisen – nach vorne, nach unten, dann nach hinten und wieder nach oben.

■ Machen Sie 8 Kreise nach vorne und dann in Gegenrichtung 8 Kreise nach hinten.

Dehnung Bauchmuskeln

Da wir beim Laufen den Oberkörper immer leicht nach vorne bringen und die Bauchmuskeln damit eher zusammendrücken, als sie zu strecken, tut es ihnen nach dem Laufen gut, die Gegenrichtung einzunehmen und in die Streckung zu gehen.

■ Knien Sie sich so auf den Boden, dass die Oberschenkel auf den Unterschenkeln liegen.

■ Setzen Sie die Hände nun möglichst weit vorne auf und ziehen Sie Ihre geraden Bauchmuskeln dadurch in die Länge.

175

Brustdehnung

Ein weiter Brustkorb bietet der Lunge mehr Raum, sodass Sie damit mehr Luft und Sauerstoff fürs Laufen tanken können.

■ Stellen Sie sich mit hüftbreiten Beinen hin.

■ Legen Sie eine Hand aufs Brustbein. Heben Sie den anderen Arm seitlich auf Schulterhöhe.

■ Spannen Sie den Bauch an und nehmen Sie den gestreckten Arm langsam nach hinten, bis Sie eine Dehnung in der Brust spüren.

■ Halten Sie die Position mindestens 10 Sekunden, ohne die Schultern hochzuziehen.

■ Wechseln Sie die Arme und dehnen Sie die andere Seite.

Mobilisation Zehen

Bei vielen Läufern krampfen sich die Zehen nach unten hin zusammen. Zum Ausgleich dehnen Sie sie in die Gegenrichtung. So werden oder bleiben Ihre Zehen beweglich und wirken Beschwerden wie Fersensporn und Hallux valgus entgegen.

■ Setzen Sie sich auf den Boden.

■ Winkeln die Beine an und dehnen Sie die Unterseite der Zehen, indem Sie die Zehen mit den Händen in Richtung Schienbein ziehen.

Kräftigungsübungen für Läufer

Sehr viele Läufer verzichten leider darauf, ihr Ausdauer- durch ein Krafttraining zu ergänzen. Dabei passt beides perfekt zusammen: Mit starken Muskeln laufen Sie effektiver und sicherer. Das Training des Rumpfs stärkt Ihre Mitte und macht sie zur stabilen Basis für die Arbeit Ihrer Arme und Beine. Sie können dann viel leichter längere Strecken in aufrechter Haltung laufen, weil Ihr Oberkörper die Spannung besser halten kann. Das fördert die Leistungsfähigkeit und beugt Überlastungen vor. Eine gut trainierte Beinmuskulatur unterstützt und stabilisiert Ihre Gelenke. Die Stöße beim Fußaufsatz werden besser abgefangen, was vorzeitigem Verschleiß der Gelenke vorbeugt.

Muskel ist nicht gleich Muskel

Unsere Muskeln setzen sich aus Fasern von verschiedenster Länge zusammen, von winzig kurzen bis zu solchen mit einem halben Meter. Und nicht nur das – wir haben auch zwei unterschiedliche Typen von Muskelfasern:

■ **Die weißen Muskelfasern:** Sie sind für Kraft und Schnelligkeit zuständig. Sie sehen unter dem Mikroskop hell aus, weil sie schlecht durchblutet sind. Genau aus diesem Grund erhalten sie weniger Sauerstoff und Nährstoffe und ermüden daher schneller. Dafür können sie aber für kurze Zeit sehr große Kräfte entfalten. Das ist wichtig, wenn Sie im Alltag schwere Dinge heben wollen, plötzlich mit einer schnellen Bewegung etwas auffangen müssen oder sich im Sport stark belasten wollen, also auch, wenn Sie beim Laufen im anaeroben Bereich schnelle Intervalle und Sprints einlegen. Das Training dieser Fasern ist also für ambitionierte Läufer im Hinblick auf Wettkämpfe unverzichtbar. Aber auch Gesundheitsläufern fällt das Joggen mit kräftigen weißen Muskelfasern leichter.

■ **Die roten Muskelfasern:** Dieser Typ sorgt für Ausdauer. Die roten Fasern sind gut durchblutet und folglich bestens versorgt. Deswegen ermüden sie nur langsam. Im Alltag setzen Sie diesen Fasertyp bei allen dauerhaften, aber nicht anstrengenden Tätigkeiten ein, beim Grundlagentraining im aeroben Bereich. Um diesen Fasertyp kümmern Sie sich durch Ihr Joggen bereits gut.

Beim Krafttraining für Läufer stehen also vor allem die oft vernachlässigten weißen Fasern im Mittelpunkt. Die trainieren Sie, indem Sie sie wirklich voll belasten. Dazu spannen Sie

177

die Muskulatur bei den Übungen so stark an, dass Sie schon nach kurzer Zeit ein Brennen spüren. Sportwissenschaftlich spricht man dabei von »energetischer Ausbelastung«.
Die starke Muskelspannung verhindert, dass das Blut zirkulieren kann. Dadurch entstehen bei intensiver Anwendung Mikrorisse in den Eiweißstrukturen der betroffenen Muskeln. Das klingt gefährlicher, als es ist, denn der Organismus repariert die Risse mit Eiweißbausteinen aus der Nahrung und verfährt dabei großzügig. Da er sich darauf einstellt, dass sich solche Belastungen wiederholen können, baut er ein paar Proteine mehr als nötig ein. Der Muskel wird so belastbarer und bekommt das nächste Mal bei gleicher Belastung keine Risse mehr. Wenn Sie also die folgenden Übungen absolvieren, dann schonen Sie sich nicht! Gehen Sie an Ihre Grenze, denn sonst machen die weißen Fasern gar nicht erst mit und lassen die roten arbeiten.

Kniebeuge

Kniebeugen sind keine verstaubte Altherrenübung, sondern aktivieren korrekt ausgeführt etwa 400 Muskeln. Sie sind ein exzellentes Training für Ihre Oberschenkel- und Gesäßmuskulatur. Damit stärken Sie beim Laufen die Kraft Ihres Fußabdrucks, besonders wenn Sie bei der Streckbewegung nach oben bis in den Zehenstand kommen. Außerdem wird die Muskulatur rund ums Knie gekräftigt und damit diese Schwachstelle vieler Läufer stabilisiert.

- Stellen Sie sich aufrecht hin.
- Die Füße sind schulterbreit geöffnet und zeigen leicht nach außen.
- Die Arme verschränken Sie hinter dem Kopf. Aber nicht den Kopf nach vorne ziehen!
- Halten Sie den Rücken gerade, spannen Sie die Bauchmuskeln an und beugen Sie mit der Einatmung Ihre Hüfte, als wollten Sie sich auf einen Stuhl setzen. Die Beine gehen dabei langsam und konzentriert mit in die Beugung bis etwa zu einem Winkel von 90 Grad zwischen Ober- und Unterschenkel.
- Beim Ausatmen strecken Sie die Beine ebenso langsam und konzentriert.
- Führen Sie die Übung 10-mal aus.
- **Wichtig:** Wenn Sie in der Vergangenheit Kniebeschwerden hatten, sollten Sie die Knie nicht tiefer als 90 Grad beugen!

Brücke

Mit der Brücke stärken Sie Ihre Muskulatur im unteren Rücken, im Po und in den Beinen, besonders in den Beinrückseiten. Gleichzeitig fördern Sie die Beweglichkeit Ihrer Wirbelsäule und Ihre Körperwahrnehmung, denn es kommt darauf an, möglichst jeden einzelnen Wirbel zu spüren.

■ Legen Sie sich mit aufgestellten Beinen auf den Rücken, die Füße hüftbreit auseinander, die Arme seitlich neben dem Rumpf.

■ Atmen Sie tief ein.

■ Drücken Sie beim Ausatmen Ihre Lendenwirbelsäule auf den Boden. Rollen Sie den Rücken Wirbel für Wirbel bis zu den Schulterblattspitzen vom Boden ab, sodass Rumpf und Oberschenkel eine gerade Diagonale bilden. ▶ 1

■ Atmen Sie ein und senken Sie langsam zuerst die oberen Brustwirbel und dann alle anderen, bis Sie in der Ausgangsposition sind.

■ Machen Sie die Brücke 8- bis 12-mal.

■ **Für Fortgeschrittene:** Strecken Sie ein Bein aus, wenn Sie hochgerollt sind, sodass der Unterschenkel die Diagonale gerade verlängert. ▶ 2 Halten Sie diese Position 10 Sekunden und wechseln Sie dann das Bein. Wenn Ihnen das zunächst zu schwerfällt, rollen Sie zuerst nach unten ab und strecken das andere Bein erst nach dem nächsten Hochrollen aus.

179

Planke

Sie stärken die Körpermitte und geben Armen und Beinen stabilen Rückhalt beim Laufen.

■ Legen Sie sich auf den Bauch und spannen Sie die Bauchmuskeln an. Setzen Sie die Zehen auf, stützen Sie die Unterarme schulterbreit auf und drücken Sie Ihren ganzen Körper gerade wie eine Planke vom Boden ab.

■ Halten Sie die Spannung 10 Sekunden, bevor Sie den Körper langsam (!) absenken.

■ Führen Sie die Übung 8-mal aus.

■ **Für Fortgeschrittene:** Schieben Sie mit dem Einatmen den Körper nach vorne, sodass die Schultern vor die Ellbogen kommen. Mit dem Ausatmen schieben Sie den Oberkörper so weit wie möglich zurück.

■ **Wichtig:** Keine Pressatmung!

Crunch

Das ist der Klassiker für die Stärkung der Bauchmuskulatur.

■ Legen Sie sich mit angewinkelten Beinen und aufgestellten Füßen auf den Rücken, die Arme neben dem Rumpf.

■ Heben Sie beim Einatmen Ihre Arme wenige Zentimeter ab und schieben Sie die Hände in Richtung Füße, sodass Ihr Kopf und die Schultern langsam vom Boden abrollen. Die Lendenwirbelsäule bleibt am Boden.

■ Beim Ausatmen rollen Sie langsam und kontrolliert wieder ab, aber nicht bis ganz auf den Boden.

■ Machen Sie die Übung 8-mal.

■ **Wichtig:** Rollen Sie sich Wirbel für Wirbel nach oben, ohne das Becken mitzubewegen.

Seitstütz

Mit dieser Übung stärken Sie Ihre Rumpfmuskulatur, und zwar besonders die schrägen und die tiefen Bauch- und Rückenmuskeln.

■ Winkeln Sie in Seitenlage Ihre Unterschenkel im rechten Winkel nach hinten ab. Kopf, Rumpf und Oberschenkel bleiben auf einer möglichst geraden Linie.

■ Stützen Sie den unten liegenden Unterarm so auf den Boden, dass sich der Ellbogen senkrecht unterhalb der Schulter befindet. Legen Sie den oberen Arm locker auf Ihre oben liegende Körperseite.

■ Mit dem Ausatmen spannen Sie die Bauchmuskulatur an und drücken den Rumpf und den unteren Oberschenkel hoch, bis der obere Oberschenkel und die obere Flanke eine Gerade bilden. ▸ 1

Wichtig: Ziehen Sie Ihre Schultern nicht hoch.

■ Beim Einatmen senken Sie den Rumpf ab, aber nur bis kurz über dem Boden.

■ Mit der nächsten Ausatmung drücken Sie sich wieder hoch.

■ Machen Sie auf jeder Seite 8 Seitstütze.

■ **Fortgeschrittene:** Strecken Sie die Beine und stützen Sie sich aus dieser Position hoch. ▸ 2

Hacker

Diese Übung ist in ihrer Grundform sehr einfach und lässt sich durch kleine Veränderungen intensivieren. Sie spricht vor allem die tiefen Rückenmuskeln an.

■ Sie stehen mit hüftbreiten Beinen und halten die Arme im rechten Winkel gebeugt dicht neben dem Körper. Die Finger sind gestreckt.

■ Spannen Sie den Bauch an und führen Sie schnelle, kleine, hackende Auf-ab-Bewegungen mit den Unterarmen aus. ▶ 1

■ Machen Sie das 30 bis 60 Sekunden lang mit 3 Wiederholungen.

■ **Variation:** Strecken Sie Ihre Arme mit gestreckten Fingern nach vorne in Schulterhöhe aus und beugen Sie die Knie. Jetzt hacken Sie wieder, ohne den Oberkörper zu bewegen. ▶ 2

Liegestütz

Dieser Klassiker stabilisiert den ganzen Rumpf, kräftigt Brust, Arme, Schultern und Nacken.

■ Gehen Sie in den Vierfüßlerstand. Strecken Sie die Beine einzeln nach hinten aus und setzen Sie zuerst den einen, dann den anderen Fuß mit den Zehen auf. Die Arme bleiben zunächst gestreckt. Spannen Sie die Bauch- und Pomuskeln an, sodass der untere Rücken nicht durchhängt und der ganze Körper gerade ist.

■ Mit dem Einatmen beugen Sie die Arme und senken den gerade gestreckten Körper ganz langsam bis kurz über den Boden ab. ▶ 1

■ Beim Ausatmen drücken Sie sich langsam wieder hoch.

■ Machen Sie 4 Wiederholungen, legen Sie dann eine kurze Pause ein und führen danach 5 weitere Liegestütze aus.

■ **Für Einsteiger:** Ein korrekter Liegestütz ist ganz schön schwer. Erheblich leichter ist der Knieliegestütz. Für diesen kreuzen Sie im Vierfüßlerstand die Unterschenkel. ▶ 2

■ **Wichtig:** Die Ellenbogen wandern beim Beugen zur Seite, denn sonst würden Sie verstärkt Ihren Trizeps kräftigen.

Mobilisation und Entspannung der Faszien

Die Faszien bestehen aus Bindegewebe und umgeben alle unsere Muskeln, Sehnen, Bänder, Nerven, Organe und Zellen. Sind sie elastisch und geschmeidig, machen sie jede Bewegung klaglos mit. Sind sie verklebt oder spröde, können sie stark schmerzen, denn sie enthalten viele Nervenzellen. Außerdem wird dann der Fluss der Lymphe behindert, die die Abwehrzellen unseres Immunsystems transportiert. Die körpereigene Abwehr kann deshalb nur eingeschränkt arbeiten.

Das können Sie leicht verhindern. Massieren Sie Ihre Faszien mit den folgenden Übungen ein- bis zweimal pro Woche mit einer Massagerolle – eine nachhaltige und angenehme Art der aktiven Regeneration. Da die Übungen müde machen, eignen Sie sich für den Abend. **Wichtig:** Nutzen Sie die Massagerolle nicht öfter, denn die Faszien sind sehr empfindlich.

Achillessehne und Wade

■ Setzen Sie sich auf den Boden.

■ Legen Sie ein Bein gestreckt mit der Achillessehne auf die Rolle.

■ Stützen Sie beide Hände auf und heben Sie das Gesäß etwas an. ▶ 1

■ Rollen Sie langsam von der Ferse in Richtung Wade über die Rolle und zurück.

■ Sie können den Druck verstärken, indem Sie beide Beine im Wechsel über Kreuz auf die Rolle legen und massieren. ▶ 2

■ Sind Sie mit der Mitte der Wade fertig, drehen Sie den Unterschenkel etwas nach innen und außen, um alle Partien zu massieren. **Wichtig:** Drehen Sie den Unterschenkel nicht während des Rollens, denn das tut weh! Rollen Sie stattdessen vor dem Drehen immer bis zur Ferse zurück.

Unterer Rücken

■ Legen Sie sich mit dem unteren Rücken
auf eine quer liegende Rolle. Die Hände hinter
dem Kopf verschränken oder die Unterarme
vor der Brust kreuzen.

■ Spannen Sie den Bauch an, heben Sie den
Oberkörper vom Boden ab und rollen Sie vom
Gesäß bis zur Rückenmitte vor und zurück.

■ Wenn es Ihnen angenehm ist, können Sie
den oberen Rücken mitmassieren und dafür
bis zu den Schultern hochrollen.

Hinterer Oberschenkel

■ Legen Sie sich auf den Boden.

■ Legen Sie die Rolle unter einen Oberschenkel und stützen Sie sich mit beiden Händen auf
dem Boden ab.

■ Heben Sie Ihr Gesäß ab und rollen Sie mehrmals den Oberschenkel hinauf und hinunter.

■ Dann das Ganze mit dem anderen Bein.

Außenseite Oberschenkel
und Hüfte

■ Legen Sie sich mit gestreckten Beinen auf
die Seite, stützen Sie sich auf den Unterarm,
legen Sie die Rolle unter den Oberschenkel.

■ Stützen Sie sich mit dem oberen Bein und
zusätzlich mit dem oberen Arm am Boden ab.

■ Rollen Sie vom Knie bis zur Hüfte auf und ab.

■ Dann die Seite wechseln.

Koordination und Reaktionsvermögen verbessern

Damit Sie geschmeidig, effizient und vor allem sicher laufen, müssen Ihre Muskeln gut zusammenspielen und schnell auf Signale reagieren können, die Ihre Füße senden. Wenn Sie etwa über matschigen Untergrund oder Steine und Wurzeln laufen, erhalten Rezeptoren in den Fußsohlen Reize und senden Signale ans Gehirn. Das entscheidet blitzschnell, wie sich die Muskeln verhalten sollen, damit Sie nicht umknicken oder stürzen. Koordination ist nichts anderes als das Wahrnehmen und Verarbeiten von Reizen sowie die Reaktion darauf. Mit den folgenden Übungen steigern Sie die Reizwahrnehmung Ihrer Füße und fördern damit die Qualität Ihrer Bewegungen. Das ist auch nützlich für einen unfallfreien Alltag.

Federn beidbeinig

■ Stellen Sie sich mit hüftbreiten Beinen hin.
■ Wippen Sie nun im Sprunggelenk auf und ab. Ihre Zehen bleiben am Boden.
Tipp: Diese Übung können Sie gut morgens beim Zähneputzen machen.

Hüpfen

■ Stellen Sie sich mit hüftbreiten Beinen
aufrecht hin.

■ Hüpfen Sie nun mehrmals geradeaus nach
vorne – zunächst mit beiden Beinen. ▶ 1

■ Hüpfen Sie dann einbeinig im Wechsel
rechts und links. ▶ 2

187

Achterspringen

◼ Suchen Sie sich vier Gehwegplatten im Quadrat oder zeichnen Sie vier Quadrate auf den Boden und springen Sie mit beiden Füßen in die Felder ▸ 1. Das geschieht in Form einer Acht, also von 1 zu 2 zu 3 zu 4.

2	3
4	1

◼ Danach springen Sie mit jedem Bein einzeln. ▸ 2

◼ Springen Sie weder auf die Linie noch außerhalb und zählen Sie, wie viele korrekte Sprünge Sie in 25 Sekunden schaffen. So können Sie sehen, wie Sie mit der Zeit besser werden.

Strecksprünge

◼ Beugen Sie die Knie etwa im rechten Winkel und springen Sie aus dieser Position gestreckt möglichst hoch nach oben. ▸ 3

◼ **Wichtig:** Auch die Finger und Füße sind in der Endposition gestreckt. Ihr ganzer Körper soll in der Luft eine gerade Linie bilden.

Einbeinstand

Einbeinige Sprünge

■ Stellen Sie sich mit hüftbreiten Beinen aufrecht hin.

■ Verlagern Sie das Gewicht auf ein Bein und heben Sie das andere Bein an.

■ Halten Sie die Position 30 Sekunden.

■ Wechseln Sie das Bein.

■ Wenn das gut klappt, probieren Sie es mit geschlossenen Augen.

Tipp: Wenn Sie Probleme mit dem Gleichgewicht haben, fixieren Sie einen feststehenden Punkt und konzentrieren Sie sich darauf.

■ Stellen Sie sich auf ein Bein und halten Sie die Arme für die Balance seitlich.

■ Springen Sie nun hoch und landen Sie auf dem gleichen Bein.

■ Machen Sie 10 Sprünge und wechseln Sie dann die Seite.

■ Wenn das gut klappt, variieren Sie, indem Sie nach vorne, hinten oder zur Seite springen.

RICHTIG ESSEN UND TRINKEN

Ulrike Schöber: Sollten sich Läufer eigentlich irgendwie speziell ernähren, weil das Joggen dann leichter fällt oder der Körper beim Laufen besondere Nährstoffe benötigt?

Ingo Froböse: Nicht nur Läufer, sondern jeder liegt mit einer abwechslungs- und vitalstoffreichen, hochwertigen Ernährung richtig. Viel Gemüse, Salat und Obst kombiniert mit vollwertigen Kohlenhydraten aus Kartoffeln, Nudeln, Reis sowie etwas Eiweiß in Form von Milchprodukten, Fisch und gelegentlich Fleisch liefern alles, was ein gesunder Körper braucht.

Ulrike Schöber: Und Ergänzungsmittel? Es gibt ohne Ende Pillen, Pulver und Riegel, von denen mir versprochen wird, dass ich schneller werde, und die angeblich die Abläufe in meinem Körper optimieren.

Ingo Froböse: In meiner Wettkampfzeit war ich oft ganz verunsichert! Was muss ich wann essen und wie viel? Das hat mich intensiv beschäftigt, und heute weiß ich auch, warum. Die Industrie der Nahrungsergänzungen schaffte es, mir ständig ein ungutes Gefühl zu geben! Immer glaubte ich, etwas falsch zu machen oder mich nicht richtig vorzubereiten.

Auch heute kenne ich keinen, wirklich keinen ambitionierten Sportler, der nicht irgendwelche Pülverchen und Pillen zu sich nimmt, letztlich ohne zu wissen, wozu! Es könnte ja helfen – sagen jedenfalls die anderen und die Werbung. Auf dieser Unsicherheit baut eine ganze Industrie auf, und viele Konsumenten spielen mit – wie ich früher auch. Inzwischen aber weiß ich vieles (hoffentlich!) besser. Wenn wir nur auf unseren Körper und seine Bedürfnisse hören, liegen wir in den meisten Fällen goldrichtig.

Gefährlich kann es werden, wenn man im Internet unterwegs ist und sich dort in den Blogs tummelt. Mit den Tipps und Empfehlungen dort sollte jeder ganz vorsichtig sein, denn es handelt sich meist nur um ungeprüfte Individualmeinungen! Schlimm wird es, wenn dann im Internet Nahrungsergänzungsmittel bestellt werden. Oft gibt es keine Kontrolle der Inhaltsstoffe und der Qualität. Also bloß Finger weg! Wer unbedingt Nahrungsergänzungen zu sich nehmen will, schaut am besten auf die Kölner Liste, auf der recht aktuell geprüfte Produkte zu finden sind: www.koelnerliste.com.

Trinken: Ohne Flüssigkeit läuft gar nichts

Der Körper besteht zu 60 Prozent aus Wasser. Es ist für ihn das Transportmittel schlechthin. Genug zu trinken ist sehr wichtig, und zwar nicht nur nach dem Laufen! Täglich verlieren wir etwa zwei Liter Wasser durch Schweiß und Urin. Schon ein Minus von einem Liter vermindert die Leistung um ein Zehntel. Verluste gleichen Sie aus, indem Sie täglich pro Kilo Körpergewicht 30 Milliliter Wasser trinken. Direkt nach dem Laufen haben Sie Durst. Anfänger verlieren bei mäßigem Tempo zwischen 0,3 und 0,5 Liter pro Stunde, Könner 0,7 bis 0,8 Liter. Bei Hitze kann es das Doppelte oder Dreifache sein. Füllen Sie also gleich Ihren Flüssigkeits- und Elektrolythaushalt auf. Als Trinkmenge empfohlen wird das Anderthalbfache des Schweißverlusts. Beginnen Sie direkt nach dem Sport mit etwa 0,7 Liter pro Stunde, und zwar nur schluckweise, damit der Körper das Wasser richtig aufnehmen kann.

Trinken Sie am besten Mineralwasser, und zwar möglichst welches ohne Kohlensäure. Absolut ungeeignet sind Colagetränke, Energydrinks, Limonaden, Fruchtsäfte und alle alkoholischen Getränke. Seien Sie vorsichtig mit den sogenannten alkoholfreien Bieren. Die meisten enthalten nämlich bis zu 0,5 Prozent Alkohol, und auch diese Menge tut nicht gut.

Verzichten Sie auf Alkohol!

Nach getaner Arbeit ist ein kühles Bier etwas Feines! Nach (intensiven) Laufeinheiten oder Wettkämpfen verzichten Sie besser auf Bier, Wein & Co., denn Alkohol verzögert die Regeneration massiv. Für den Körper ist er ein Gift, und er räumt dem Alkoholabbau absoluten Vorrang ein. Das bremst die Regeneration stark! Zudem wirkt Alkohol dehydrierend, spült also Flüssigkeit mit wichtigen Mikronährstoffen und Elektrolyten verstärkt aus. Gerade die brauchen Sie aber nach dem Sport!

Bei Hitze und hohen Belastungen

Besonders bei Hitze gilt es, auf den Mineralhaushalt zu achten. Ein Liter Schweiß enthält im Mittel 2,5 Gramm Natrium, das wir normalerweise in Form von Kochsalz zu uns nehmen. Gut trainierte und an Hitze angepasste Sportler verlieren mit 1,8 Gramm deutlich weniger Salz. Zur schnellen Auffüllung nach starkem Schwitzen empfehle ich Mineralwasser mit 1 bis 2 Gramm Kochsalzgehalt pro Liter. Es schmeckt schon ab 1,5 Gramm ziemlich salzig. Aber Sie können zu einem normalen Mineralwasser einfach ein paar Salzstangen essen. Mit 25 Gramm Salzstangen nehmen Sie etwa 1 Gramm Salz zu sich.

Die anderen Mineralien wie Kalium, Magnesium, Kalzium und Eisen gehen kaum mit dem Schweiß verloren. Magnesium können Sie gut mit Bananen oder Nüssen, Kalium mit einem Glas Orangensaft kompensieren.

Bei Trainings- und Wettkampfläufen ab 60 Minuten liegt der Flüssigkeitsbedarf je nach Dauer und Intensität der Belastung zwischen einem halben und zwei Liter. Etwa jede Viertelstunde sollten Sie unterwegs in kleinen Schlucken trinken. Üben Sie das Trinken im Training, damit Sie es bei Wettkämpfen über längere Strecken gewohnt sind. Je nach Dauer des Laufs eignen sich verschiedene Getränke.

- **Belastungen bis 60 Minuten:** Wasser, kohlensäurefrei und natriumreich
- **Belastungen 60 bis 120 Minuten:** Saftschorle (3 Teile Wasser, 1 Teil Saft)
- **Belastungen über 120 Minuten:** Isotope Getränke mit Maltodextrin

Was Läufer essen sollten – und vor allem wann

Mit viel Gemüse, Salat und Obst, kombiniert mit Kartoffeln, Reis und Nudeln und zubereitet mit hochwertigen Ölen, ist man gut versorgt mit Vitaminen, Mineralstoffen und Spurenelementen, mit Kohlenhydraten und Fetten. Dazu als Eiweißspender Milchprodukte und zweimal pro Woche Fisch und/oder Fleisch – und der Mix ist perfekt. Vegetarier und Veganer essen mehr Sojaprodukte, Hülsenfrüchte, Samen und Nüsse. So sind alle Zellen, Organe und Muskeln sowie das Gehirn versorgt. Gute Ernährung ist für Schreibtischarbeiter genauso wichtig wie für Sportler! Optimieren können Sie Ihre Ernährung, indem Sie darauf achten, zu welcher Zeit Sie was zu sich nehmen. Wenn Sie sich an das empfohlene ruhige Laufen halten, können Sie sich mit Blick auf die Ernährung beruhigt zurücklehnen. Da unsere Läufe selten länger als 90 Minuten dauern, reichen die körpereigenen Nährstoffspeicher vollkommen aus. Wichtig ist, dass Sie nach dem Laufen immer genug trinken! Leistungsorientierte Läufer dagegen müssen nach dem Laufen ihre Nährstoffspeicher auffüllen.

Vorsicht, Eisenmangel

Nichtsportler brauchen 15 Milligramm Eisen pro Tag, was etwa 400 Gramm Spinat oder 360 Gramm Fenchel entspricht. Wer intensiv trainiert oder an Wettkämpfen teilnimmt, braucht mehr: Männer etwa 23 bis 25 Milligramm und Frauen 18 bis 20 Gramm pro Tag. Es kann daher schnell zu Defiziten kommen, die sich massiv auf die Ausdauerleistung auswirken können. Besonders Läuferinnen, die durch die Menstruation regelmäßig Blut und damit Eisen verlieren, sollten ihren Eisenstatus regelmäßig prüfen lassen.

Essen im Biorhythmus

Wir brauchen Kohlenhydrate, Fett und Eiweiß für viele Vorgänge, die nicht alle parallel, sondern zu bestimmten Zeiten ablaufen. Tagsüber arbeitet der Energie-, nachts der Regenerationsstoffwechsel. Das können Sie unterstützen, indem Sie die richtigen Nährstoffe dann aufnehmen, wenn sie gebraucht werden.

■ Morgens benötigt der Körper als Energie für den Tag vor allem Kohlenhydrate, wie sie in Brot und Müsli stecken, dazu etwas Fett und Eiweiß. Allein das Gehirn verbraucht bis zu 80 Prozent davon. Setzen Sie auf komplexe Kohlenhydrate aus Vollkornprodukten. Sie liefern länger Energie, weil der Körper sie erst zerlegen muss.

■ Auch mittags und nachmittags läuft der Energiestoffwechsel. Daher ist als Mittagessen ein bunter Mix aus Kohlenhydraten, Fett und Eiweiß genau das Richtige.

■ Abends und nachts erholt sich der Organismus und repariert, was tagsüber angefallen ist – auch Mikrorisse, die beim Training in den Muskeln entstanden sind. Dazu braucht er vor allem Eiweiß, weshalb nun Milchprodukte, Fisch und Fleisch auf den Speiseplan gehören.

Wenn Sie sich im Prinzip an diesen Rhythmus halten, werden Sie insgesamt leistungsfähiger. Mit Blick auf das Laufen gibt es einige zusätzliche Aspekte, die Ihnen helfen können.

Vor dem Laufen anders frühstücken

Wenn Sie morgens joggen, ist das Frühstück besonders wichtig. Ihr Organismus benötigt Kohlenhydrate, um »den Motor anzuwerfen«. Erst wenn der gestartet ist, kann der Stoffwechsel auf Fettverbrennung umschalten. Allerdings brauchen Sie vor dem Laufen Kohlenhydrate, auf die Ihr Körper schnell zugreifen kann, was bei Vollkornprodukten nicht der Fall ist. Daher sind in diesem Fall einfache oder kurzkettige Kohlenhydrate erwünscht! Weißbrot, helle Brötchen und zarte Haferflocken sowie reife Bananen kommen jetzt zum Einsatz. Besonders vor einem Rennen ist das passende Frühstück unerlässlich.

Vor dem Frühstück nüchtern laufen?

Als Laufeinsteiger sollten Sie nie morgens ohne Frühstück loslaufen, auch wenn das immer wieder empfohlen wird. Das Nüchternlaufen bleibt ganz klar den fortgeschrittenen Läufern vorbehalten, denn der Stoffwechsel muss sehr gut trainiert sein, um ohne Frühstück genug Energie fürs Joggen liefern zu können. Folgende Theorie steckt hinter der Empfehlung fürs Laufen vor dem Frühstück: Wenn dem Organismus zu wenig Kohlenhydrate als Energiequelle zur Verfügung stehen, greift er vermehrt auf die Fettsäuren zurück. Ambitionierte Sportler nennen dies »Train-low-Methode« und laufen nüchtern in moderatem Tempo (60 bis 65 Prozent der maximalen Sauerstoffaufnahme). Allerdings ließ sich dadurch eine verbesserte Ausdauerleistungsfähigkeit bisher wissenschaftlich nicht hinreichend belegen, und es gibt sogar Studien, die negative Einflüsse auf das Immunsystem vermuten lassen. Da Train-low also keinen handfesten Vorteil bringt, sollte diese Trainingsform die Ausnahme bleiben.

Ein wenig anders sieht es bei übergewichtigen Gesundheitsjoggern aus. Gerade moderates Training wirkt sich am besten auf die Fettverbrennung aus. Aber ob das Nüchternlaufen einen zusätzlichen Effekt bringt, ist bis jetzt nicht geklärt! Wenn Sie mit dem Laufen anfangen wollen, um abzunehmen, fangen Sie bitte mit dem Trotting an (s. ab S. 126) und verzichten Sie als Anfänger auf das nüchterne Laufen. Ihr Fettstoffwechsel ist noch so schlecht und unzureichend entwickelt, dass Laufen ohne Kohlenhydrate nur schwer möglich ist. Essen Sie vor dem Laufen mindestens eine halbe Banane oder Ähnliches!

Ernährung für ambitionierte Läufer

Grundsätzlich brauchen auch ambitionierte Läufer nur eine ausgewogene und hochwertige Ernährung. Wenn der Körper tagein, tagaus aktiv ist und trainiert wird, sollte er gutes Brennmaterial bekommen. Wenn Sie jeden Tag auf Vielfalt und Qualität achten, machen Sie schon alles richtig! Ob es außerdem vegan, vegetarisch, Rohkost oder was auch immer ist, richtet sich nach persönlichen Vorlieben. Es gibt keine einzige Studie, die für Sportler einen

Vorteil einer bestimmten Ernährungsweise nachhaltig belegt hätte. Nur ausgewogen muss sie sein! Dabei sollten Sie zu etwa 50 Prozent Kohlenhydrate, zu 35 Prozent Fette und zu 15 Prozent Proteine zu sich nehmen. Das gilt für den Großteil des Sportlerlebens, besonders wenn keine Rennen anstehen – also in den langen Trainingsphasen.

Vor dem Wettkampf: Carboloading

Wer einen Wettkampf plant, der deutlich länger als 90 Minuten dauert, sollte sich in der Woche davor sehr kohlenhydratreich ernähren. Die Kohlenhydratspeicher sollen auf den Punkt zum Start maximal gefüllt sein. Das ist nicht schwierig, wenn Sie die »Kohlenhydrat-Ladephasen« gezielt angehen, sodass der Körper mehr Glykogen in der Arbeitsmuskulatur speichert. Wie die Tabelle zeigt, reduzieren Sie nach der letzten intensiven Einheit Umfang und Intensität des Trainings, behalten aber den Kohlenhydrat-

anteil der Ernährung zunächst bei. Erst drei Tage vor dem Rennen stellen Sie auf kohlenhydratreiche Ernährung um.

Diese moderate Form des Carboloadings beim langsamen Auslaufenlassen des Trainings vertragen die meisten Läufer gut. Auch die Steigerung von etwa 350 Gramm Kohlenhydraten in der Mischkost auf mehr als 500 Gramm pro Tag wird nicht unangenehm. Dabei sind 500 Gramm auch für sehr leichtgewichtige Läuferinnen und Läufer das Minimum. Mehr als 650 Gramm pro Tag brauchen es jedoch nicht zu sein, denn die Aufnahmekapazität des Körpers ist begrenzt.

Gerade die einfachen Kohlenhydrate sind in dieser Phase wegen der schnelleren Verfügbarkeit viel besser geeignet als die prinzipiell »guten«, also komplexen Kohlenhydrate. Für die Zeit der Superkompensation empfehle ich wegen der Verträglichkeit schmackhafte und stärkereiche Lebensmittel wie Kartoffeln, Nudeln, polierten Reis und Mischbrot, kombiniert mit Gemüse, Obst und Fruchtpüree.

Die richtige Menge an Kohlenhydraten vor dem Wettkampf

Tag	Trainingsart	Dauer	Kohlenhydratgehalt der Ernährung	
		in Minuten	in Prozent	in Gramm je Kilogramm Körpergewicht
7	intensiv	90–120	50	4–5
6	ruhiger Lauf	45	50	4–5
5	ruhiger Lauf	45	50	4–5
4	langsamer Lauf	30	70	10
3	langsamer Lauf	20	70–80	10
2	Ruhetag	–	70–80	10
1	Wettkampf			

Pasta-Party

Die wichtigste Energiequelle für Sportler sind Kohlenhydrate, die passenderweise auch als »Master-Sprit« des Körpers bezeichnet werden. Die Kohlenhydrate stellen gegenüber den Fetten die deutlich schnellere Energiequelle dar und sind unverzichtbar, wenn die Belastung über 70 Prozent der maximalen Sauerstoffaufnahme steigt! Dann wären Fettsäuren als Energiequelle einfach zu langsam. Der Körper kann aber nur eine geringe Menge an Kohlenhydraten speichern. Die Menge reicht je nach Intensität für Belastungen von 90 bis 120 Minuten. Vor längeren Läufen oder gar Marathons haben sich daher sogenannte Pasta-Partys am Vorabend des Laufs eingebürgert, auf denen man seine Speicher mit Kohlenhydraten aus Nudeln prall füllen kann. Sorgen Sie vor einem langen Lauf für volle Kohlenhydratspeicher und essen Sie reichlich Nudeln!

Frühstücken vor einem Wettkampf

Wenn Sie im Wettkampf Leistung bringen wollen, können Sie auf keinen Fall aufs Frühstück verzichten. Woher sollte Ihr Körper sonst die Energie nehmen? Gleichzeitig sollte er aber nicht viel Arbeit mit der Verdauung haben, denn die würde Blut von Ihren Muskeln abziehen. Nehmen Sie also drei Stunden vor dem Lauf ein leicht verdauliches Frühstück zu sich. 200 bis 300 Gramm Kohlenhydrate dürfen es ruhig sein, aber fett- und ballaststoffarm! Das erreichen Sie mit:

- hellem Brot oder Brötchen mit herzhaftem Belag oder auch mit süßem Aufstrich wie Marmelade oder Honig,
- feinen, zartblättrigen Haferflocken mit Cornflakes und Banane,
- Getreidebrei mit Früchten.

Die Milch für die Haferflocken oder der Brei sollten leicht angewärmt sein, damit der Körper sie nicht selbst aufwärmen muss. Auch dafür würde er Energie verbrauchen, die Sie später beim Lauf brauchen. Am besten sind also körperwarme Speisen – kein Fest für Gourmets, aber sinnvoll. Wer vor lauter Aufregung nichts Handfestes runterbekommt, sollte sich zumindest mit Fruchtschnitten oder Müsliriegeln anfreunden. Wichtig ist außerdem, dass Sie sehr gut kauen. Das macht jedes Essen verträglicher und verkürzt die Verweildauer im Magen.

Was bringen Energieriegel?

Wer wann welchen Riegel essen oder besser nicht essen sollte, ist ein großes Thema unter ambitionierten Läufern. Auch mancher Gesundheits- und Fitnesssportler möchte damit seine Leistung verbessern. Deshalb vorweg eine Empfehlung für die meisten Leser dieses Buchs: Wenn Sie gemäßigt joggen, um Ihre Gesundheit und Fitness zu stärken, können Sie auf Riegel komplett verzichten!

Im Sport unterscheiden wir grob zwei Sorten Riegel, nämlich Energie- und Eiweißriegel.

■ **Eiweißriegel** sollen den Organismus mit neuen Baustoffen, den Proteinen, versorgen. Zielgruppe sind vor allem Kraftsportler, die ihre Muskeln aufbauen wollen. Dazu benötigt der Organismus Eiweiß.

■ **Energieriegel** sind vor allem bei Dauerläufern gefragt. Sie sollen den Körper auf die Schnelle mit Energie versorgen und sind meist leicht verdaulich.

Jeder Lauf – wie überhaupt (fast) jede sportliche Belastung – verbraucht in erster Linie Kohlenhydrate und/oder Fette. Die körpereigenen Kohlenhydratdepots reichen bei moderater Belastung für etwa zwei Stunden, bei intensiverer Belastung nur für 60 bis 90 Minuten. Erst danach benötigt der Organismus neue Kohlenhydrate, und zwar 30 bis 60 Gramm Kohlenhydrate pro Stunde.

Um rasch Energie zu liefern, sollten die Riegel eine möglichst große Menge an schnell verfügbaren Kohlenhydraten enthalten. Die Qualität eines guten Riegels, der nach etwa zwei Stunden Belastung neue Energie liefern soll, zeigt sich daran, dass er 30 bis maximal 60 Gramm Kohlenhydrate liefert. Denn mehr als 60 Gramm pro Stunde kann der Körper nicht verbrennen. Bei Dauerbelastungen über zweieinhalb Stunden wie bei einem Marathon kann der Wert auf bis zu 90 Gramm steigen. Nur dann ist eine höhere Kohlenhydratzufuhr nötig.

Gute Energieriegel sollten den Empfehlungen des Europäischen Wissenschaftsrats zufolge zu mindestens 75 Prozent aus Kohlenhydraten bestehen. Eventuell sollte ein geringer Anteil (0,2 Milligramm pro 100 Gramm Riegel) an Vitamin B$_1$ (Thiamin) zugesetzt sein. 10 Prozent des Riegels sollten aus unterschiedlichen Fetten bestehen. Viele Riegel erreichen diesen niedrigen Wert aber nicht. Etliche liegen sogar deutlich darüber, weil fettarme Riegel härter sind. Sie erfordern intensives Kauen während des Laufs.

Auch ein moderater Proteingehalt von 5 bis maximal 15 Prozent ist bei einem Energieriegel durchaus sinnvoll, weil Eiweißzufuhr die Muskulatur bei zunehmender Ermüdung vor Zerstörung schützt.

Fazit: Bei Belastungen von weniger als zwei Stunden Dauer sind Energieriegel überflüssig. Vor dem Lauf bringen sie ebenfalls wenig, außer als alleinige Nahrung, und nach dem Sport sollten Sie die Kohlenhydrate lieber mit einem leckeren Essen nachtanken. Dagegen werden solche Riegel zur Kalorienfalle, wenn Sie auf die Schnelle nach dem Joggen einen verschlingen und kurz darauf eine Hauptmahlzeit zu sich nehmen.

Sind Energie-Gels eine Alternative?

Gels liefern sehr schnell Energie und bestehen meist zu 100 Prozent aus Kohlenhydraten. Während des Sports – und nur dann! – sind sie sinnvoll. Sie liefern schnell 25 bis 50 Gramm Kohlenhydrate und eignen sich besonders, wenn wegen der Anstrengung nicht mehr gekaut werden kann. Der hohe Puls hindert daran. Für Volksläufer sind Energie-Gels also

Unsinn. Sie sind Sportlern mit großer Ausdauerleistung wie Marathonläufern und Triathleten vorbehalten. Zu Gels müssen Sie immer viel Wasser trinken, damit der Magen den Kohlenhydratschub besser vertragen kann.

Nach intensiver Belastung

Nach einem anstrengenden Lauf oder Wettkampf sollten Sie die Ernährung nicht vernachlässigen, denn Sie müssen entstandene Nährstoffdefizite ausgleichen. Nach dem Lauf schaltet der Körper in den Aufbauprozess um, den sogenannten anabolen Nahrungsstoffwechsel. Er braucht dann mehr Nährstoffe und nimmt sie auch schneller auf. Vor allem die Synthese und der Transport von Glykogen und Glukose sind erhöht. Deshalb empfiehlt sich innerhalb der ersten 30 Minuten nach dem Lauf kohlenhydratreiches Essen mit Proteinen: mit Banane angereicherte Milch, Milchreis, Quarkbrötchen oder ein Stück Trockenkuchen sind dafür ideale Lieferanten. Wer gar keinen Appetit hat, kann sich mit Apfelschorle oder wirklich alkoholfreiem Bier (nicht nur light!) oder einem Sportgetränk behelfen.

Wenn Sie in dieser Phase keine Kohlenhydrate zu sich nehmen, baut Ihr Körper Eiweiß aus den Muskeln ab, wandelt es um und füllt damit seine Kohlenhydratspeicher. Welcher Sportler würde das riskieren wollen?!

Mindestens innerhalb der ersten sechs Stunden nach einem anstrengenden Lauf sollten 1 bis 1,5 Gramm Kohlenhydrate pro Kilo Körpergewicht pro Stunde zugeführt werden. Bedeutsam ist außerdem, dass nach einer starken Beanspruchung auch Proteine aufgenommen werden. Gerade die Kombination von Kohlenhydraten und Eiweiß (mindestens 8 Gramm, was etwa 80 Gramm Magerquark entspricht) beschleunigt den Wiederaufbau zerstörter Muskelstrukturen.

Nach einem Halbmarathon oder Marathon sind die Muskel-Glykogendepots bei korrekter Ernährung sogar erst nach sieben Tagen wieder komplett aufgefüllt.

Einen wichtigen Tipp sollten Sie als leistungsorientierter Läufer beachten: Nach einer intensiven Trainingseinheit sollten Sie innerhalb der ersten 24 Stunden die Kohlenhydratspeicher auffüllen, damit Sie die nächste Einheit wohlbehalten durchführen können. Dazu nehmen Sie 8 bis 10 Gramm Kohlenhydrate pro Kilo Körpergewicht in den ersten Stunden auf.

Das ist gar nicht so einfach, denn da kommt eine ganz schöne Nahrungsmenge zusammen! So haben 150 Gramm helle Nudeln nur etwa 110 Gramm Kohlenhydrate, 100 Gramm Vollkornnudeln 80 Gramm und eine Tasse Reis auch nur 60 bis 80 Gramm (alle Werte bezogen auf die rohen Lebensmittel).

TYPISCHE LÄUFERBESCHWERDEN VERMEIDEN UND BEHANDELN

Wenn Sie den Hinweisen und Tipps in diesem Buch folgen, wird das Laufen für Sie zur Basis von Gesundheit und Wohlbefinden. Ernsthafte Beschwerden und Verletzungen sollten nicht auftreten. Das klappt jedoch nur, wenn Sie Vorsicht walten lassen und die folgenden Grundregeln beachten.

1. ÜBERLASTEN SIE SICH NICHT!

Ihre Tagesform ist nicht immer gleich und wird neben dem Sport von vielen anderen Dingen beeinflusst. Stress macht Sie beim Laufen bisweilen müde und/oder unkonzentriert. Schalten Sie besser einen Gang runter, oder lassen Sie eventuell eine Laufeinheit ganz ausfallen. Denn Müdigkeit und mangelnde Aufmerksamkeit sind die Hauptursache von Verletzungen! Beides kann dazu führen, dass Sie falsch auftreten und umknicken, stolpern und sich dabei vielleicht verletzen.

2. TRAINIEREN SIE IHRE MUSKULATUR!

Verzichten Sie nicht auf die im Buch empfohlenen Kräftigungsübungen, denn ein starkes Muskelkorsett stützt und schützt Sie! Es hält Ihre Knochen, Bänder und Gelenke an ihrem Platz und kann Fehltritte ausgleichen.

3. LASSEN SIE SICH ZEIT!

Geben Sie Ihrem Körper immer die Zeit, die er benötigt, um sich auf neue Anstrengungen einzustellen. Konkret bedeutet das zum einen, dass Sie sich vor den Trainingseinheiten immer gründlich aufwärmen, und zum anderen, dass Sie die Gesamtbelastung nicht schneller als empfohlen steigern, vielleicht im Einzelfall auch langsamer vorgehen als angegeben. Hören Sie immer auf Ihr Körpergefühl.

BLASEN

Entstehung: Wenn Schuhe oder Strümpfe längere Zeit auf eine ungewohnte Stelle am Fuß drücken, reiben die Hautschichten am Fuß beim Laufen gegeneinander. So können Blasen entstehen, die mit Gewebsflüssigkeit oder gar Blut gefüllt sind.

Vorbeugung: Kaufen Sie genau passende Schuhe und Socken, die keine Falten werfen. Laufen Sie beides zunächst auf kurzen Strecken ein. Cremen Sie empfindliche Stellen mit Vaseline ein. Gehen Sie viel barfuß zur Abhärtung der Fußhaut.

Behandlung: Auf kleine Blasen kleben Sie ein Blasenpflaster, das das Sekret aufnimmt und die Heilung beschleunigt. Zudem dämpft es den Druck und erspart Ihnen meist eine Laufpause. Große Blasen stechen Sie mit einer sterilen Nadel auf, sodass die Flüssigkeit entweichen kann, und kleben ein Pflaster darauf. Schneiden Sie die Haut der Blase nicht ab, denn sie schützt vor Infektionen.

MUSKELKATER

Entstehung: Längere ungewohnte Belastung der Muskulatur führt zu Mikrorissen in den Muskelfasern. Sie schmerzen nach etwa 24 Stunden, weil das Immunsystem kleine Entzündungen auslöst und so die Reparatur einleitet. Es repariert großzügig, sodass die gleiche Belastung später keinen oder kaum noch Muskelkater auslöst, weil die Muskeln kräftiger geworden sind.

Vorbeugung: Muskelkater ist Ihr unvermeidlicher Begleiter, wenn Sie Ihre Leistung verbessern wollen. Nehmen Sie ihn sportlich und fassen Sie ihn als Zeichen für die Fortschritte auf, die Sie sich erarbeitet haben! Steigern Sie die Belastung jedoch in kleinen Schritten, damit er nicht allzu stark ausfällt.

Behandlung: Eisbäder, saunieren, warme Bäder oder sanfte Bewegung fördern den Heilungsprozess.

MUSKELKRÄMPFE

Entstehung: Muskeln verkrampfen sich, wenn sie stark überanstrengt werden oder mit Flüssigkeit und/oder Mineralien unterversorgt sind.

Vorbeugung: Laufen Sie nicht zu schnell los und insgesamt langsamer. Hilft das nicht, trinken Sie vorher und bei langen Strecken auch unterwegs mehr. Magnesium hilft übrigens entgegen einer Legende meist nicht.

Behandlung: Massieren Sie den betroffenen Muskel und dehnen Sie ihn. Trinken Sie natriumhaltiges Wasser.

SEITENSTECHEN

Siehe dazu Seite 70.

VERSTAUCHUNGEN

Entstehung: Eine übersehene Unebenheit im Weg, und schon ist es geschehen: Man tritt falsch auf, knickt um und überdehnt sich die Bänder am Sprunggelenk oder am Knie. Oder es entsteht ein Riss im Gewebe zwischen Knorpel und Knochen. Das Gelenk schwillt an und schmerzt. Vielleicht zeigt sich an der Stelle ein Bluterguss.
Vorbeugung: Eine kräftige Fuß- und Beinmuskulatur schützt am besten gegen Umknicken. Besonders wenn Sie häufiger umknicken, sollten Sie unbedingt solche Kräftigungsübungen machen, damit Ihr Gelenk nicht dauerhaft instabil wird.
Behandlung: Hochlagern, Kompression und Kühlen helfen. Wenn nach einem Tag keine Besserung eingetreten ist, sollte ein Arzt klären, ob es sich eventuell um eine schwerwiegendere Verletzung wie einen Bänderriss handelt.

ZERRUNGEN

Entstehung: Überdehnungen oder winzige Risse der Fasern von Muskeln oder Bändern entstehen häufig durch plötzliche, schnellkräftige Belastung, etwa wenn Sie versehentlich in ein Loch treten und Ihr Gewicht auffangen müssen.
Vorbeugung: Wärmen Sie Ihre Muskulatur gründlich auf – entweder durch Stretchen oder durch langsames und ausreichend langes Einlaufen – und dehnen Sie Ihre Muskeln unbedingt nach dem Laufen. Stärken Sie sie regelmäßig durch Krafttraining, denn sie sind Ihr Stützkorsett. Beim Laufen hilft Ihnen vor allem eine starke, flexible Unterschenkel- und Fußmuskulatur sowie eine gut ausgebildete Quadrizeps-Muskelgruppe rund ums Knie.
Behandlung: Kühlen Sie die betroffenen Partien möglichst sofort an Ort und Stelle und stellen Sie sie ruhig. Quarkwickel können ebenso helfen wie eine Kompressionsbinde. Verzichten Sie fünf bis sieben Tage lang auf eine intensive Belastung der betroffenen Muskeln. Je nach Schwere kann die vollständige Ausheilung einer Zerrung bis zu sechs Wochen dauern, besonders wenn Bänder betroffen sind. Muskeln heilen in meist nur zwei bis drei Wochen, also deutlich schneller.

Literatur

Achilles, Achim: Achilles' Verse. Mein Leben als Läufer. Heyne, 2011

Bös, Klaus: Walking und sanftes Lauftraining. Graefe und Unzer, 2004

Burfoot, Amby: Laufen: Das große Buch für Anfänger. Rowohlt Taschenbuch, 2006

Fink, Heather; Mikesky, Alan: Sports Nutrition. Jones & Bartlett Learning, 2015

Froböse, Ingo: Das Fitness-Minimalprogramm: Kleiner Aufwand – große Wirkung. Gräfe und Unzer, 2015

Froböse, Ingo: Das Muskel-Workout. Gräfe und Unzer, 2014

Lubbers, Klaus: Vom Trotten – die Kunst des gemächlichen Laufens. Rowohlt Taschenbuch, 1995

Marquardt, Matthias: Die Laufbibel. spomedis, 2014

Murakami, Haruki: Wovon ich rede, wenn ich vom Laufen rede. btb Verlag, 2010

Raschka, Christoph; Ruf, Stephanie: Sport und Ernährung. Thieme, 2015

Steffny, Herbert: Das große Laufbuch. Südwest, 2009

Wessinghage, Thomas: Mein Laufbuch für die ersten 10 Kilometer. Südwest, 2009

Danksagung

Ein besonderer Dank der Autoren geht an Frau Dana Kosminski für die tatkräftige Unterstützung bei der Recherche.

Verzeichnis der Übungen

Register

Impressum

Verlagsgruppe Random House FSC® N001967

Projektleitung: Nikola Hirmer
Lektorat und Satz:
Knipping Werbung GmbH,
Berg am Starnberger See
Layout: Claudia Hautkappe, München
Korrektorat: Susanne Schneider, München
Umschlaggestaltung und Konzeption:
*zeichenpool, München

Druck und Bindung: Alcione, Trento
Printed in Italy

ISBN 978-3-517-09473-1
1. Auflage 2016

Bildnachweis

Bildredaktion und Leitung der
Fotoproduktion: Tanja Zielezniak
Fotografie: Torsten Zimmermann
Styling: Katrin Nagelmüller
Haare/Make-up: Sarah Skreta

Weitere Bilder: fotolia/RF: 43 (shock), 63 (Alextype), 129 (Peter Atkins); gettyimages, München: 14/15 (Klaus Vedfelt), 30 (gilaxia), 40 (Cultura RM), 44/45, 75, 96 (Guido Mieth), 55 (Bernhard Lang), 57 (Rob Hammer), 72 (Katarina Premfors), 80/81, 106 (Johner Images), 110 (Michael Schmitt), 107 (mihailomilovanovic), 116 (Tracy Frankel), 118 (Peter Cade), 121 (Scott Spiker), 154/155 (Patrik Giardono), 163 (moodboard), 165 (Carl Smith), 190/191 (Dave and Les Jacobs); istockphoto/RF: 5 (Sanjeri), 18 (Brauns), 39 (Courtney Keating), 48 (Dirima), 51, 69 (Peopleimages), 52 (davidf), 56 (Ettstock), 67 (aycatcher), 85 (Srdjan Pav), 99 u. (Michael Svoboda), 137 (pixeldeluxe), 158 (djiledesign); Jump Fotoagentur, Hamburg: 166 (Kristiane Vey); shutterstock/RF: 2 (Halfpoint), 26/27 (dotshock), 160 (baranq); Südwest Verlag Archiv: 53 (Nicolas Olonetzky)

Die Symbole in den oberen Ecken stehen für bestimmte Bereiche in der Mathematik:

Zahlen und Variablen

Geometrie

Funktionen

Daten und Zufall

Überprüfe zur Vorbereitung auf die Klassenarbeit dein Können. Die Lösungen zum Abschlusstest findest du im Anhang.

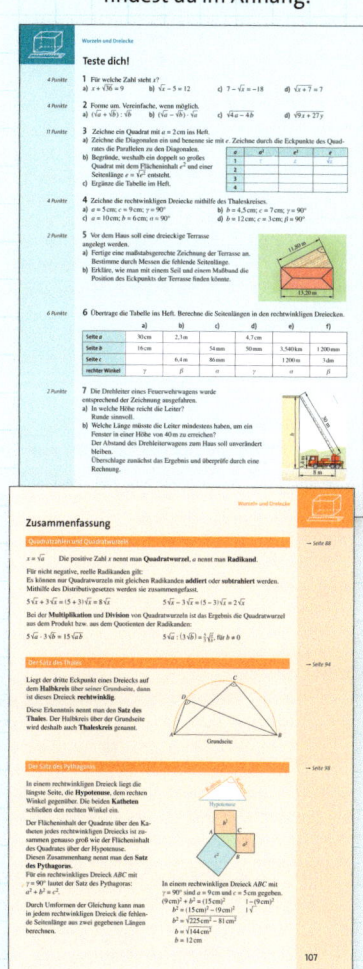

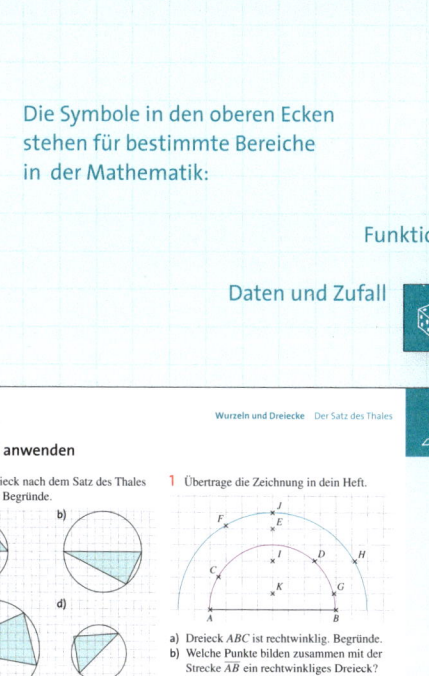

■ **Üben und anwenden**
Die Aufgaben trainieren den neu gelernten Unterrichtsstoff.

In der Randspalte stehen zusätzliche Informationen, Aufgaben und Lösungshinweise.

Mittelschwere Aufgaben haben eine schwarze Aufgabennummer.

■ **Zusammenfassung**
Die Zusammenfassung am Ende eines Kapitels enthält die wichtigsten Merksätze zum Nachschlagen.

Die linke Spalte enthält leichtere Aufgaben.

Die rechte Spalte enthält schwierigere Aufgaben.

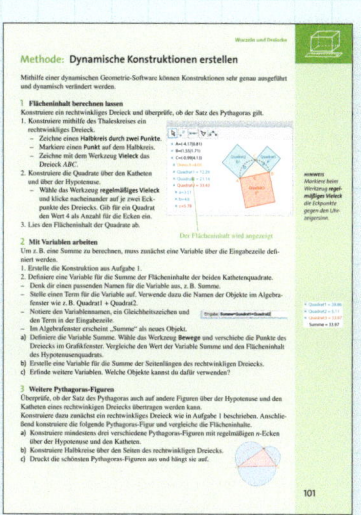

■ **Methode und Thema**
Auf den Methodenseiten werden die wichtigsten mathematischen Methoden vorgestellt und geübt. Die Themenseiten zeigen mathematische Inhalte aus verschiedenen Lebensbereichen.

↻ **097-1**

Die **Webcodes** in der Randspalte verweisen auf zusätzliche Materialien im Internet:
1. Webseite aufrufen:
   www.cornelsen.de/schluessel
2. Buchkennung eingeben: **MSL006730**
3. Lehrerinhalte einblenden: **Einloggen**
4. Mediencode eingeben: z. B. **097-1**